LA IGLESIA
Util

EL BRAZO EXTENDIDO
DE DIOS

EFRAÍN OCAMPO

GRUPO NELSON
Una división de Thomas Nelson Publishers
Desde 1798

Dedicatoria

Agradezco a mi esposa, Paola, por su paciencia, amor, compañerismo y apoyo. A Pablo Pascoe, por su amistad y observaciones en el proceso de elaboración de este libro. A Jessica García y Abdías Martínez por su ejemplo y pasión por la obra. Dedico este libro también a aquellos con quienes atestiguamos y compartimos la necesidad de llamar a la iglesia y a toda persona a la restauración. A todos los que guardan los mandamientos del Señor donde se encuentren.

¡Nuestro Señor viene pronto!

Prólogo

Una desafortunada experiencia ilustra una situación en la que un creyente de abolengo evangélico, estando de viaje en una ciudad, visitó una iglesia que había conocido tiempo atrás. En virtud de sus tradiciones religiosas y del amplio conocimiento que decía tener acerca de Dios, este varón tuvo la osadía de criticar con gran soberbia no sólo la prédica y la alabanza, sino también a la familia de la fe que ahí se congregaba. Al terminar el culto se acercó al amable pastor para intercambiar saludos, a quien después de darle un frío abrazo le preguntó jactanciosamente: "¿Qué se siente tener entre sus filas el desecho de tantas otras congregaciones?, ¿No es incómodo y complicado para usted servir a nuestro Dios entre este grupo de desgraciados?".

En efecto, todos —sin importar género, cultura, edad, grado académico o nivel socioeconómico— fuimos parte de ese "grupo de desgraciados" que alguna vez estuvo en el fango. No obstante, la misericordia de Dios se manifestó en cada uno de nosotros al arrepentirnos de nuestros pecados y permitir que el poder transformador de Jesucristo así como la dirección del Espíritu Santo operaran en nuestras vida.

"Sí los somos —respondió firmemente aquel pastor— Incluido yo. Pero estamos juntos y unidos, buscando y viviendo la gracia de Dios".

Ciertamente es la gracia, el regalo inmerecido y consumado en la cruz por medio del sacrificio de Jesús, el único camino a la salvación. No es lo que somos ni lo que poseemos lo que abre tal camino, sino sólo este don de Dios cuyo propósito se extiende más allá de nuestro pensamiento, entendimiento y entorno.

La salvación es para compartirse más allá de los muros de nuestras iglesias y fronteras, en contextos hostiles al Evangelio donde aún no ha sido escuchado ni creído. Esto es justamente a lo que se refiere la Biblia en el evangelio de Mateo (10:8) con *"lo que ustedes recibieron gratis, den-lo gratuitamente".* Ello implica algunos sacrificios como salir de nuestra comodidad, dejar de pensar en nuestra individualidad, dejar de invertir en nuestros propios reinos familiares y eclesiales, a fin de hacer todo lo que esté a nuestro alcance, al costo que sea, para vivir en forma íntegra y sacrificial como Jesús lo hizo.

Los seguidores obedientes de Jesucristo entienden que su propósito es trastornar el mundo que aún no le conoce; saben de la necesidad que tienen los creyentes de vivir en intimidad profunda con Dios; reconocen que sólo el Señor puede restaurar todas y cada una de las áreas del ser humano cuando existe un genuino arrepentimiento; esto es, son creyentes que influyen y ponen sus manos en el arado como fruto de su relación apasionada con el Rey de reyes.

La Iglesia Útil se refiere precisamente a seguidores obedientes de Jesucristo que no se conforman con saber que son un pueblo escogido, sino que deciden voluntariamente apartarse de lo que ofende el corazón de Dios: el pecado. Son personas que ejercen con autoridad divina su función pastoral unos con otros a fin de restaurar al caído, mediante el amor fraternal de Cristo; asimismo, saben exhortar y rendir cuentas sabiamente acerca de su proceder. Esto glorifica a Dios, el ser instrumentos útiles y santos que se dejan usar exclusivamente para los propósitos de Jesucristo.

Este libro ilustra lo anterior, pero también nos reta tanto a percatarse de la triste realidad en la que muchos cristianos e iglesias se encuentran, así como a vivir de forma radical como verdaderos discípulos de aquél a quien llamamos Señor y Salvador. En pocas palabras, se trata de una exhortación sin reservas para vivir vidas útiles al servicio del Reino —valga la redundancia—, a fin de ser la iglesia útil que entienda su identidad, su responsabilidad ante Dios y con el prójimo, así como la necesidad de encontrarse con su Pastor sin nada que esconder, en forma libre, fresca y restaurada.

Finalmente, le invito a leer **La Iglesia Útil** y a recordar la desgracia de la cual fuimos rescatados: la muerte eterna a causa de nuestros pecados. Si creemos que Dios puede hacer nuevas todas las cosas y que las hará en nuestra vida, este libro puede contribuir a que asumamos el reto de vivir una vida radical, con un corazón y un pensamiento restaurado por su Espíritu, que nos lleve a bendecir a otros. Seamos esas vasijas de barro fresco que se dejan moldear sin temor, creyendo que sus propósitos son perfectos. ¿Lo deseas?

Pablo Pascoe Aguilar
Movilizador en Misiones en Avance México

Prefacio

Como sucede a muchos creyentes, en algún momento mi esposa Paola y yo nos sentimos decepcionados de la iglesia. Nos inconformaba la hipocresía, la falta de congruencia, el legalismo, la indiferencia, la falta de unidad y la tolerancia al pecado, por mencionar algunas cosas.

La salida fácil fue ir de congregación en congregación, intentando encontrar algo, no a Dios; con la expectativa de recibir algo, pero con poca disposición de dar. Fue así como mi familia hizo equipo con otra y con un seminarista para comenzar una nueva obra que, pretendíamos, Dios aprobara. Ahí fue donde nos casamos y donde vivimos la experiencia más auténtica de lo que una comunidad de creyentes debe ser. También nos percatamos de una cosa: no estábamos decepcionados de la iglesia, sino de nuestro mediocre cristianismo.

Como es usual entre los ministros, estábamos demasiado ocupados trabajando para la obra del Señor. Tanto, que no podíamos escuchar con claridad al Señor de la obra ni darnos cuenta de lo que nos tenía preparado. Cuando al fin pusimos atención, tuvimos la certeza de que quería prepararnos para algo.

Luego de ponernos a cuentas con Dios y con personas, nos despedimos con dolor de nuestra familia espiritual. Deseábamos estar dispuestos y disponibles para lo que vendría. Durante dos años Dios trabajó intensivamente con nosotros. Nos pidió abandonar de una vez por todas pecados que arrastrábamos de tiempo atrás. ¡Y lo hicimos! Durante ese tiempo nos limpió. Antes pensábamos que —a pesar de orar, leer la Biblia, congregarnos y servir en la obra—, podíamos burlar a quien todo lo sabe y ve. Sin embargo, su Espíritu abrió nuestro entendimiento y logramos estar conscientes de todo aquello que estorbaba nuestra relación con el Señor. Fue un periodo de restauración de nuestra comunión con él.

Al mismo tiempo, diversos libros de consejería bíblica comenzaron a llegar a nuestras manos. Decidimos capacitarnos y oportunidades no faltaron para poner en práctica todo aquello. De forma inesperada recibíamos solicitudes de algunos amigos para ser discipulados. Por aquel entonces conocimos una gran cantidad de creyentes atrapados en su religiosidad, como nosotros lo estábamos. Ellos y muchos más vivían su fe de forma solitaria, sin compañerismo, tal como nos encontrábamos. El ritual de asistir al templo producía en ellos, como lo hacía en nosotros, la sensación de cumplir con Dios. Obtener conocimientos bíblicos y teológicos era el objetivo de su vida espiritual, aun cuando no obedecieran los mandamientos.

Nos veíamos reflejados a nosotros mismos, en nuestras motivaciones y ceguera espiritual. Tal situación nos hizo despertar y comenzamos a considerar la creación de un ministerio de restauración. Luego de esos dos años de quietud espiritual, nos dispusimos a elaborar todo el proyecto de Restaura Ministerios. Eso resultó en los tres ejes del Programa Restaura. En 2014, el Señor nos empujó a trabajar con personas, matrimonios e iglesias, particularmente. Pudimos comprobar muy pronto todo lo que habíamos meditado en la Escritura sobre el impacto del pecado entre los creyentes, en sus relaciones y en las congregaciones. Todo tenía sentido. Vimos cómo cada pieza del rompecabezas completaba la imagen de la nueva aventura que nos ponía Dios enfrente. Entre más trabajamos, más necesidad vemos en todo lugar de reconciliar a las personas con el Padre. No importa si se hacen llamar cristianos o no, si están practicando el pecado son candidatos.

Producto de esta labor fue el primer libro, escrito como devocional, **40 días en el desierto para restaurar tu comunión con Dios**, y el segundo, **La Iglesia Útil**, que contiene todas nuestras meditaciones, reflexiones, exhortaciones y propuestas; de la cual el lector hoy tiene en sus manos un versión renovada, fresca y propositiva.

Sabemos que Dios siempre ha llamado a todos al arrepentimiento, pero tenemos la certeza de que en este tiempo el Señor de la iglesia envía un recordatorio a quienes son de Él; aquellos capaces de oír su voz en medio del pecado y la religiosidad imperante dentro y fuera del templo, y aquellos que buscan reconciliarse con el Padre para vivir en santidad. Así seremos testimonios vivos del evangelio que proclamamos, para que la gente crea y Jesucristo regrese por su iglesia. Amén, ¡ven Señor Jesús!

Con amor.

Efraín Ocampo y Paola Rojo.
Fundadores de Restaura Ministerios.

Introducción

Imaginemos el momento en el que Jesús fue aprehendido en el Monte de los Olivos y los discípulos corrieron para salvar sus vidas. Pedro había jurado que nunca lo abandonaría. Tal vez esto le motivó a seguir a la distancia a Jesús, detrás de la multitud que lo llevaba preso, y a entrar al patio de la casa del sumo sacerdote, donde fue juzgado. Parecía que Pedro tenía un plan, y que probablemente estaba dispuesto a sufrir con su Señor el castigo. No lo sabemos. Mientras transcurría el juicio, Pedro, silente y pensativo frente al calor de una concurrida fogata nocturna, fue reconocido y cuestionado por ser un seguidor de Jesús. El miedo a ser apresado, no obstante, lo incitó a negarlo hasta con palabras maldicientes.

Varios cristianos nos parecemos mucho a este débil, temeroso, aunque bien intencionado hombre. A pesar de que hemos pasado tiempo con Jesucristo y hemos prometido seguirle a todo lugar, nos distanciamos al venir las pruebas, renegamos de la fe y callamos cuando es momento de hablar de lo que creemos, negándole con nuestros hechos. Nos conformamos con seguirlo de lejos, especialmente cuando las cosas se ponen difíciles. Preferimos no comprometernos, ni identificarnos plenamente con aquel hombre crucificado, para no sufrir la misma suerte. Sin embargo, Dios transformó a Pedro en un hombre que daría posteriormente testimonio de su poder. Así sucede con quienes se niegan a sí mismos y toman su cruz cada día.

Este episodio en la vida de Pedro ilustra lo que nosotros mismos hemos experimentado. Un número creciente de personas acude a nuestras congregaciones, pero la mayoría sigue viviendo como lo hacía antes de conocer el evangelio. ¿Se ha terminado acaso el poder que hizo que Pedro experimentara una vida nueva en Jesucristo? Definitivamente no.

Muchos creyentes viven con el dilema de seguirle valientemente o negarlo. Cantan alabanzas los domingos y el resto de la semana viven como desean, sin considerar los mandamientos de Dios; llaman Señor a Jesucristo, aunque actúan conforme a sus propios deleites; conocen muy bien la Biblia y hasta saben pasajes de memoria, pero sus acciones contradicen lo que dicen creer. ¡Y generalmente no se dan cuenta! Siguen a Jesucristo, aunque de lejos. Lo hacen así porque no están dispuestos a renunciar a sí mismos. Saben que si lo hicieran verdaderamente serían menospreciados por el mundo y por los que rechazan el evangelio, olvidando que nuestra obediencia glorifica al Señor.

Esta triste realidad es cada vez más frecuente. La raíz del problema continúa siendo, como lo atestiguamos en la Escritura, la rebeldía y la falta de arrepentimiento. Al invocar a Dios y seguir pecando deliberadamente vivimos una religiosidad que nos da una falsa seguridad de ser salvos. Predicamos un evangelio que promete salvación sin arrepentimiento, pues es más fácil abrazar una creencia superflua que dejar de pecar. Lo anterior se ha convertido en el primer obstáculo para la edificación de una iglesia útil a los propósitos de Dios. Las consecuencias evidentes son templos concurridos por más simpatizantes, que por discípulos de Jesucristo. En ocasiones encontramos personas que dicen ser cristianos pero cuyas vidas demuestran oponerse abiertamente al evangelio; esto es, creyentes inmaduros, fluctuantes, religiosos, tibios, con corazones endurecidos por el poder del pecado, y practicantes de aquello que la Biblia describe como desobediencia.

Contrario a lo anterior, en una iglesia útil a los propósitos de Dios sus miembros reciben el evangelio y son renovados mediante arrepentimiento, al morir a su carne y nacer a la vida nueva en el Espíritu. Convertirse en testimonio del poder de Dios es una consecuencia de ello. El mundo no ha conocido a Dios, pero la iglesia puede y debe ser la prueba viviente de la certeza y veracidad del evangelio... si realmente ha creído en él y lo demuestra mediante su testimonio siendo luz en medio de las tinieblas.

En el marco de los primeros 500 años de la Reforma Protestante es oportuno hacer un alto en el camino y reflexionar sobre el legado que estamos dejando para generaciones venideras de cristianos. Con las reflexiones expuestas en *La Iglesia Útil* hacemos un llamado a la autoevaluación y autocrítica. Además, proponemos meditar en el concepto de "Consejería Bíblica", materia prima en nuestras relaciones de discipulado.

En esta época posmoderna en la que todo apunta al relativismo, sólo la Biblia conduce a darnos a conocer la verdad para ser verdaderamente libres. Por consiguiente, es tal la necesidad e importancia de que el consejo bíblico sea aplicado en lo personal y practicado entre creyentes, que a través de este libro pretendemos inquietar a las iglesias y animarlas a poner manos a la obra. Por tal razón, hemos dedicado todo un capítulo a la materia de consejería y hemos compartido nuestra experiencia proponiendo una metodología, cuyo objetivo es orientar sistemáticamente la sagrada labor de aconsejar con la esperanza de obtener mejores resultados.

Hoy, como ayer y siempre, nuestro Señor y Salvador nos llama a vencer mediante el arrepentimiento de nuestro pecado, a volver al primer amor, a ser fieles hasta la muerte, a recordar lo recibido de su parte, a retener su doctrina, a guardar sus obras hasta el fin, y a velar aguardando su regreso.

Lo anterior nos introduce a la esencia de este libro: *La iglesia útil es la que resplandece en un mundo en tinieblas; es el reino de los cielos entre nosotros; es santa en un mundo corrupto y depravado; es aquella que persevera en su salvación; no está hecha a imagen del mundo, sino que ha sido fundada por el Señor con valores opuestos a los del mundo. La iglesia útil es el brazo extendido de Dios prodigando amor, misericordia y justicia. Sus miembros cubren al desnudo, alimentan al hambriento, dan consuelo al triste, acompañan al solitario, dan techo al vagabundo, dan esperanza al marginado, aman al pobre más que a sus templos y procuran que todos se salven.*

El primer capítulo de este libro, **Abel o Caín**, es una reflexión para identificar si, como sucedió con Abel, acudimos a Dios en santidad o, como Caín, arrastrando nuestro pecado. Así sabremos si nos ofrecemos a Dios como una ofrenda viva o si nos acercamos a él por tradición o interés. Abel y Caín ilustran cómo es invocar a Dios en un mundo caído. El creyente recordará las palabras del Señor llamando a la iglesia al arrepentimiento, escritas en el Apocalipsis, y deberá decidir si practicará la verdadera adoración o la religiosidad.

En el segundo capítulo, **El Conocimiento de Dios y el Evangelismo**, meditaremos en que el propósito de Israel, de la iglesia y de la Biblia fue, es y será comunicar el conocimiento de Dios, así como procurar que sus creyentes le rindan adoración, una consecuencia inevitable de relacionarse con él en espíritu y en verdad. Reflexionamos sobre cómo falsos evangelios y estrategias fallidas bien intencionadas han quitado a Jesucristo del centro del mensaje para entronar al hombre, menospreciando la dirección del Espíritu por confiar en la sabiduría humana. También analizamos cómo el pecado ha pervertido el evangelio al grado de inventar una salvación que supone un Dios permisivo y subordinado a los designios del hombre.

En el tercer capítulo, **Hacia una Cultura del Discipulado**, abordamos los componentes de una cultura que apunta a crear las condiciones para que otros vean a Jesucristo en ella. Asimismo, detallamos cada componente de esta cultura y cómo instaurarla en la iglesia local, útil a los propósitos de Dios. Después de ello, explicamos el papel de los círculos íntimos y las redes de discipulado como una forma de organizar el funcionamiento de lo expuesto en este capítulo, y finalizamos al aclarar lo que es y no es la cultura del discipulado.

En el cuarto capítulo, **La Iglesia Útil**, analizamos puntos que caracterizan una iglesia conforme al corazón de Dios: su realidad espiritual, su aprendizaje del pasado, sus procesos de restauración y discipulado, su llamado, su visibilidad ante el mundo y su apertura para el caído. Asimismo, cuestionamos elementos que nos apartan del cumplimiento de nuestro verdadero propósito, que es conocer a Dios, adorarlo y llevar su mensaje al mundo. Es un esfuerzo dirigido a repensar la iglesia de acuerdo con lo que las Escrituras enseñan, y a considerar lo que se debe imitar y evitar de los aciertos y errores de Israel.

Finalmente, en el quinto capítulo, **Transformados para Transformar: Discipulado, Consejería y Restauración**, exponemos que la consejería bíblica es parte del discipulado de todos los creyentes y fundamental para la perseverancia de los santos, tal como lo enseña el apóstol Pablo en sus cartas. Asimismo, proponemos una sencilla metodología que contribuya a discipular mediante el consejo bíblico, útil también para los ministros y consejeros profesionales.

La Iglesia Útil es un libro de apoyo en los procesos de consejería y restauración de iglesias locales. Es el segundo libro del Programa Restaura. El primero fue la colección de meditaciones **40 días en el desierto para restaurar tu comunión con Dios**, una guía sobre los principios de la vida nueva en Jesucristo para guiar al creyente en cómo convertirse en un discípulo. El tercero, **Amar como a mí mismo: restaurando relaciones en tiempos de desesperanza**, tiene el propósito de orientar al cristiano sobre cómo fundamentar en la verdad sus relaciones familiares, matrimoniales, amistosas, de noviazgo e interpersonales, manteniéndolas en el plan de Dios.

CAPÍTULO 1

ABEL O CAÍN

"La noche está muy avanzada y ya se acerca el día. Por eso, dejemos a un lado las obras de la oscuridad y pongámonos la armadura de la luz" (Ro. 13:12).

La última frase de nuestro Señor Jesucristo registrada en la Biblia es *"Sí, vengo pronto"* (Ap. 22:20). Se acerca ese día. Las Escrituras y en particular el versículo con el que abrimos este capítulo nos recuerdan esta verdad. Por ello, el llamado a los santos sigue siendo el mismo: dichosos quienes lavan sus ropas pues nadie que practique el pecado entrará en el reino de los cielos. Meditar sobre esto debe motivarnos a la autoevaluación y a cuestionarnos sobre el estado en que Jesucristo encontrará a su iglesia, cuando vuelva por ella.

La historia de los dos primeros hijos de Adán y Eva nos ayuda a distinguir dos formas de aproximarnos a Dios, dos formas de relacionarnos con él. Ambos le invocaron, pero obtuvieron resultados opuestos. Uno fue aprobado y el otro reprobado. La ofrenda que Abel dispuso fue agradable para Dios, pero la de Caín no. Dios mismo le dijo que si hiciera lo bueno no tendría de qué avergonzarse pero que haciendo lo malo el pecado lo dominaría. Y así ocurrió.

En este escrito nuestra interpretación es que Abel también era pecador como Caín, pero a diferencia de su hermano, aquél presentó sacrificio para expiación de su pecado. Por eso se señala en la carta a los Hebreos (11:4) que Abel dio un sacrificio más aceptable que el de su hermano y que por ello recibió testimonio de ser justo.[1] A partir de este momento histórico los santos de Dios comenzarían la práctica de presentar sacrificios para tener comunión con Él, hasta que llegó el tiempo del sacrificio de Jesús, la ofrenda perfecta.[2]

La disposición de Abel de reconciliarse con Dios fue lo que le diferenció de Caín, quien respondió enfurecido porque su ofrenda fue rechazada. Una respuesta carnal como ésta evidencia una vida necia, más que una simple respuesta espontánea. El resultado de intenciones, comportamientos, actitudes y motivaciones pecaminosas persistentes son más comportamientos, actitudes y motivaciones, quizá aún más malvadas. Dios se lo dijo que debía escoger entre dominar el pecado o ser dominado por él: *"Entonces el Señor le dijo: ¿Por qué estás tan enojado? ¿Por qué andas cabizbajo? Si hicieras lo bueno, podrías andar con la frente en alto. Pero, si haces lo malo, el pecado te acecha, como una fiera lista para atraparte. No obstante, tú puedes dominarlo"* (Gn. 4:6-7).

Abel y Caín dedicaron su tiempo y sus recursos para adorar al mismo Dios. Pero el Señor demuestra conocer los corazones, no sólo nuestras acciones, así como el propósito de relacionarnos con él no es sólo cumplir un ritual. La historia de estos hermanos es la de todos. En ocasiones deseamos una comunión con Dios en la que sean suficientes las apariencias. Pensamos que adorarle está más relacionado con algo que hacemos o exhibimos para Dios, pero olvidamos que la adoración es presentarnos como lo demanda la perfecta voluntad de nuestro Creador.

¿Qué enojó tanto a Caín? ¿El consejo, la advertencia, la reprensión? Se equivocó al buscar el favor de Dios mientras rechazaba su verdad. En apariencia, Caín se condujo como un pagano. Luego de pecar quería contentar a Dios con una ofrenda que, por no implicar el derramamiento de

---

1 Del griego *dikaios* que significa justo, inocente, santo.

2 Sobre el tema de la continuidad en el ofrecimiento y presentación del sacrificio de un cordero para remisión de pecados antes de la Ley de Moisés, ver Alfred Edersheim, *Comentario Bíblico Histórico*, Editorial CLIE, Barcelona, 2009, pág. 35.

sangre, evidenciaba su negativa a arrepentirse. ¿Supondría que Dios debía corresponder a su gesto con bendición? Definitivamente no. En lugar de bendición hubo juicio sobre Caín y su ofrenda.

La experiencia de Caín ilustra la situación que muchos creyentes enfrentamos. Adoramos a Dios pero usurpamos su trono, le invocamos pero nos resistirnos a obedecer sus mandamientos. Tal como el primogénito de Adán, muchos creyentes omiten repudiar su pecado, permitiendo ser dominados por las consecuencias de éste. ¿Cómo es que, al igual que Caín, muchos se han desviado de la verdad aferrándose a su mentira? Analizaremos la respuesta a lo largo de este escrito. En tanto, es un hecho que muchos permitieron ser dominados por el pecado y, por tal razón, observamos graves repercusiones en las iglesias que aún podríamos contrarrestar si tomáramos la decisión de renunciar a la religiosidad representada por el estilo de Caín.[3] No sea que pensando tener comunión con Dios, él rechace nuestra ofrenda.

Todas las cosas están expuestas a los ojos de aquel a quien tenemos que dar cuentas. La Palabra dice de sí misma que ella es la única forma de conocer nuestras más profundas motivaciones ya que *"..., la palabra de Dios es viva y poderosa, y más cortante que cualquier espada de dos filos. Penetra hasta lo más profundo del alma y del espíritu, hasta la médula de los huesos, y juzga los pensamientos y las intenciones del corazón"* (He. 4:12). Por tanto, ¡examinémonos! El pecado nos engaña y cauteriza nuestra conciencia, pero en la Palabra podemos vernos como realmente somos con el fin de conocer a Dios y ser libres para amarle.

Ajenos al conocimiento de la voluntad de Dios, cumplimos nuestros deseos y pretendemos que Él también lo haga. Siendo así, la adoración es fácilmente suplantada por la religiosidad. Congregaciones enteras han caído en el engaño de ofrecer a Dios un montón de actos voluntarios sin someter su voluntad a la de Él. **Confiamos en las apariencias y juzgamos al "adorador" por la ofrenda que presenta, pero Dios ve el corazón.** Abel

---

3   A lo largo del libro uso el término "religiosidad" para referirme a la práctica opuesta a la adoración: mientras que la adoración es invocar a Dios centrándose en su deidad (lo que caracterizó a Abel), la religiosidad es invocar a Dios centrándose en el yo egoísta (lo que caracterizó a Caín).

adoró a Dios como su Señor; Caín, presentó un ritual sin adoración; Abel adoró a Dios por quién es; Caín, por lo que puede dar; Abel lo hizo por amor; Caín, quizá por tradición; uno, salió de la presencia de Dios en paz; el otro, fue amonestado por la falta de arrepentimiento de su pecado.

Dos decisiones, dos destinos. ¿Cuál será nuestra elección? Nuestra adoración debe presentarse con una conciencia limpia, la cual se ejercita buscando el perdón por los pecados, y es sustentada por la confianza en que Dios los ha perdonado para librarnos de su influencia si decidimos no ser dominados por ellos, pues *"...En él, mediante la fe, disfrutamos de libertad y confianza para acercarnos a Dios." (Ef. 3:12).*

La fe en Cristo implica morir a nuestro pecado, pues comprendemos que al ser esclavos del pecado nos convertimos en enemigos de Dios. Pablo dijo a la iglesia que somos esclavos del pecado para obedecer nuestras maldades, que viviendo así no podemos agradar al Señor y que seguiremos imposibilitados para someternos a sus mandamientos (Ro. 6:16; 8:7-8). A eso se refiere el evangelista cuando recuerda las palabras de Jesús: *"y conocerán la verdad, y la verdad los hará libres." (Jn. 8:38).* Libres para elegir obedecer a Dios; libres del pecado. Sometidos a nuestras pasiones no podemos acercarnos a Dios en sus términos, sino en los nuestros, como Caín.

El conocimiento de Dios por medio de las Escrituras constriñe al pecador a reconocerse tal como es en realidad. Su Espíritu nos da esta convicción y nos muestra nuestra situación caída, pero si nos arrepentimos de toda maldad también nos perdona, justifica, restaura y redime. No obstante, nuestra actuación tiende a ser como la de Caín –al orar, leer la Biblia, ir al templo, servir y compartir el evangelio– porque vivimos como queremos o según nuestros instintos, necesidades y deseos. ¿A quién servimos, realmente?

Creer en Dios es hacer lo que él dice. Abraham lo hizo y le fue contado por justicia. Le creyó y salió de su tierra, lejos de su familia. **El Señor se agrada del corazón obediente, de quien antepone la divina voluntad a la propia.** Esa constante vemos en Jesús y en sus discípulos.

El practicante de la religiosidad, en espera de recompensas, presenta sus ofrendas pero sin humillar su corazón. Confía en sus méritos y piensa que merece algo. El hipócrita minimiza la rebeldía de su corazón, que nadie ve, y en lugar de contrición recurre a actos piadosos que los demás sí pueden ver. Es un usurpador, porque se comporta como espiritual, cuando sus acciones son carnales. Como está escrito, *"Profesan conocer a Dios, pero con sus acciones lo niegan; son abominables, desobedientes e incapaces de hacer nada bueno" (Ti. 1:16).*

Contrario a la actitud religiosa, el apóstol Pablo nos insta a presentarnos a nosotros mismos como sacrificio vivo y fue muy específico al subrayar que dicho sacrificio debe ser **santo** para que sea agradable a Dios. *"Por lo tanto, hermanos, tomando en cuenta la misericordia de Dios, les ruego que cada uno de ustedes, en adoración espiritual, ofrezca su cuerpo como sacrificio vivo, santo y agradable a Dios (Ro. 12:1).* Así, asentamos que el culto verdadero consiste en la constante rendición de nuestra voluntad a Dios, pues sólo así le presentaremos obras y ofrendas aceptables ante sus ojos.

Finalmente, la vida de Caín nos enseña a evitar la religiosidad y a procurar la adoración. ¡Qué amargura debe ser no vivir ni para el mundo ni para Dios! Como a él, Dios nos confronta. Cuando cumplimos nuestra encomienda de hacer discípulos y de discipularnos unos a otros podemos amonestarnos para dominar el pecado de tal forma que el oportuno consejo de Dios pueda hacer la diferencia entre vivir como Abel o Caín.

1.1 Breve historia de dos caminos

"Cambiaron la verdad de Dios por la mentira, adorando y sirviendo a los seres creados antes que al Creador, quien es bendito por siempre. Amén" (Ro. 1:25).

Desde el principio, Adán y Eva recibieron de Jehová su Verdad, la cual incluye el conocimiento del bien y del mal.[4] Sabían que comer el fruto

---

4 Satanás tentó a Eva diciéndole que al comer del fruto de la ciencia del bien y del mal serían como Dios; en otras palabras, tendrían la capacidad de definir lo que es bueno y es malo. Con la expresión: "sabiendo el bien y el mal", la serpiente se refiere a obtener la autoridad soberana de definir lo que es bueno o malo. Lo comprobamos al leer que la mujer explicaba a la serpiente las instrucciones de Dios sobre el árbol que no debían comer. Esto pone en evidencia la iniciativa previa de

del árbol de la ciencia del bien y del mal era desobediencia. Conocían la voluntad de Dios en cuanto a la prohibición y sus consecuencias. Esto era necesario para que el juicio fuera justo (Gn. 3:1-3).

En la reacción de Eva vemos cómo, luego de ser tentada por la serpiente, es seducida por sus propios deseos. Entonces, actúa y el pecado es concebido.[5] Eva escuchó primeramente la voz de la serpiente y posteriormente la de sus deseos; detuvo su atención en el fruto, lo valoró como alimento, lo apreció por su belleza y lo codició al ver en él las ilimitadas posibilidades que daría el ser como Dios.[6] Así fue como vio el fruto, **consideró** la satisfacción a obtener, **codició** los beneficios, **tomó** el fruto, lo **comió** junto con Adán, quien como ella codició la sabiduría, y repitió el ciclo.

La rebeldía a Dios niega su autoridad y su verdad: si yo defino lo que es bueno o malo, no tengo por qué hacer su voluntad; por lo tanto, lo que él ha dicho sobre el bien y el mal no es verdad para mí; por lo tanto, no es mi Dios.[7] Atraídos por el engaño de ser sus propios soberanos, Adán y Eva usaron su libertad para cambiar la verdad por la mentira. Este ha sido el propósito del diablo desde el principio y el resultado del primer pecado.[8]

Dios de enseñarles qué era lo bueno y lo malo. El Señor les explicó que la paga del pecado era la muerte al decirles que si lo desobedecían iban a morir (Génesis 3:3). Él espera obediencia de sus criaturas pues les ha enseñado su voluntad.

5   Se puede encontrar esta descripción paso a paso sobre cómo el pecado es consumado a partir de la tentación en Santiago 1:12-14.

6   Ver el desarrollo de la interpretación sobre la codicia de hallar poder en la sabiduría buscada por Adán y Eva, al procurar comer del fruto de la ciencia del bien y del mal, en Charles F. Pfeiffer, *Comentario Bíblico Moody del Antiguo Testamento*, Cuarta edición, Casa Bautista de Publicaciones, El Paso, TX, 2003, págs.16-17.

7   En el A. T. encontramos varias acepciones del griego y hebreo sobre el vocablo "pecado", como errar, perder el camino, tropezar, rebelarse, hacer maldad o injusticia, quebrantar o transgredir un pacto, rebelión contra la autoridad, ofensa, daño, necedad. El pecado siempre está relacionado con comportamientos humanos que indican acciones contrarias a la naturaleza y voluntad de Dios expresada en sus mandamientos. Ver todas las acepciones bíblicas sobre el pecado, tanto en hebreo como en griego, en Alfonso Ropero (Ed.), *Gran Diccionario Enciclopédico de la Biblia*, Editorial CLIE, Barcelona, 2013, págs. 1915-1916.

8   Para una explicación más amplia sobre el pecado original consultar R. C. Sproul, *Las grandes*

Abel y Caín ilustran cómo es invocar a Dios en un mundo caído. En ellos nos vemos todos, porque representan las dos elecciones posibles: obediencia o rebeldía, libertad o esclavitud, vida o muerte, adoración o religiosidad, arrepentimiento o práctica del pecado. Desde entonces hasta nuestros días todo ser viviente elige entre uno u otro ejemplo.

Lo acontecido en el huerto del Edén desató la maldad sobre la tierra y la descendencia de Adán. Sólo nueve generaciones después, el diluvio sobrevino como consecuencia de ello, pero la misericordia de Dios se manifestó en la vida y familia de Noé, un hombre justo que honraba a Dios. Aun cuando a través de él Dios comenzó de nuevo la humanidad, muy pronto los hijos de los hombres manifestaron varios de los signos que surgen al cambiar la verdad de Dios por la mentira, tales como la idolatría y la vanagloria. La historia ilustra que con la edificación de la Torre de Babel los hombres pretendían tener el poder sobre lo que pasa entre el cielo y la tierra, una expresión clara de rebelión contra Dios.[9]

La historia del pueblo de Israel, desde Abraham hasta el último profeta, repite la eterna lucha entre la obediencia y la rebeldía, entre la fe y la religiosidad. Ante su persistente pecado, la nación tuvo numerosos reformadores, entre ellos sacerdotes, reyes y profetas, enviados con el fin de hacer que el pueblo volviera su corazón a Dios. Entre ellos se cuentan los reyes David, Asa, Ezequías y Josías, así como el sacerdote Esdras, Nehemías y los profetas mayores y menores, de los cuales el último fue Juan

---

doctrinas de la Biblia, LOGOI/Unilit, Miami, FL, 1996, pág. 163.

9 La descripción bíblica de la Torre de Babel indica que sus constructores se establecieron en el valle de Sinar, que significa en hebreo: "entre dos ríos" haciendo referencia al Tigris y al Éufrates, región dada a conocer como Mesopotamia por los griegos, donde habitaron Nimrod, bisnieto de Noé y su descendencia. Nimrod fundó, según la Biblia, ciudades como Babel, Acad y Erec (también conocida como Uruk), algunas de donde más tarde se desarrollarían las civilizaciones de Sumeria y Babilonia. Los antecesores de los sumerios, los propios sumerios y sus sucesores los babilonios construyeron los centros religiosos, en los que adoraban a sus dioses, conocidos como *zigurat*, que eran edificaciones de varios pisos con forma de torre piramidal construidas con ladrillo y asfalto. Los sumerios construyeron ciudades bien organizadas en su gobierno, religión, administración, arquitectura (sus ciudades eran amuralladas), legislación y comercio. Aparentemente, la Torre de Babel era mucho más que un lugar alto cuya cúspide llegaría al cielo, era la representación del intento del hombre de buscar sabiduría sin Dios.

el bautista, quien preparó el camino para la llegada del Mesías. Ya en los tiempos de la iglesia primitiva encontramos en las Cartas Paulinas, en el Libro de los Hechos y en Apocalipsis que el Señor nos exhorta a ser una iglesia que espere su regreso manteniéndose pura, sin mancha y perseverante en la fe.

A riesgo de reducir dos mil años de historia eclesial en un ajustado recuento en pocas líneas, podemos advertir que bajo el respaldo político del emperador romano Constantino llegaron tiempos de paz para la iglesia –como institución religiosa y como cuerpo de Cristo–, luego de grandes aflicciones y persecuciones. A lo largo de los siglos hubo varones de Dios que defendieron la verdad. Si bien no fueron perfectos, tienen en común haberse opuesto valientemente a la corrupción, la idolatría, el libertinaje y las enseñanzas erradas.

Entre los primeros defensores de la fe que animaban a los cristianos a volver a la vida consagrada alejada del pecado y la idolatría, así como que los ministros vivieran una vida santa, se encuentra Tertuliano. Otros, como Montano y Donato, iniciaron movimientos que denunciaban el relajamiento de las costumbres de los fieles y pedían volver a ellas, pero en ambos casos la historia ha presentado causas en su contra.

Diversos campeones de la fe como Eterio, Beato, Ratramno combatieron ideas como el adopcionismo o la transubstanciación. En el siglo X fueron notables las intenciones de la transformación gregoriana por terminar con la vida libertina de los sacerdotes, la venta de dignidades y oficios ministeriales, así como la ordenación al sacerdocio como medio para obtener empleos lucrativos, pues ya era común celebrar misa por cualquier razón y cobrar por cada una, entre otras muchas inmoralidades. Desgraciadamente, Gregorio intentó imponer el celibato de los sacerdotes.

Se combatió a los apóstatas Valentino y Apolinar, los herejes Arriano, Nestorio, Pelagio y Félix, a Gottschalk, Radberto y a los impulsores de la veneración a María, de imágenes de santos y sus reliquias, de las jerarquías, de la confesión auricular, del celibato obligatorio de los sacerdotes, las penitencias, de los cada vez mayores poderes del obispo de Roma o de quienes promovieron la construcción de templos.

A partir del segundo milenio después de Cristo denunciaron los excesos del clero, especialmente del papado, laicos como Arnaldo de Brescia, Pedro Valdo, Raimundo Roger (albigenses), Raimundo Lulio, Itogerio Bacon, Hugo de San Caro, Juan Ruysbroeck, Enrique Suso, Juan Tauler, Juan Wyclif, Pedro d'Ailly, Juan Huss, Juan Charlier Gerson, Nicolás Clemanges, Juan de Goch y Tomás de Kempis, entre otros cuyos nombres se perdieron. La historia los recuerda por trabajar en la purificación de la ya instituida Iglesia, al exhortar por igual a sus ministros y a los creyentes a volver a Dios pasando del discurso a las obras. Aunque aparentemente no tuvieron mucho éxito, su intervención allanó el camino a Lutero, Melanchton, Zuinglio, Calvino, Knox, Rotterdam, Roberto Brown, Casiodoro de Reina, Cipriano de Valera, y muchos más, no sin el apoyo de príncipes y nobles.

A un siglo de la Reforma, hombres íntegros continuaron oponiéndose a lo que denominamos "la religión de Caín": Jacobo Spener, Jorge Fox y William Penn. Paley, Baxter, Boyle, Sherlock, Leland, Warburton, Larduer, Butler y los hermanos Wesley tomaron el relevo en el siglo XVIII. A esta ola algunos la conocen como el Gran Despertar, pues se llamaba a llevar una vida de santidad y congruencia con la fe.

En la siguiente centuria, la organización de la obra misionera mundial, la fundación de orfelinatos, la abolición de la esclavitud, la atención hospitalaria y a los despreciados por la sociedad, el combate al alcoholismo y la prohibición del trabajo infantil mantuvo animada la fe de los cristianos. Fueron años en los cuales surgieron movimientos masivos de evangelismo y avivamiento en contra del ambiente de tibieza espiritual y religiosidad predominante en las iglesias protestantes.

Durante esos años muchos hombres y mujeres ansiaron ser la iglesia descrita en los Hechos de los Apóstoles. Este segundo Gran Despertar se materializó en gran cantidad de personas uniéndose a la fe en Cristo, y desgraciadamente también en el surgimiento de sectas que reclamaron cada una ser la poseedora de la verdad, la genuina iglesia fundada por Jesús y sus apóstoles, la iglesia restaurada o la depositaria de nuevas visiones y revelaciones divinas que indican el camino a seguir. Fue el caso de los mormones, los adventistas del séptimo día, los testigos de Jehová, entre otras.

El siglo XX se caracterizó por ser una extensión de los cambios mencionados. Apenas comenzó y ya se clamaba por una renovación espiritual a través del bautizo en el Espíritu Santo y la búsqueda de los dones, tales como el de hablar en lenguas y el de sanidades y milagros. Ciertamente esto es un objetivo loable, pero algunas veces fue pervertido por el desprecio del estudio de la Palabra debido a una errada interpretación acerca del conocido versículo de 2 Co. 3:6, *"porque la letra mata, pero el Espíritu da vida"*. Por una malinterpretación, muchos signos de éxtasis –provocados en atmósferas donde predominan las emociones, la música y la ignorancia de las Escrituras– han sido falsamente considerados como manifestaciones del Espíritu Santo.

Nuestra experiencia en el ministerio en México nos ha permitido observar que la batalla en contra de la religiosidad sigue vigente, manifestándose, por ejemplo, en la proliferación de iglesias independientes alejadas del denominacionalismo, con el objetivo de tener una liturgia y fe sencillas, basada únicamente en la Biblia, con la oración y el servicio a la comunidad terrenal y espiritual como su prioridad. Sin embargo, algunas son dirigidas por hombres que no quieren rendir cuentas a nadie.

Los avivamientos han estado mayormente marcados y alimentados por grandes movimientos evangelísticos con resultados efímeros dirigidos a incrementar una membresía que en muchos casos no testifica la nueva vida dirigida e influenciada por el Espíritu Santo. Nosotros estamos convencidos de que tales movimientos responden a estrategias más humanas que a un genuino deseo de una vida consagrada a Dios, alejada de la práctica deliberada del pecado y la hipocresía, por lo que han carecido de raíces profundas alimentadas por la convicción del Señorío de Jesucristo en la vida de los adeptos, por lo que no se mantienen más allá de una generación.

En el tercer milenio se continúa esta tendencia de volver a la Biblia, lo cual generalmente se concentra más en las discusiones de las diferencias doctrinales que en cómo poner en práctica el evangelio. Se observa un cristianismo legalista o libertino. Su origen parte de malas interpretaciones de la doctrina de la Salvación: debido al riesgo permanente de perderla se defiende la necesidad de perseverar en la fe o se esgrime que hacer una oración para recibir a Jesús consuma la obra salvífica y por ello no tiene importancia la práctica deliberada e intencional de pecados del supuesto creyente.

¿Cuál será el legado de la iglesia actual? Como ayer, el dilema sigue siendo identificarse con la adoración de Abel o la religiosidad de Caín. Nunca se ha tratado del siguiente avivamiento, Dios es el Gran Reformador en la historia y los suyos son guiados por su Espíritu para hacer volver a los hombres a él. La pregunta es, ¿de qué lado de la historia estaremos?

1.2 La iglesia en la época "sin Dios"

Hasta aquí el objetivo ha sido identificarnos con Abel o con Caín. Requerimos examinarnos a nivel personal y a nivel iglesia local, con el fin de tomar las decisiones que nos lleven a restaurar nuestra comunión con Dios.

Es urgente ser una iglesia útil a los propósitos de Dios para entonces ser útil al mundo en la época y lugar donde nos ha puesto. Para conseguirlo requerimos considerar tres puntos esenciales:

1) tener claro el mensaje, esto es, el evangelio de Jesucristo;
2) vivir en carne propia el mensaje para no caer en el engaño de Caín;
3) e identificar el momento histórico en el que vivimos.

Nosotros también debemos asumir el reto, así como los hijos de Dios lo han hecho a lo largo de la historia, de hablar a su generación sobre el Padre, su voluntad y sus planes para la humanidad.

A lo largo del libro abordaremos estos asuntos con mayor detenimiento. Particularmente, en este apartado analizamos el punto tres y para ello formulamos las siguientes preguntas: ¿cómo es identificada esta etapa histórica en la que vivimos?, ¿cuáles son las ideologías y los paradigmas predominantes?, ¿cómo hacer relevante el evangelio?, ¿podemos ser iglesias útiles y dar una respuesta a las necesidades e interrogantes actuales?, ¿se requiere de una reforma espiritual para lograrlo o vamos por buen camino?

Para saber cómo llegamos a nuestra realidad hagamos nuevamente un poco de historia. Cuando el cristianismo perseguido contó con el respaldo del emperador del Imperio Romano, el destino de la iglesia comenzaría a entrelazarse con el del poder político y económico. En la época de Constantino los gobernantes eran distinguidos como *Pontifex Maximus*, la autoridad religiosa del Imperio.[10] Una vez que el emperador hizo del cristianismo la religión oficial, él ejercería de sumo pontífice, ahora, en los asuntos de la instituida Iglesia. Y así fue. Alfonso Ropero consigna en su *Historia General del Cristianismo* que, como tal, el emperador convocó a concilios, intervino en cismas y asuntos disciplinarios, opinó en los desacuerdos, hizo nombramientos, decretó la existencia de dignidades novedosas e incluso, paulatinamente, fusionó la Iglesia con el Estado.[11]

Los doce siglos posteriores dieron cuenta de cómo las pugnas por el poder, las conspiraciones, la avaricia y la disolución moral del clero opacaron la doctrina de los apóstoles, así como a quienes sinceramente las practicaron y predicaron.

Al tiempo que Copérnico, Kepler, Galileo y Newton propusieron nuevas formas de comprender el universo, la Iglesia Católica Apostólica y Romana vio amenazado su monopolio sobre la interpretación del mundo. Por lo tanto, combatió el incipiente desarrollo científico, convirtiendo poco a poco al cristianismo en una tradición opuesta a la razón y el progreso. Aunado a ello, las relaciones de poder entre los emperadores y el papado motivaron conflictos políticos, religiosos y sociales. Paralelamente, en los círculos intelectuales europeos el Renacimiento de los clásicos griegos y latinos olvidados por mil años popularizaron temas filosóficos, poéti-

---

10 Este título lo ostentaban los patricios en tiempos de la República, pero en la época Imperial los gobernantes ejercieron el cargo de manera vitalicia y reclamaron ser la máxima autoridad espiritual. Se convirtió en un título que hacía referencia a los poderes divinos del Emperador, quien hacía las veces de dios mediador entre los asuntos terrenales y los concernientes a los dioses de la mitología grecorromana.

11 Ver más detalles sobre el tema en Alfonso Ropero, *Historia general del cristianismo*, Editorial CLIE, Barcelona, 2008, págs. 58-60.

cos, políticos y literarios. A veces se opusieron a las ideas teológicas y a veces moldearon algunas doctrinas. Asimismo, debido al renovado interés en el estudio del hebreo y del griego, lenguas del Antiguo y el Nuevo Testamento, la interpretación de la Biblia tuvo un nuevo impulso (aunque fuera, en un principio, en un reducido número de eruditos que luego difundirían sus ideas), y aunado al clamor por una fe más pura por parte de ciertos laicos valerosos, la semilla de una reforma en el catolicismo comenzó a germinar.

Las medidas de Roma en contra de los hallazgos científicos que contradecían sus dogmas fijaría la idea en las élites cultas de que la religión era el pasado y lo moderno, centrado en el ser humano, el futuro. El humanismo comenzaría a echar raíces en su ambición de explicar la vida, la naturaleza y el funcionamiento del universo, buscando sus propias respuestas fuera de la Biblia y de Dios.

El francés Jean Daniel, fundador, ex editor y articulista de la publicación L'Obs,[12] definió a la Europa del siglo XVII a partir de la revolución inglesa de 1679 como "la evolución antiteocrática",[13] hacia un mundo sin la autoridad de Dios tanto en el conocimiento y en los asuntos del Estado, como en las vidas de las personas. Cien años después, los franceses derrocaron, juzgaron y ejecutaron a su monarca: Luis XVI, quien pretendía legitimarse al afirmar que Dios lo había puesto en el poder.

A partir del movimiento cultural europeo identificado como la Ilustración, el humanismo tuvo un impacto renovado en todas las esferas del conocimiento. Para esa generación Dios representaba la autoridad déspota, injusta y hambrienta de poder encarnada en el clero y la realeza. No pudieron o no quisieron darse cuenta de que hombres depravados dijeron representar a Dios, cuando realmente jugaron a ser Dios, y al anularlo a él y a su verdad abandonaron la justicia, el amor y la misericordia.

La razón era el tema central de una corriente (racionalismo) de filósofos, científicos, políticos y pensadores en incremento de popularidad y adeptos. Ellos veían la religión como su enemiga, y consideraron a la fe y la

---

12 *L'Obs* es la revista política, social y cultural más importante de Europa en términos de circulación.

13 Cfr. Daniel, Jean. "Bajo el régimen de comunidad", *El Correo de la UNESCO*, Paris, Año XLVII, Diciembre, 1994, págs. 13-18.

razón como excluyentes e incompatibles. Pensadores como Locke y Rousseau afirmaban que el ser humano es bueno y racional por naturaleza, lo cual lo capacita para gobernarse sin necesidad de niñeros políticos, amos o reyes, parafraseando al Doctor en Filosofía Heath White.[14] Esta idea echó raíces profundas en todo el pensamiento moderno.

Unas décadas más tarde, ya en el siglo XIX Carlos Marx atribuyó a la necesidad del hombre de exaltarse a sí mismo el hecho de haber creado al Dios de la religión judeocristiana. También criticó a la Iglesia por servir al poder y al capital, y por ser utilizada para alienar al pobre y explotar al obrero, perpetuándolo en esa condición con el fin de mantener el orden de las cosas y los beneficios de quienes tenían los privilegios.[15] Sin embargo, la Biblia condena la opresión y los abusos al pobre. Así fueron puestos los pilares de un mundo sin religión.

Darwin propuso que las especies no habían sido creadas independientemente,[16] sino que la mayoría procedía de algunos pocos ancestros comunes, o de uno sólo, para evolucionar según sus capacidades de adaptarse al medio ambiente. Sus seguidores pronto dejaron de hablar de creación para describir la existencia y desarrollo de la vida como un proceso no guiado por inteligencia alguna, sino como el producto del azar. Así afirmaron las bases de un mundo sin Creador.[17]

Fencher, Watson y Freud, entre otros, innovaron al tratar científica y médicamente los problemas del alma o las relaciones entre la conciencia y el comportamiento, algo de lo que hasta entonces el cristianismo se ha-

14 Cfr. Heath White, *El posmodernismo*, Editorial Mundo Hispano, El Paso, TX, 2009, pág. 32.

15 Cfr. Karl Marx, *Escritos selectos y manuscritos de París* (Traductores: Jacobo Muñoz, Javier Pérez, José María Ripalda, Manuel Sacristán y León Mames), Editorial Gredos, Madrid, 2012, págs. 11-49.

16 Darwin no creía en Jehová ni en un Dios personal, pues renunció a su fe cristiana para ser un deísta, por lo que creía en un dios creador que abandonó su creación y, por lo tanto, no actúa ni influye en ella.

17 Cfr. Charles Darwin, *El origen de las especies por medio de la selección natural*, Trad. De Antonio Zalueta, Biblioteca Virtual Miguel de Cervantes, Alicante, 1999, http://www.cervantesvirtual.com/nd/ark:/59851/bmcd21v0, consultado el 14.12.2017.

bía ocupado. Era obvio, **en una sociedad sin Dios siempre se tendrá que atender la perturbación mental y emocional mediante terapia.** A ciertos comportamientos pecaminosos se les nombró y abordó como síntomas y enfermedades. El psicoanálisis y la psicología se basan en la idea humanista –concepción que pone en el centro de todo al ser humano eliminando a Dios– de que la persona es esencialmente buena y con la metodología y orientación adecuada podría sanarse a sí misma de sus aflicciones y problemas, cuyo origen es externo a ella.[18] Y así fueron colocadas las columnas de un mundo sin pecado.

Nietzsche deseó una sociedad en la que valores como la bondad, la justicia y la humildad cedieran su lugar a unos valores nuevos, con el goce temporal e individual como meta. Proclamó lo que es de esta tierra como lo que da valor y sentido al ser humano, y se refirió a ello como la aceptación total y entusiasta de la vida terrenal, estableciendo los fundamentos de un mundo sin esperanza.[19]

Spengler escribió que las culturas tienen sus propios valores, su ciencia, su filosofía, su religión y su moral, y fuera de ellas no tienen sentido. Negó los efectos universales del pecado al concentrarse en las diferencias culturales que separan a los hombres, afirmando así que no existe una moral universal, es decir, aplicable a todos los seres humanos,[20] socavando así la existencia de la verdad.

En nuestro pasado reciente, Richard Rorty ideó una visión pragmática en la cual todo cabe, pues lo importante es crear una ética laica (sin Dios), fuera de los absolutos pero también lejos del relativismo. Este filóso-

---

18 Comentarios sobre las presuposiciones de la disciplina psicológica pueden ser consultados en obras como: Jay Adams, *Capacitados para orientar*, Editorial Portavoz, Grand Rapids, MI, 1981; Larry Crabb Jr., *El arte de aconsejar bíblicamente*, Logoi Inc. (3ra Ed.),Miami, FL,2012; Edward T. Welch, *Addictions: a banquet in the grave. Finding hope in the power of the gospel*, P&R Publishing, Philipsburg, 2001.

19 Friedrich Nietzsche desarrolla en su obra *Así habló Zaratustra* y *El Anticristo* un pensamiento que urge a disfrutar de los placeres terrenales al no haber más vida que ésta.

20 Cfr. Nicolás Abbagnano, *Historia de la Filosofía*, Volumen 3, Editorial Hora (4ta Edición), Barcelona, 1994, págs. 496-498.

fo estadounidense promovía una sociedad solidaria en donde las personas reconocieran que existen diversas comunidades con creencias particulares. Por lo tanto, la verdad para una cultura no lo es para la otra. Según él, en el mundo secular del siglo XXI no hay una realidad única, como no existe la objetividad. La posmodernidad se caracterizaría entonces por la renuncia a la búsqueda de la verdad, sea por los medios de la ciencia, la religión, la moral, el arte o la filosofía. [21] En suma, este pensador sembró la idea de enriquecer lo humano con lo humano, al abandonar la intención de rendir cuentas a poderes no humanos, edificando así una realidad sin Dios. [22]

Desde nuestra perspectiva, en los últimos cinco siglos la forma típica de anular a Dios ha sido buscar la verdad fuera de él y, más recientemente, negar la existencia de la verdad, siendo ésta la que nos revela al Creador y la necesidad de reconciliarnos con él a causa de nuestro pecado, para evitar la condenación eterna como castigo por nuestra intención rebelde de convertirnos en nuestro propio dios al cambiar la verdad divina por nuestra mentira.

Hasta aquí hemos hecho referencia a la posmodernidad mencionando a Rorty. White la definió como la era o etapa histórica posterior a la modernidad de la cual el Renacimiento fue su impulsor. El también profesor de Filosofía indica que los cambios en los periodos históricos pueden distinguirse al identificar los cambios en la cultura, los cuales a su vez son motivados por las ideologías dominantes, en este caso de Occidente. Las ideologías de la posmodernidad proponen novedades tales como ausencia de absolutos morales, el fin de los pensamientos dogmáticos, énfasis en los derechos humanos, el diálogo entre las religiones, la verdad como interpretación personal de lo que es bueno

21 Rorty pugna por una religión sin Dios al adaptarse a una civilización secular, en la que los valores del cristianismo sean afirmados sin necesidad de invocar a Jehová o a Jesucristo, con el objetivo de construir una ética laica junto con las demás religiones de origen no judeo-cristianas. Ver más sobre este razonamiento en Richard Rorty y Gianni Vattimo, *The future of religion*, Columbia University Press, Estados Unidos, 2005; y en Richard Rorty, *Una ética para laicos*, Katz Editores, Argentina, 2011.

22 Cfr. Richard Rorty, *Objectivity, relativism and truth: philosophical papers*, Cambridge University Papers, New York, NY, 1991, págs. 25-39

según lo más funcional para cada individuo, una ética laica universal y una moral privada, por mencionar algunas.[23]

En la modernidad, los efectos del capitalismo en la iglesia provocaron la creación de doctrinas tales como la Teología de la Prosperidad, la Teología de la Liberación, el Evangelio Social, los Socialistas Cristianos y otras ideologías políticas, económicas y sociales adaptadas a una errónea interpretación del evangelio; asimismo, actualmente predomina la práctica de mezclarlo con filosofías espirituales antiguas del lejano y medio oriente, el pensamiento de autoayuda y superación personal, así como disciplinas humanistas como la psicología y el coaching. Hay cristianos que toman un poco de aquí y de allá sin percatarse de las contradicciones profundas. Es clara la batalla por la mente del creyente. ¡Imaginemos a un ateo considerando la Biblia en sus decisiones! Impensable, pero más y más cristianos rigen sus vidas por filosofías y disciplinas opuestas al evangelio. La trampa es que no desplazan la verdad en su totalidad, pero sí toman su lugar como norma de fe y conducta.

Para cerrar esta breve exploración del pasado, cuyo objetivo apunta a comprender cómo llegamos a vivir en un mundo empeñado en anular a Dios, queremos señalar **una de las contradicciones evidentes de la corriente de pensamiento humanista: se postula el fin de la verdad absoluta pero se pretende que esta premisa sea aceptada como si fuera la verdad absoluta.** Comprender el contexto histórico posmoderno en el que vive ahora la iglesia nos ayudará a identificar maneras de dialogar con el mundo y predicar el mensaje de verdad. Una manera de ello es comprendiendo la relación entre verdad, ley moral y libertad que analizaremos en el siguiente apartado.

1.3 Verdad, libertad y ley moral

¿Se puede ser moral sin Dios y entender la diferencia entre el bien y el mal? "Si Dios no existe –parafraseando a Dostoievski en palabras de Juan

---

23 Cfr. Heath White, *op. Cit.*, págs. 8-10, 46-52-67, 78-84.

Karamazov– todo es legítimo; y si todo es legítimo, el anhelo de continuar la vida en el mundo se extinguiría."[24] La discusión teológica y filosófica sobre la existencia de la verdad, la ley moral y el ejercicio de la libertad ha estado en el tintero desde la antigüedad. Los ateos y los defensores de la fe se encuentran entre los actores de la discusión. El propósito aquí no es entrar al debate que ha dividido a la humanidad, sido dejar claro que la Biblia enseña que la verdad es Jesucristo, que Él nos da la libertad mediante arrepentimiento y que su Espíritu nos da entendimiento moral sobre lo que es bueno y lo que es malo.

La verdad existe y emana de Dios. La evidencia está en nosotros mismos, es la ley moral en nuestro interior por medio de la cual tenemos una percepción de la justicia y la injusticia, del amor y el odio, de lo bueno y lo malo, de lo que es un buen gobierno, un buen padre, un buen hijo o un buen ciudadano.[25] Por la ley moral sabemos que una persona centrada únicamente en su bienestar perjudica a otros. Lo comprobamos hasta en lo más trivial, como cuando un vecino tira su basura en nuestro frente, pone música a alto volumen en horarios inapropiados y no recoge las heces de su perro del frente de nuestra casa. Un comportamiento así genera malestar al estar convencidos de que no es correcto. ¿De dónde proviene esta idea? No precisamente de una clase de civismo, sino de algo más profundo y que emana del centro donde se encuentra lo que nos hace ser humanos, esto es, de la ley escrita en nuestro corazón.

---

24 Fedor M. Dostoievski escribió en uno de los diálogos entre los personajes de su célebre novela *Los hermanos Karamázov*, que: "Si en el hombre se destruyese la fe en su inmortalidad, no solamente se extinguiría en él el amor, sino también el anhelo de continuar su vida en el mundo. Aún más: nada habría entonces que fuese inmoral; todo sería legítimo, hasta la antropofagia. Afirmó –Juan Karamazov– que para cuantos no creen en Dios ni en su inmortalidad, la ley moral de la naturaleza se convertiría inmediatamente en lo inverso absoluto de la precedente ley religiosa; que el egoísmo, llevado hasta la infamia sería, no sólo legítimo, sino que se reconocería como un fin necesario, el más razonable y casi el más noble." Editorial Porrúa (14 Ed.), Ciudad de México, 2008, pág. 53.

25 Ver argumentos sobre la existencia de la ley moral basados en el sentido común en el Libro I de C. S. Lewis, *Cristianismo... ¡y nada más!*, Editorial Caribe, Nashville, TN, 1977.

"Todos los que han pecado sin conocer la ley también perecerán sin la ley; y todos los que han pecado conociendo la ley por la ley serán juzgados. Porque Dios no considera justos a los que oyen la ley, sino a los que la cumplen. De hecho, cuando los gentiles, que no tienen la ley, cumplen por naturaleza lo que la ley exige, ellos son ley para sí mismos, aunque no tengan la ley. Estos muestran que llevan escrito en el corazón lo que la ley exige, como lo atestigua su conciencia, pues sus propios pensamientos algunas veces los acusan y otras veces los excusan. Así sucederá el día en que, por medio de Jesucristo, Dios juzgará los secretos de toda persona, como lo declara mi evangelio" (Ro. 2:12-16).

Todos estamos familiarizados con la incapacidad humana de resistir deseos que sabemos nos acarrean problemas, vicios, enfermedades o culpa. Al mismo tiempo que los anhelamos, queremos evitarlos. Es un error atribuir esto a la culpa generada por una educación determinada o por nuestra cultura. La ley moral implantada en nuestras conciencias opera para nuestro bien y el de otros, y para cumplirla necesitamos libertad. Paradójicamente, creemos que hacer lo que queramos nos hará más libres y termina por esclavizarnos a instintos, necesidades y deseos.

El ensayista y poeta mexicano Octavio Paz se preguntaba "¿cuál es el sitio de la libertad en un universo regido por leyes inmutables?"[26] Es una cuestión cuya respuesta pone en crisis las ideas posmodernistas. La naturaleza, el tiempo, la música, las estaciones, los fechas, los elementos y compuestos químicos, el movimiento, los campos magnéticos e incluso los parámetros de ingesta de alimentos necesaria para mantener adecuados niveles de glucosa, triglicéridos o colesterol, por ejemplo, todo está enmarcado en leyes y funciona con indicadores absolutos que proporcionan a lo creado el equilibrio y estabilidad necesarios para su subsistencia.

La libertad no es libertad por operar fuera de las leyes, al contrario. El ser humano forma parte de una comunidad (familia, sociedad) en el que afecta a otros el mal uso de su libertad. La Ley de Moisés lo demostraba al sentenciar con pena de muerte el homicidio, el adulterio, el sacrificio humano, la violación, el secuestro, el maltrato a los padres, el incesto y el

---

26 Octavio Paz, *La llama doble*, Seix Barral, Madrid, 1993, pág. 163.

bestialismo, entre otras infracciones. La sociedad es alcanzada por el mal cometido o practicado por uno de sus miembros y los efectos destructivos se exponencian a medida en que más personas practican el mal y la injusticia. La maldad es una perversión de la libertad. Tanto el apóstol Pablo (Gá. 5:13) como el apóstol Pedro (1 Pe. 2:16) advirtieron a las iglesias que la libertad no es para hacer lo malo.

Lo moral es una expresión del buen uso de la libertad. Si se vive como un ser carnal, sin propósito ni responsabilidad por los actos propios, entonces la libertad será entendida como la posibilidad de satisfacer instintos, deseos y necesidades. Pero si se vive según el Espíritu, se buscará no sólo el bien propio sino el de los demás.

La Biblia registra que fuimos creados en un estado de perfección plena para adorar a nuestro Creador. No obstante, la Palabra señala cómo contrariamente escogimos pecar, idolatrar y vivir fuera del orden divino, por lo cual incurrimos en castigo de muerte. Por este motivo, Dios nos ha provisto la salida para regresar al plan original que tenía para nosotros: si abandonamos el mal y creemos en el plan redentor de Jesucristo podremos reconciliarnos con el Creador y obtener perdón, así como una nueva naturaleza espiritual para mantenernos en comunión con Él.

En el Libro de Génesis vimos que Adán y Eva desecharon la verdad de Dios y siguieron tras sus razonamientos al sucumbir a sus deseos, por lo que prefirieron someterse a ellos y no a la Palabra del Señor. La Carta a los Romanos (cap. 1) confirma al señalar que cambiamos la verdad de Dios por la mentira. Cuando pecamos nos apartamos de las leyes o mandatos de Dios. **La ley moral nos instruye sobre la existencia de la verdad, cuyo propósito es otorgarnos libertad.**

Cuando la Biblia menciona mandamientos, leyes, ordenanzas, estatutos o palabras de Dios se refiere a la verdad; es decir, se trata del mismo concepto y no se circunscribe a la ley de Moisés. Dios dijo, *"porque Abraham me obedeció y cumplió mis preceptos y mis mandamientos, mis normas y mis enseñanzas" (Gn. 26:5).* ¿Cuáles mandamientos, estatutos y leyes, si aún Dios no daba la ley a Moisés? Aquí coincidimos totalmente con la definición del pastor John MacArthur, quien aclara que más bien se trata de una síntesis de las enseñanzas bíblicas al decir, "la verdad es lo que es coherente con la mente, voluntad, carácter gloria y ser de Dios."[27]

¿Cuál es la mente de Dios? El bien, la justicia, el amor, la misericordia, la gracia, el perdón, la paciencia, la santidad, la pureza y virtudes similares propias de Él. Podemos conocer lo bueno y lo malo a través de estos parámetros, los cuales deben ser externos al ser humano. Sólo así conoceremos todo tal cual es, sin filtrar la realidad con nuestra percepción corrompida. Las leyes de la naturaleza no cambian porque la verdad no cambia. La verdad no cambia porque Dios no cambia. A dicho atributo se le denomina inmutabilidad y comprobamos que Jehová sigue siendo el mismo en todas las épocas de la historia y se relaciona de la misma manera con la humanidad.

Requerimos libertad para reconciliarnos con Dios y el prójimo, ya que la práctica repetida del mal nos mantiene en esclavitud, pues hacemos lo que no queremos como dice el apóstol Pablo quien nos exhorta a permanecer en la libertad con la que Cristo nos redimió. Como Dios aborrece el mal, nos da poder para ser libres del pecado y volver a él mediante Jesucristo.

La verdad nos lleva a comprobar en nosotros mismos nuestra injusticia por el hecho de ser humanos. No importa a qué cultura pertenezcamos, todos compartimos la tendencia a incurrir en obras pecaminosas como *"inmoralidad sexual, impureza y libertinaje; idolatría y brujería; odio, discordia, celos, arrebatos de ira, rivalidades, disensiones, sectarismos y envidia; borracheras, orgías, y otras cosas parecidas" (Gá. 5:19-21).*

A estas cosas podría haberse referido el teólogo Karl Barth al afirmar que "no reconocer a Dios como Dios es una errónea actitud básica ante la vida, puesto que de un corazón entenebrecido surgen los comportamientos equivocados."[28] ¡Y así es!

¿Ahora podemos ver la contradicción con el humanismo? Al final no somos buenos, como se suponía: corrupción en todos los niveles de la sociedad, enriquecimiento ilícito de funcionarios del gobierno, desvío de

27 John MacArthur, *Verdad en guerra*, Grupo Nelson, Nashville, TN, 2007, pág. 2.

28 Karl Barth, *Carta a los Romanos*, Biblioteca de Autores Cristianos, Madrid, 2002, págs. 96-97.

recursos públicos, guerras, la carrera armamentista, narcotráfico, legaliza-
ción de un sistema que perpetua las desigualdades sociales,[29] la incentiva-
ción del individualismo mediante la búsqueda del éxito personal, la inse-
guridad social y la explotación laboral, alimentada por el endeudamiento
vía mecanismos crediticios cuya usura afecta principalmente a quienes
tienen menos recursos (entre menor es el pago, mayor el plazo para liqui-
dar el pago y más alto es el costo final del bien o servicio). La ausencia de
verdad se manifiesta en la presencia de tanta injusticia. White lo llama la
"desilusión por el fracaso moral".

Al ser injusto por naturaleza, el ser humano se convirtió en el peor
enemigo no sólo de los de su propia especie, sino del planeta, sus habitantes y recursos. Al ser el individuo mismo su parámetro del bien, el amor y
la justicia, buscará principalmente su placer, su beneficio y su satisfacción.
Desconfía de cualquier ideología, religión, autoridad e institución, mientras confía ciegamente en sus instintos, necesidades y deseos. Pone por
encima de las personas lo material y a las personas trata como si fueran cosas al hacerlas desechables y remplazables. La más clara expresión de ello
es el poco o nulo compromiso que establece con todo aquello que no es él
mismo. Como el placer manda, no está atado a ideologías, convicciones,
ideales ni a relaciones. En cuanto algo o alguien no le satisface lo desecha
para continuar su búsqueda interminable del goce individual. Sabe dar
solamente si recibirá más placer, condicionando sus dádivas al cumplimiento de sus expectativas. Alguien así no tiene libertad.

1.4 El pecado en la iglesia

En un contexto histórico lleno de desconfianza y negación de la verdad, la iglesia de Jesucristo tiene un doble reto que afrontar: primero, debe

---

29 El Informe de Oxfam más reciente indica que el 1% de la población mundial posee más riqueza
que el resto de los habitantes del planeta, y que 8 hombres concentran la misma riqueza que la
mitad de la población más pobre del mundo. Ver Oxfam Internacional, enero de 2017, https://
www.oxfam.org/sites/www.oxfam.org/files/file_attachments/bp-economy-for-99-percent-
160117-es.pdf

vivir en la verdad y por la verdad porque para eso ha sido llamada; segundo, debe conocerla, exponerla y defenderla con amor y certeza.

La iglesia cree y vive en la verdad de Dios. Eso la anima a vivir conforme al amor, la justicia, la gracia, la misericordia y la bondad. Vivir en la verdad implica amar a quienes la han rechazado. Pero en ocasiones no vivimos por ella y la usamos para condenar al mundo, a pesar de que Jesús vino a salvar a quien cree en él (Jn. 3:16-21).

Un ejemplo de lo anterior es nuestra manera de hacer frente a la homosexualidad. La Biblia enseña que es un pecado, sin embargo, para algunos cristianos provoca una aversión que pecados como la mentira, el orgullo o las contiendas no. ¿Cómo conocemos esto? Si alguien en la iglesia practica un pecado que no nos resulta aberrante toleramos su pecado, mientras que a un homosexual se le exige el arrepentimiento para no practicarlo más. Aquí hay un trato discriminatorio a la maldad de uno y de otro. En las redes sociales, los cristianos tienden a tolerar el pecado, a excepción de la homosexualidad. De hecho, es común en las congregaciones la práctica de una diversidad de pecados, tales como el adulterio, la maledicencia, los pleitos, la ira, las enemistades y la envidia, pero no vemos sodomitas en ellas porque los consideramos de mayor perversidad.

Si toleramos la práctica de ciertos pecados, ¿debemos tolerar también todos? De ninguna manera. Tratamos hacer notar la gran hipocresía de tolerar nuestros pecados por no considerarlos "tan graves" y condenar los ajenos considerándolos peores según nuestra opinión. Sobra decir que para Dios la falta de arrepentimiento, sea cual sea el pecado, significa rebeldía, necedad y falta de fe en el sacrificio de su Hijo.

De acuerdo con Jn. 3:19, creer es vivir según la verdad de Dios. *"Esta es la causa de la condenación: que la luz vino al mundo, pero la humanidad prefirió las tinieblas a la luz, porque sus hechos eran perversos."* Amar más la luz que las tinieblas en otras palabras es abandonar nuestra maldad para hacer las obras que Jesucristo hizo. Por amar más las tinieblas el mundo ya ha sido condenado. Amar las tinieblas no es convertirte en satánico, hacerte ateo y dejar de ir a la iglesia, es que nuestras obras sean malas y vivir así es seguir en condenación. *"Pues todo el que hace lo malo aborrece la luz, y no se acerca a ella por temor a que sus obras queden al descubierto. En cambio, el que practica la verdad se acerca a la luz, para que se vea claramente que ha hecho sus obras en obediencia a Dios" (Jn. 3:20-21).*

Conocer la verdad es una gran responsabilidad. En una buena cantidad de textos bíblicos se nos habla de que, a quien mucho se le da, mucho se le demandará. Las parábolas del siervo fiel y el infiel, y de las diez vírgenes demuestran que Jesús se ocupó de ayudar a sus discípulos en entender esta verdad. El siervo fiel es aquel a quien, cuando su Señor vuelva, le encuentre haciendo lo que le encargó hacer y el infiel no estará ocupándose de ello cuando su Señor regrese. Las vírgenes prudentes mantienen encendidas sus lámparas porque aguardan el regreso del novio, pero las insensatas se confían y no mantienen encendidas sus lámparas. Jesús acusó a fariseos y escribas por su incongruencia, pues siendo los que mejor conocen los mandamientos, estatutos y leyes, no hacen la voluntad de Dios.

Vivir en la verdad es la mejor manera de llamar al mundo a creer en ella, porque así puede mostrarla y demostrarla. Abel nos recuerda el bien de perseverar en la verdad; Caín, las consecuencias de ser dominados por el pecado. Tenemos mandamientos que guardar y ellos son los que juzgan nuestro actuar, si es justo o malvado, santo o corrupto, libre o esclavo. *"Si obedecen mis mandamientos, permanecerán en mi amor, así como yo he obedecido los mandamientos de mi Padre y permanezco en su amor"* (Jn. 15:10).

¿Cómo sabemos que nos hemos alejado de la verdad? Se nos dificulta hablar del pecado y dejamos de usar la Biblia para confrontar nuestra vida con la luz de la Palabra. Es común que en nuestra labor de Restauración de Iglesias nos enfrentemos a congregaciones cuyos miembros se justifican a sí mismos y no reconozcan su pecado. Conforme avanzamos en los procesos de restauración notamos cómo al acercarlos a la Palabra, los congregantes descubren en sus conciencias el mal que practican, porque *"si afirmamos que no tenemos pecado, nos engañamos a nosotros mismos y no tenemos la verdad."* (1 Jn. 1:8).

La Biblia insiste una y otra vez que vivir en la verdad se manifiesta en los hechos. Las consecuencias eternas son, para quien practica la justicia, la vida; para quien ejerce la maldad, la muerte. No sugerimos que las obras justas nos salvan, pero como leemos en Efesios (2:10), cuando hemos creído en el evangelio ahora somos hechura suya, creados en Cristo para hacer buenas obras. Nacer de nuevo tiene consecuencias.

Al conocer y vivir en la verdad es imposible acercarse al Señor con ideas y conceptos propios. Al creer, nuestros deseos y anhelos cambian. El salmista quería guardar los dichos de Dios en su corazón para no pecar contra él (Sal. 119:11). Sin embargo, algunos pretenden invocar a Dios para que satisfaga sus deseos viciados y carnales. Reclaman versículos como aquel que dice que *"cualquier cosa que ustedes pidan en mi nombre, yo la haré"* (Jn. 14:13a), pero olvidan que el Señor también dijo que debemos permanecer en él y en sus palabras (Jn. 15:7). Si andamos en la verdad, ¡lo que pidamos será conforme a la voluntad de Dios, y no conforme a nuestros malos deseos!

Entonces sabremos que al hacer decretos para que Dios otorgue toda clase de bienes materiales es ir en pos de los deseos carnales, no de lo eterno que agrada al Soberano. Por la ausencia de verdad la necedad hace pensar a muchos que el poder de Dios está a su disposición para suplir sus propios deseos, pues aman más al mundo y lo que hay en él. Bien hablaba Santiago de los creyentes que piden con malas intenciones para gastar en sus propias pasiones y deleites. Los llama adúlteros que querían estar del lado de Dios y mantener amistad con el mundo. A los tales les exhortó a someterse a Dios y a resistir al diablo, para que huyera de ellos.

Por medio de la verdad conocemos claramente la justicia de Dios y nuestra injusticia; su amor y nuestro egoísmo; su bondad y nuestra maldad; su eternidad y nuestra mortalidad; su perfección y nuestra imperfección; su santidad y nuestro pecado; su plenitud y nuestra necesidad; su sabiduría y nuestra necedad; su omnipotencia y nuestra debilidad. Pero mientras nuestras Biblias permanezcan cerradas no tendremos más de Dios, sino que obtendremos más de nosotros.

Así es como algunos se han esclavizado al obedecer prohibiciones y mandamientos de hombres. Dios no es una ley moral, así como la fe en Cristo no se limita a llevar una vida moralmente ejemplar, según ciertos criterios. El cristiano no hace lo bueno para agradar a Dios o salvarse; hace lo bueno porque ha reconocido su maldad y ha aprendido a aborrecerla al conocer la bondad de Dios.

Es decir, que dejar de hacer lo malo es consecuencia de haber conocido, comprendido y creído la verdad: nos alejamos del mal al entender que nos separa de Dios, nos corrompe y nos conduce a la muerte. **Hacer lo bueno, por otra parte, es resultado de la libertad alcanzada por nuestro arrepentimiento del pecado.** Al abandonar la práctica de mis maldades el poder de Dios me vivifica, regenera mi mente y provee de su Espíritu a mi espíritu para desear el bien, la voluntad de Dios, sus mandamientos. Esto es imposible sin la intervención sobrenatural del Señor en la naturaleza humana. No es cuestión de méritos propios.

La religiosidad nos haría pensar que agradamos a Dios a nuestra manera y por nuestra fuerza de voluntad. Por ejemplo, en procesos de Restauración Personal, de Relaciones Interpersonales y de Iglesias observamos que creyentes con muchos años en el evangelio y activos en el servicio ministerial practican lo que bien saben que es pecado, pero al llevar tanto tiempo practicándolo ya les parece normal. Se les ha dicho que son salvos por haber declarado con su boca una oración, pero sus obras testifican que no han nacido de nuevo.

Un verdadero discípulo de Jesús es testimonio de que la verdad lo ha hecho libre. ¿De qué? Del poder del pecado. El siguiente texto bíblico alude a nuestra responsabilidad de elegir la verdad, ya no la mentira. *"Por lo tanto, no permitan ustedes que el pecado reine en su cuerpo mortal, ni obedezcan a sus malos deseos. No ofrezcan los miembros de su cuerpo al pecado como instrumentos de injusticia; al contrario, ofrézcanse más bien a Dios como quienes han vuelto de la muerte a la vida, presentando los miembros de su cuerpo como instrumentos de justicia. Así el pecado no tendrá dominio sobre ustedes, porque ya no están bajo la ley, sino bajo la gracia"* (Ro. 6:12-14).

Asimismo, la primera Carta de Juan enseña sobre el poder de Dios que, al dar de su naturaleza para nacer de nuevo, el hijo de Dios puede elegir la obediencia. *"Ninguno que haya nacido de Dios practica el pecado, porque la semilla de Dios permanece en él; no puede practicar el pecado, porque ha nacido de Dios. Así distinguimos entre los hijos de Dios y los hijos del diablo: el que no practica la justicia no es hijo de Dios; ni tampoco lo es el que no ama a su hermano" (1 Jn. 3:9-10).* Si quienes conocemos la verdad vivimos como si no fuera la verdad, ¿quién la creerá? Por eso recibimos lo necesario para lograrlo.

Y si por la verdad somos libres, estamos convencidos de que toda palabra que sale de la boca de Dios es nuestro alimento. Si nuestra condenación se debía al haber desechado a Dios, convirtiéndonos así en enemigos suyos, ahora nos es necesario ser guiados por su consejo. *"Porque si, cuando éramos enemigos de Dios, fuimos reconciliados con él mediante la muerte de su Hijo, ¡con cuánta más razón, habiendo sido reconciliados, seremos salvados por su vida!"(Ro. 5:10).*

La luz de la verdad nos conduce a exhortar a nuestros hermanos en pecado. En esto consiste el amor. Tolerar su pecado sin llamarlos al arrepentimiento es lo contrario al amor. ¿Cómo quiero ser amado? Prefiero que mi hermano me reprenda por mi maldad a ser juzgado por ella ante Cristo. Aceptar las transgresiones del otro no es un acto de amor, y esperar tal tolerancia de las nuestras es un engaño.

Algunas iglesias han fallado en su propósito de vivir en y por la verdad, y por ello fallan en su propósito de restaurar al pecador. Es muy común la práctica de expulsar al pecador de la congregación sin haberle dado la oportunidad de arrepentimiento y restauración mediante una consejería efectiva. Por supuesto, ello supone vivir en la verdad sin complicidad con la hipocresía, lo que en última instancia significa vivir el amor de Cristo en la iglesia.

El discípulo de Jesús hace frente al error por amor a la verdad y al que lo comete, para acercarlo a la verdad. También lo hace por amor a sí mismo, para que lo acerquen a ella si se llegase a alejar. Su actuar es decidido, pero no violento; amoroso, no condescendiente; respetuoso, no indiferente. Ignorar la transgresión implicaría aceptar que cada quien tiene su verdad y todos se vuelven cómplices del pecado. ¿Qué lógica hay detrás? ¿No juzgar para no ser juzgado? ¿Dejar pecar para yo seguir pecando? La iglesia debe velar humilde y misericordiosamente por la unidad, o ¿preferiremos apariencia de unidad en lugar de genuina comunión entre hermanos?

El creyente rinde culto a Dios según su propia conciencia (Rom. 14), pero el peligro de hacerlo sin el cuidado de otros es que la repetida transgresión la cauterice por completo, de manera que no sienta contrición, esto es, dolor por haber ofendido a Dios o a su prójimo. De esta manera, comenzará a llamar a lo bueno, malo, y a lo malo, bueno. Perderá su libertad. **La vida en comunidad, a través del discipulado, el consejo bíblico y la restauración, es el antídoto.**

Soportar al otro, en términos bíblicos, es amonestarlo en el cumplimiento de la verdad, no para destruirlo ni contender sobre opiniones ni por cuestiones superficiales sin provecho espiritual, sino para ayudarle a perseverar en la fe en Cristo. La iglesia que persevera en la verdad es útil en la santificación de sus miembros para alcanzar la vida eterna, porque *"cuando ustedes eran esclavos del pecado, estaban libres del dominio de la justicia. ¿Qué fruto cosechaban entonces? ¡Cosas que ahora los avergüenzan y que conducen a la muerte! Pero ahora que han sido liberados del pecado y se han puesto al servicio de Dios, cosechan la santidad que conduce a la vida eterna"* (Ro. 6:20-22).

1.5 Cómo sobreponerse al pecado

La enseñanza de la historia de Caín es que si le damos lugar al pecado en nuestra vida éste terminará dominándolo todo. Resumiendo un poco para analizar el siguiente punto, Dios no le sugirió a Caín que intentara poco a poco dejar el pecado. Le advirtió que si hacía lo malo, el pecado lo acecharía como una fiera lo hace con su presa y no lo dejaría en paz por más que intentara apartarse de ello. Esto es justo lo que tantos creyentes vivimos diariamente, nuestro pecado nos acecha. Cuando nos alcanza, nos devora aquello que nos esclaviza. Dios no exhortaba a Caín para torturarlo, sino para recordarle que podía dominar al pecado. ¡Buenas noticias! La voluntad es libertada para escoger la obediencia.

Ahora somos hijos adoptados por Dios, pero antes fuimos sus enemigos. Muchos que decidimos seguir a Jesucristo olvidamos que en el pasado fuimos rebeldes contra él y que usamos nuestros miembros para satisfacer nuestra carne una buena parte de nuestra vida. Asentir intelectualmente la existencia de Jesucristo no nos convierte en personas que glorifiquen a Dios con sus vidas. Es necesario un verdadero arrepentimiento. Los hechos demuestran que la naturaleza humana del creyente aún es corruptible, pero en ella no debe reinar el pecado pues no es posible ser cristiano y continuar pecando conociendo las consecuencias. Ciertamente la guerra que hay en la mente del cristiano es inevitable, pero es posible ganarla en cada embate de las tentaciones si morimos a nuestra carne para ser como Jesucristo. Por lo tanto, seamos como él.

De acuerdo con la Palabra de Dios (1 Jn. 2:15-16 y Stg. 4:1-7), los enemigos del creyente son la carne, el mundo y Satanás. El apóstol Juan escribió que los propios deseos de la naturaleza humana, la codicia de las cosas que vemos y la arrogancia o la vanagloria de la vida no provienen del Padre. Jesús encarnado fue tentado para ceder ante necesidades carnales, deseos de riqueza y poder (Mt.4:1-11) pero derrotó al tentador en el desierto. **Sobreponerse al pecado implica identificar a los enemigos, de los cuales nosotros mismos, en nuestra naturaleza carnal, somos el primero.**

Ser tentados tiene como propósito evidenciar nuestra debilidad con el fin de que se manifieste de quién somos hijos, si de Dios o del diablo. ¿Quiénes son hijos de Dios? Únicamente los que están reconciliados con Dios son sus hijos, por medio de Jesucristo. Esto es, no pueden convivir la luz y la oscuridad. *"Este es el mensaje que hemos oído de él y que les anunciamos: Dios es luz y en él no hay ninguna oscuridad. Si afirmamos que tenemos comunión con él, pero vivimos en la oscuridad, mentimos y no ponemos en práctica la verdad."* (1 Jn. 1:5-6).

La Palabra señala claramente en Jn. 3:16 que quienes acepten a Jesús, Dios les da el derecho de ser sus hijos. Y, ¿quiénes son los que reciben a Jesús y quiénes le aman, sino aquellos que guardan los mandamientos de su Padre? Muchas personas se dicen hijos de Dios, pero actúan como sus enemigos, tal como Caín. Y, en ocasiones, no sólo se ha permitido al pecado entrar en las congregaciones, sino que también se le ha consentido echado raíces en los corazones de los creyentes.

¿El pecado se ha arraigado en muchas iglesias? Quizás más de lo que nos gustaría reconocer. ¿Aceptarlo implica decir que Dios no es soberano ni poderoso para proteger de la impureza a la esposa de Jesucristo? De ninguna manera. Él está interesado en purificarla de la inmundicia y de las enseñanzas erradas de quienes salieron de nosotros, pero no eran de nosotros, pero salieron para que fuera evidente que no todos son de nosotros.

En el libro de Apocalipsis lo primero que encontramos es al Señor dando un mensaje a cada una de las siete iglesias de Asia. A la mayoría ciertamente les señala sus buenas obras pero también las exhorta a arrepentirse de sus pecados. **Esta es la manera bíblica para sobreponernos al pecado, el arrepentimiento.** Jesucristo no pasa de largo el pecado y tampoco consiente al pecador compadeciéndolo por su debilidad o por las terribles circunstancias en las que vive, como lo hacemos nosotros al guardar las apariencias, y simular obediencia donde no la hay. Tampoco lo consuela recordándole que, como ya es salvo, no debe preocuparse por nada. ¡Jesucristo es el más interesado en buscar la purificación de su iglesia para que esté lista a su regreso!

¿Qué cosas sacó Jesucristo al descubierto de estas iglesias? Elogió a seis iglesias, excepto a la de Laodicea; a cinco llamó a arrepentirse de sus pecados y las iglesias de Esmirna y Filadelfia no fueron reprendidas. ¿Cuáles fueron sus virtudes? La primera es descrita como pobre y atribulada, y la segunda como de poca fuerza, pero son fieles a pesar de ello. A ellas el Señor les promete probarlas, guardarlas en ese trance y premiarlas con la corona de la vida. ¿Qué es lo que tienen en común las otras cinco iglesias? El pecado, la falta de constancia, la idolatría, la impureza, el amor al mundo, la hipocresía y la religiosidad. ¿Cuál es el mensaje que el Santo repite a todas ellas? Las llama al arrepentimiento y a vencer el pecado.

Reunirse con la iglesia y llamarse creyente no parece ser suficiente para lograr victoria. Si lo fuera, Jesucristo no nos llamaría al arrepentimiento. Él promete que, al que logre vencer, recibirá las promesas hechas a los redimidos. Por lo tanto, este es también el mensaje para la iglesia de este tiempo. Como a estas siete iglesias, el mensaje nos ayuda a entender cuál es nuestro pecado, a reconocerlo ante él y nos aclara cómo superarlo.

Si no fuera importante el arrepentimiento para los hijos de Dios con el propósito de perseverar, ¿para qué se tomaría la molestia de decirnos que esto es necesario?

En el amor de Jesucristo somos corregidos para santificación y probados para depurar nuestra fe. El propósito no es otro que el de vestirnos de ropas blancas, simbolizando pureza y santidad –como se registra en la Carta a los Hebreos, capítulo 12–, y ungirá nuestros ojos con colirio para que veamos. ¿Qué debemos ver? Nuestro pecado para renunciar a su perverso dominio sobre nosotros.

De igual forma, el Espíritu Santo advirtió (Ga.6:16-26) que debían dejar los deseos de su naturaleza pecaminosa, porque los que así viven no tendrían parte en el reino de Dios y, ¡lo mismo advierte hoy a nosotros! ¿Seguiremos viviendo así sabiendo que sin arrepentimiento no tendremos parte con Jesús en su reino? Pedro, por su parte, pide a sus lectores (1 Pe. 1:13-15; 2:11) esperar por completo en la gracia que nos será dada cuando Jesucristo sea manifestado. ¿Qué significará esperar? Renunciar a los deseos que teníamos cuando desconocíamos el evangelio, ser santos como Dios es santo y abstenernos de los deseos carnales que batallan contra el alma.

Si el Señor enviara un mensaje a nuestra iglesia local, ¿qué diría el mensaje? Muy probablemente, sería una exhortación para reconocer nuestro pecado y abandonarlo de una vez y para siempre; porque el que venciere alcanzará salvación, pues la fe que persevera durante toda la vida es realmente fe. Finalmente, ¿qué nos enseña la verdad? Y, ¿qué necesitamos recordar para vencer? Que sin santidad nadie verá al Señor (He. 12:14).

1.6 La santidad

Hablar de la creciente influencia del pecado en la iglesia hace necesario hablar de la santidad. La santidad es, al mismo tiempo, la disposición de hacer la voluntad de Dios mediante la obra del Espíritu Santo en la vida del creyente. Cuando hay arrepentimiento, el resultado es hacernos más parecidos a Jesucristo y más libres del pecado. La Palabra enseña que es-

tamos llamados a ser santos y a ser perfeccionados a través de la obediencia, tal como el Señor lo hizo, *"aunque era Hijo, mediante el sufrimiento
aprendió a obedecer; y, consumada su perfección, llegó a ser autor de salvación eterna para todos los que le obedecen" (He. 5:8-9).*

La santidad no sólo significa que pecar es algo que se deba evitar a
toda costa, sino también implica escoger la obediencia a pesar de las debilidades propias. Si tratamos de obedecer sin fe, esto es sin convicción
de pecado ni arrepentimiento, permaneceremos esclavizados y nuestra
condición será peor, pues seremos esclavos de nuestra propia religiosidad.
Obedecer los mandamientos no es el propósito de la fe, sino la consecuencia de acercarnos a Dios para conocerle. Entonces podremos acercarnos a
nuestro prójimo, al verle como nuestro Creador nos ve, para poder amarle
sinceramente. *"Ahora que se han purificado obedeciendo a la verdad y tienen un amor sincero por sus hermanos, ámense de todo corazón los unos a
los otros" (1 Pe. 1:22).*

Vivir así es vivir en santidad. No es sinónimo de ser infalible; es perseverar en la fe a pesar de las debilidades propias, confiando en su poder
que se perfecciona en ellas y en la obra de Dios en nosotros. *"Pero él me
dijo: 'Te basta con mi gracia, pues mi poder se perfecciona en la debilidad'.
Por lo tanto, gustosamente haré más bien alarde de mis debilidades, para
que permanezca sobre mí el poder de Cristo" (2 Co. 12:9).*

Al procurar ser santos, sin tener libertad, buscaremos únicamente
apartarnos del mundo, alejarnos de cierta comida y bebida, de algunos
servicios de entretenimiento, de vestimentas y arreglos personales, de las
redes sociales, de medios electrónicos como la radio y el televisor, y nos
encerraremos en el templo para alejarnos de lo pecaminoso. Esto es inútil,
en primer lugar, porque no se admite que el origen del pecado está en
nuestro interior, sino que se pretende culpar a lo externo, y segundo, porque se cree que la santidad se alcanzará pasivamente, dejando de hacer lo
malo. Quien nada más procure ya no estar expuesto a la maldad, perderá
la guerra en su mente. Jesús dijo que lo que sale de la boca contamina al
hombre, porque sale de su corazón, es decir, de nosotros mismos.

La santidad es aborrecer lo malo, amar y hacer lo bueno al ser libres
de la influencia del pecado, como consecuencia del nuevo hombre que es

formado en nosotros a la imagen de Jesucristo. Recibimos nueva mente y nuevo corazón, no adaptamos la vieja mente y el viejo corazón a nuevas reglas religiosas. *"Por lo tanto, como escogidos de Dios, santos y amados, revístanse de afecto entrañable y de bondad, humildad, amabilidad y paciencia, de modo que se toleren unos a otros y se perdonen si alguno tiene queja contra otro. Así como el Señor los perdonó, perdonen también ustedes"* (Col. 3:12-13).

Dejar de hacer es el evangelio de las prohibiciones y el de hacer por hacer el de quienes adoran al ídolo de las tradiciones. En la carta a la iglesia de Éfeso vemos que no se trata de hacer buenas obras sin una conciencia de que el propósito de ello es la adoración a Dios. Se sirve en la obra pero se olvida al Señor de la obra cuando ¡Él es el centro de todo!

La santidad podría angustiar al débil en la fe, quien está preocupado y ocupado en no pecar con lo que aprueba. Por ejemplo, los fariseos criticaron a los discípulos de Jesús al verlos sentarse a comer con las manos sucias. Para el que practica la religiosidad ser santo es únicamente forma y apariencia. Es decir, eres espiritual si haces o dejas de hacer tal o cual cosa, sin importar tu comunión con Dios. Por eso Jesús dijo que eran unos hipócritas, pues de labios honraban a Dios, pero sus corazones estaban lejos de él, enseñando mandamientos de hombres como doctrinas.

La santidad es acción: comunión con Dios para ser como él. La Escritura hace eco de la invitación del Señor a que seamos santos como él es Santo, y a imitarle como hijos amados. Al tener su naturaleza espiritual participamos de su carácter. Quien se santifica en Dios ya no vive para sí mismo. Así se manifiesta que somos hijos de Dios, al ver por el bien de otros, no sólo por el nuestro. ¡Imitemos el ejemplo del Hijo, que se ofreció por nosotros!

De manera que Dios nos aparta para él y nosotros debemos amar su voluntad en un mundo que ama el pecado. ¡Qué maravillosa aflicción! Como cuando un compañero de trabajo nos hace mal. Ser pacientes, amorosos y bondadosos con él nos aflige por el orgullo de nuestra carne. Quisiéramos devolver mal por mal. No obstante, estas situaciones prueban cuál es nuestra naturaleza. La aflicción de la prueba nos ayuda a ser como Jesucristo. Pero si pecamos al maldecir al ofensor y tomamos revancha, nuestro pecado nos domina, como le ocurrió a Caín. No importa cuán espirituales nos consideremos, de labios le estaremos honrando, mas nuestro corazón estará lejos de Dios.

Siendo así, nuestra justicia no sería mayor que la de los judíos a quienes los profetas hablaron y tampoco nos pone en una mejor posición frente a los fariseos y escribas, a quienes el Señor describió como sepulcros cuidados y bonitos por fuera, aunque con inmundicia por dentro. Santidad, pues, no es mantener las apariencias, sino la perfección.

En el capítulo 13 de la segunda Carta a los Corintios Pablo dijo que él y los que estaban con él oraban para que llegaran a ser perfectos. En su despedida insistía en animarlos a buscar la perfección en su vida. Asimismo la Carta a los Hebreos recuerda que por su sacrificio, Jesucristo hizo perfectos para siempre a los que son santificados. Perfecto significa completo o maduro en la comunión con Dios. Por su parte, Pedro pide esto mismo en su primera Carta al decir que la obediencia no es vivir conforme a los deseos que tenían antes de conocer a Dios, sino de manera completamente santa, porque Dios es santo y quiere que seamos santos. Esto no equivale a decir que no tenemos pecado, sino a escoger tener comunión con Dios antes que pecar y a buscar restauración cuando llegamos a tropezar.

Así que hay que escoger: santidad o religiosidad; santidad o esclavitud; santidad u honra de labios; Abel o Caín. *"Como tenemos estas promesas, queridos hermanos, purifiquémonos de todo lo que contamina el cuerpo y el espíritu, para completar en el temor de Dios la obra de nuestra santificación"* (2 Co. 7:1).

1.7 La obediencia

Le dedicamos tiempo a nuestros ministerios y estamos ocupados en la obra de Dios, ¿estaremos ocupados en el Dios de la obra? A veces creemos que, de cualquier manera, obtendremos bendición del Señor por hacer cosas para él aunque en nuestra vida no haya obediencia a sus mandamientos. ¡Tal como Caín!

A esto se refería el autor de Eclesiastés cuando describía a los necios que ofrecían sacrificios en el templo a Dios, pero no estaban dispuestos a oír sus mandamientos y mucho menos a obedecerlos. Nos acercamos al Señor para ofrecerle cosas sin tener una conciencia limpia. *"Cuando vayas a la casa de Dios, cuida tus pasos y acércate a escuchar en vez de ofrecer sacrificio de necios, que ni conciencia tienen de que hacen mal"* (Ec.5:1). Igualmente que aquellos necios, ni siquiera estamos apercibidos de nuestro mal proceder. Acerquémonos a su presencia para ponernos a cuentas con él, sabiendo que somos indignos.

La única actitud aceptable al invocar a Dios es la disposición de obedecer y, guardar los mandamientos, es la única evidencia de nuestra santificación. En el día del juicio no se nos preguntará qué ministerios desempeñamos o cuáles fueron nuestros logros. El Señor pesará nuestros corazones. La medida de la balanza será la obediencia al Señor.

"¿Qué le agrada más al Señor: que se le ofrezcan holocaustos y sacrificios, o que se obedezca lo que él dice? El obedecer vale más que el sacrificio, y el prestar atención, más que la grasa de carneros. La rebeldía es tan grave como la adivinación, y la arrogancia, como el pecado de la idolatría. Y, como tú has rechazado la palabra del Señor, él te ha rechazado como rey" (1Sa.15:22-23).

Según los versículos anteriores, Dios envió al profeta Samuel a preguntar a Saúl sobre lo que agrada a Dios, si las ofrendas o la obediencia, porque el rey de Israel había preferido ignorar una instrucción divina. Dios ordenó a Saúl que destruyera a los amalecitas, con todo y sus ganados y animales de carga. En cambio, el rey de Israel perdonó la vida al rey de los amalecitas y a lo mejor de los ganados que, según ordenó Saúl, sacrificarían a Dios. Cuando Samuel lo confrontó por hacer las cosas a su manera, Saúl negó su pecado e insistió en que sí había hecho lo que le había sido encomendado. Este acto de desobediencia tuvo consecuencias inmensurables no sólo para el rey Saúl en su tiempo, sino para el pueblo de Dios hasta nuestros días (1 Sa. 15:8, Est. 3:1).

Igualmente para nosotros, no sirven todas nuestras buenas obras si rechazamos el Señorío de Jesucristo. No es religiosidad o ritualismo lo que demanda, sino verdadera adoración. ¿Persistiremos en el pecado, en nuestra soberbia y en nuestra necedad como para, habiéndonos negado a cumplir su voluntad, aleguemos inocencia? No somos obedientes para alcanzar el favor de Dios, somos obedientes por haber alcanzado su favor. La obediencia es el fruto de un corazón arrepentido. De no ser así confiaríamos en nuestros méritos, pero entendemos que, *"Tú no te deleitas en los sacrificios ni te complacen los holocaustos; de lo contrario, te los ofrecería. El sacrificio que te agrada es un espíritu quebrantado; tú, oh Dios, no desprecias al corazón quebrantado y arrepentido" (Sal. 51:16-17).*

En ocasiones condenamos a otros por beber cerveza o por vestir de cierta manera, pero maldecimos a la gente cuando nos hace enojar; atendemos a los creyentes y descuidamos a nuestra familia; somos muy celosos de la liturgia, aunque incapaces de ayudar a quien lo necesita. Quienes hacen éstas y muchas cosas similares se preocupan por las formas, por lo exterior, y no por el fondo y el corazón. Son como los que condenaban por comer con las manos sucias.

"El Señor dice: Este pueblo me alaba con la boca y me honra con los labios, pero su corazón está lejos de mí. Su adoración no es más que un mandato enseñado por hombres" (Is. 29:13). No podemos ser de los que invocan a Jehová con sus labios mientras con sus obras se oponen a su autoridad. Si nuestra fe en Cristo fuese cierta seríamos obedientes. El apóstol Pablo escribió a los romanos diciendo que Jesús murió por los impíos cuando aún éramos débiles, lo que significa que, en él, ahora somos fuertes. ¿Desde hace cuántos años mentimos, robamos, engañamos, envidiamos, maldecimos, fornicamos o adulteramos, entre otros pecados? Entonces, haber creído el evangelio sin obedecerlo no es debilidad, sino rebeldía.

Tantas veces hemos leído y oído que el pecado no debe dominarnos, que si nos airamos hay que evitar pecar y que cualquiera que maldiga a alguien es homicida. ¿Por qué hacemos estas cosas si sabemos que eso acarrea muerte? Veamos qué nos dice la Palabra acerca de las consecuencias del pecado. En Colosenses (3:5-10) Pablo enumera todo lo que es propio de la naturaleza terrenal y por lo cual **viene el castigo de Dios**. En Gálatas (5:19-21) se advierte **que los que practican tales cosas no heredarán el reino de Dios**, y en el Libro de Apocalipsis

(21:8) encontramos el destino de ellos: **el lago de fuego y azufre. Esta es la segunda muerte.**

Aunque los desobedientes serán juzgados por sus obras malas, los hijos de Dios no necesitan hacer obras buenas para ser justificados. El problema estriba en que hay quienes pensando ser hijos de Dios, justificados por la fe, continúan en sus obras malvadas, pues no se han arrepentido de ellas. Muchos creen que de nada vale intentar ser obedientes porque la carne siempre va a ganar. No conocen la libertad, están acostumbrados a la esclavitud. Como el elefante que desde sus primeros meses de vida fue encadenado a una gran estaca y, aunque adquiere fuerza para liberarse al ser adulto, no lo hace. Creció pensando que no tenía las fuerzas para lograrlo. El pecador arrepentido sigue siendo incapaz de vencer el pecado por su humanidad y su propia fuerza de voluntad, pero puede vencerlo porque ahora Dios ha producido en él de su naturaleza espiritual y poder, el cual se perfecciona en sus debilidades.

La obediencia es saber cuál es la voluntad de Dios y hacerla. Debido a la naturaleza espiritual podemos conocerla, comprenderla y desearla. Así es como vivir circunstancias adversas no es pretexto para no obedecer. Jesucristo, ante la angustia de ver su hora llegar, dijo al Padre, *"pero no se cumpla mi voluntad, sino la tuya"*. (Lc. 22:42).

1.8 La vida nueva

Jesús describió el arrepentimiento del pecado como "volver a nacer". No es posible imaginar algo más radical como morir a una vieja manera de vivir para nacer a una nueva con naturaleza y valores opuestos. El bautismo representa exactamente eso. Si para obedecer la verdad es necesaria la naturaleza espiritual, entonces debemos hablar del nuevo nacimiento.

Pablo lo mencionó en buena parte de sus cartas. En Colosenses (3:12-13) es descrito el viejo hombre como aquel que practica el pecado y el nuevo como uno que se renueva por el pleno conocimiento de la verdad de Dios, para que esta nueva vida sea a la imagen de su Creador.

Un ser humano no puede tener profunda compasión, ni ser de bien a todas las personas, ni ser humilde tratando a los demás como superiores, ni tener dominio propio en toda situación, ni ser paciente y soportar a otros, ni perdonar siempre, pero un nuevo hombre podrá lograrlo al ser formado a la imagen de Dios. El viejo hombre ocupaba sus miembros en llevar a cabo los pecados mencionados y el nuevo ya no lo hace. El apóstol Juan explica que *"ninguno que haya nacido de Dios practica el pecado, porque la semilla de Dios permanece en él; no puede practicar el pecado, porque ha nacido de Dios" (1 Jn. 3:9).*

La palabra en griego para simiente es «σπέρμα» o «*sperma*». Hoy sabemos que el esperma contiene millones de espermatozoides, y en cada uno de ellos está la molécula llamada ADN, el material que contiene los genes, los cuales a su vez nos hacen lo que somos con base en la información genética del padre y la madre. El que es nacido de Dios es su hijo por la *información espiritual* transmitida mediante su Espíritu, además de la humana. Por cuanto somos hijos de Adán somos pecadores; por cuanto hijos de Dios, ya no practicamos el pecado, pues *"Así distinguimos entre los hijos de Dios y los hijos del diablo: el que no practica la justicia no es hijo de Dios; ni tampoco lo es el que no ama a su hermano" (1 Jn. 3:10).*

Lo que hacemos o practicamos es lo que somos. Si aún practicamos el pecado muy probablemente no hemos nacido de nuevo. Por lo tanto, no podemos decir que tenemos una vida nueva por haber hecho una oración, ir al templo y participar en actividades con otros creyentes si seguimos siendo tal como el hombre viejo. ¿Qué trato damos a las personas? ¿Maltratamos al cónyuge? ¿Despreciamos al que nos atiende haciendo su trabajo? ¿Qué tal tratamos a quien nos pide limosna? ¿Cómo reaccionamos ante los problemas y las circunstancias adversas? ¿Qué pasa cuando nos enojamos, nos sentimos tristes o desesperados? La respuesta a estas preguntas testifica si somos el viejo hombre o el nuevo.

Las iglesias podrían estar animando a los creyentes a recibir a Jesús en su corazón y a bautizarse como el cumplimiento de un ritual más en su nueva vida religiosa, pero será un engaño si no producen frutos dignos de arrepentimiento, es decir, que hagan lo que dicen creer.[30]

---

30 Los fariseos y saduceos acudían a Juan el bautista a manifestar que estaban arrepentidos de su

No hay nada más radical que amar a Dios con toda nuestra mente y con todas nuestras fuerzas y con toda nuestra alma, cuando hemos practicado la idolatría amándolo todo, incluidos a nosotros mismos, antes que a Dios. Es radical amar sus mandamientos y al prójimo como a uno mismo. Va contra nuestra naturaleza egoísta, y por eso mismo, requiere que tengamos una nueva naturaleza.

Los creyentes tenemos la religión en una mano y nuestras viejas costumbres en la otra. Estamos ya demasiado acostumbrados a escuchar la jerga religiosa, como eso de que somos "nuevas criaturas". Esta es la razón por la que la Palabra señala, *"si después de recibir el conocimiento de la verdad pecamos obstinadamente, ya no hay sacrificio por los pecados. Sólo queda una terrible expectativa de juicio, el fuego ardiente que ha de devorar a los enemigos de Dios"* (He. 10:26-27).

Con esto no estamos diciendo que tal persona ha perdido su salvación, sino que alguien así no es salvo porque nunca lo fue. La vida nueva no consiste en cambiar las actividades sociales, en las que se pecaba sin Dios, por un montón de obras religiosas en las que se peca confiando, equivocadamente, en que la gracia de Dios pasará por alto todo lo malo que hacemos sólo porque Dios ahora está en nuestra boca. ¿No es cierto que si antes hablábamos chismes con incrédulos en el restaurante ahora los hablamos en los templos con los creyentes?

La nueva vida no debe ser declarativa, sino práctica. No se tiene una nueva vida por decirlo. El primer problema al que nos enfrentamos es que el evangelio que se ha predicado desde décadas pasadas promete la salvación a cambio de una fe supersticiosa, sin novedad de vida, no de una cuya evidencia sean el arrepentimiento, el abandono del pecado y las obras de justicia.

Hoy muchos creyentes buscan discursos motivacionales y milagros porque no ven vidas transformadas que puedan imitar. Lo que sí ven son autos lujosos que algunos líderes conducen, costosas prendas que visten, lindas casas que habitan y vidas que dan de qué hablar por su incongruen-

pecado. Como no era suficiente que aquello quedara en puras intenciones, o en las apariencias, el profeta los llamó a hacer frutos dignos de arrepentimiento, esto es, vivir en congruencia con la decisión de obedecer a Dios.

cia. Quienes los miran y escuchan quieren verse igual de "exitosos". No inspiran a otros a imitar su dependencia en Dios, como inspiraba el apóstol Pablo, sino a codiciar sus posesiones.

Las consecuencias están a la vista. Que el pecado se haya tolerado y extendido en las iglesias está menoscabando la credibilidad del evangelio, no porque no sea poder de Dios para salvación, sino debido a nuestra hipocresía. Ya no podemos prometer una vida nueva y vivir pagando sobornos, desatendiendo a la familia, mintiendo, odiando, violando el reglamento de tránsito o haciendo burla de los gobernantes en las redes sociales. Cerrar los ojos a esta realidad no es hacer un bien. No podemos permitir por más tiempo que más personas rechacen el evangelio por nuestra causa.

El libro de Job (22:1-2) nos hace reflexionar y preguntarnos qué provecho tiene Dios en que nuestros caminos sean perfectos. Ahora comprendemos que él es glorificado en sus hijos. Y si nos redime, no es porque tengamos algún mérito, sino por nuestra gran maldad y abundante pecado.

En tanto hombre, Jesús poseyó dos características: debilidad y sumisión. El Espíritu Santo usa la debilidad humana para mostrar el poder de Dios. Ya tenemos la debilidad. Si no la reconocemos y la ponemos al pie del trono del Omnipotente no habrá manifestación del poder de Dios en nuestra vida. El problema es que los predicadores de moda enseñan a los ministros profesionales a confiar en sus atributos, en sus habilidades y en sus cualidades. Esto es el "liderazgo" que enseña el humanismo. Esto es totalmente opuesto a lo enseñado por Jesús. Lo mejor de nosotros es insensatez ante Dios, y lo insensato de Dios es más sabio que los hombres.

"Yo mismo, hermanos, cuando fui a anunciarles el testimonio de Dios, no lo hice con gran elocuencia y sabiduría. Me propuse más bien, estando entre ustedes, no saber de cosa alguna, excepto de Jesucristo, y de este crucificado. Es más, me presenté ante ustedes con tanta debilidad que temblaba de miedo. No les hablé ni les prediqué con palabras sabias y elocuentes, sino con demostración del poder del Espíritu, para que la fe de ustedes no dependiera de la sabiduría humana, sino del poder de Dios" (1 Co. 2:1-5).

La vida nueva comienza por reconocer lo que somos y quién es Dios. Pretender ser sabios y fuertes nos confunde y nos lleva a negar nuestra debilidad e insuficiencia. Honestamente, cuando la iglesia habla de liderazgo y de estrategias de hombres, ¿exaltamos nuestras fortalezas o al Dios que nos fortalece? En lugar de alabarnos por la sabiduría que obtenemos en seminarios e institutos deberíamos gloriarnos de conocer y entender a Dios (Jer. 2:23-24), porque la comprensión de su persona nos lleva a adorarle, al tener una vida a su imagen. Debilidad, la tenemos por naturaleza; sumisión, aquí hacemos nuestra parte. La debilidad se asume y ponerla a disposición de Dios es sumisión; sin ella, la debilidad es una desgracia.

Para ser un discípulo de Jesús es necesario renacer a una vida en la que ya no somos dominados por el pecado, sino que somos vivificados en Espíritu para dominar el pecado. Es tan profundo el cambio que es imposible atribuirlo a la voluntad humana, por lo que el Señor es quien recibe la gloria. La debilidad no es licencia para pecar y el Espíritu no se apodera de nuestra voluntad para, de pronto, hacerlo todo bien. Cada uno decide someter esa debilidad para ser renovado constantemente. Nuestra decisión diaria de someter la voluntad a la suya ejercita la sumisión al Señor.

Cuando comprendemos que el pecado nos pone en enemistad con Dios, ¿deseamos seguir pecando? Es la cosa más terrible que podría pasar. Piense en una figura de poder y autoridad como sus padres, su jefe, el profesor que más admire, su cantante preferido o el presidente de su país. ¡No quisiera estar enemistado con ellos! Entonces la pregunta obligada es, ¿por qué habríamos de ignorar la importancia de estar enemistados con Dios? Es incomprensible cómo los creyentes abrimos la puerta al pecado y permitimos que gane terreno en la iglesia. Sólo puede haber una razón: la eminente ausencia de una vida nueva.

1.9 Ejemplo digno de imitar

La Palabra de Dios nos enseña a través del apóstol Pablo, *"imítenme a mí, como yo imito a Cristo" (1 Co. 11:1)*. Sin embargo, a lo largo de nuestra vida imitamos buenos y malos ejemplos, y quizá no nos damos cuenta de ello. Un buen ejemplo es consecuencia de la nueva vida en Jesucristo, y no es necesario esforzarse. Sin embargo, cuando capacitamos a iglesias locales en "Discipulado, Consejería Bíblica y Restauración" la respuesta típica a la pregunta de por qué no hacemos discípulos es por el temor a dar un mal testimonio y por las prácticas pecaminosas en nuestro pasado.

Deseamos mantener lo suficientemente alejados a otros creyentes para evitar revelar esas áreas de desobediencia en nuestras vidas. Tienen razón: si quien me discipula me corrige y llama a la obediencia, pero no obedece al Señor en aspectos fundamentales, en lugar de animarme a poner orden me comunicará que es lo normal en un cristiano. Así perpetuamos la carnalidad en las iglesias.

Lo apreciamos en la anécdota (difundida en redes sociales) del pastor Jeremías Steepek, quien supuestamente el día de su presentación ante la congregación como su nuevo ministro se vistió como si fuera un mendigo. El objetivo era comprobar cuál sería la reacción de los creyentes. Como había previsto, la abrumadora mayoría de los cientos de asistentes al templo aquel día lo miraron con desprecio y los servidores le impidieron sentarse en las primeras filas, como pretendió hacerlo. Aunque él saludó a muchos de ellos, en general no obtuvo una respuesta favorable. Cuando fue presentado oficialmente, los congregantes se dieron cuenta de que ese mendigo era su nuevo pastor y se llenaron de vergüenza. Steepek sentenció: "Hoy veo una reunión de personas, y no a la iglesia de Jesucristo. El mundo tiene suficientes personas, pero no hay suficientes discípulos. ¿Cuándo ustedes se convertirán en discípulos?".[31]

Esta reacción de la iglesia no fue real porque la historia sólo fue fic-

---

31 Para consultar la historia completa sobre el pastor Jeremías Steepek ver Radio Esperanza 1140, publicación en Facebook del 6 de septiembre de 2013, consulta realizada el 16 de diciembre de 2017, https://www.facebook.com/RadioEsperanza1140/photos /a.358043090894539.96805.355680614464120/626412174057628/?type=3&theater

ticia, pero la experiencia de los creyentes que comentaron la publicación pone en evidencia lo que ocurre en sus congregaciones:[32]

1. *Luisa: No solamente ocurre con mendigos, tuve una experiencia en la Catedral. Cuando dieron la Paz, vino un señor a darle la paz a un matrimonio que estaba frente mío y no se la dieron porque no era de su clase. Luego se fueron a comulgar.*

2. *María: Esto todo el tiempo sucede. A través de los años que tengo de ser creyente he mirado de todo. ¡Nunca entendí a la gente que cree en DIOS! Me pregunto por qué no ser un poquito como Dios: humildes, sinceros y con un amor puro hacia los demás. ¿Por qué?*

3. *Juana: Qué maravilloso mi Dios. Y vuelve a rescatarnos y la gente vuelve a despreciarlo. Esto lo digo porque la gente tira la comida y los centavos, no vuelve a usar la misma ropa... en fin, un derroche. Y no lo comparten. Prefieren tirarlo a la basura. Impíos y fariseos de tiempos actuales.*

4. *Leticia: El ejemplo de este pastor, sea cierto o no, es la imagen que tenemos de la iglesia en general. Da igual q sean 100 o 100,000 feligreses.*

5. *Felipe: Eso es cierto. Ser cristiano no es sólo creer en Cristo, sino imitarlo, ser semejante a él o, al menos, tratar de serlo.*

6. *Oscar: Esto deberían hacer en las iglesias que sólo les gustan las personas bien vestidas y donde el pastor sólo habla de carros lujosos. Pero ¡ay de él!, porque donde va no lo va a necesitar.*

7. *Lupe: Es triste decirlo, pero muchas iglesias miran la presentación externa, sin importar lo de adentro, cuando la belleza en Jesús se refleja desde el interior de nuestro corazón.*

8. *Beto: La iglesia, la verdadera iglesia, dejó de existir hace mucho tiempo, hace siglos, a decir verdad... para convertirse en un negocio de millones de dólares.*

9. *Memo: Amén hermano. Qué leñazo para muchos que han hecho de la iglesia un club de amigos. Que Dios nos ayude.*

10. *Isabela: Da igual la iglesia o religión, nadie va de pura devoción, sólo a criticarse entre sí. Pocos tienen buen corazón.*

11. *Ruso: ¿Por qué nuestros corazones están tan lejos de Dios? ¿Por qué la iglesia del Señor se ha corrompido? ¿Por qué en las congregaciones ya no se habla, sino sólo de amor, amor y amor y nada más?*

---

32 Presentamos la transcripción de un pequeño listado de los 63.559 comentarios que ha tenido la publicación hasta el día de nuestra consulta. Modificamos un poco la redacción para hacer los comentarios más legibles y se cambiaron los nombres para preservar su anonimato.

12. *Mario: Por esta razón me aparté de ir a la iglesia, es sólo un club. Yo realmente buscaba tratar de imitar a Jesús.*

13. *Mauro: También quién se iba a imaginar. Acostumbrados a ver a los pastores bien vestidos, con Armani incluso algunos. Bien perfumados, acicalados y en carros de lujo.*

14. *Sofía: Así es. Tal vez en la calle hubiera encontrado más amor y caridad al prójimo. Lamentable, pero cierto. Se ha enfriado el amor a Dios, sólo hay unos llamados cristianos.*

Esta es la pintura que algunos creyentes ven en el lienzo de la iglesia. Usted, ¿cuál ve? Muchos comentarios en la publicación fueron positivos, pero pongamos atención en lo que dicen aquellos en los que hay un dejo de resentimiento. Si lo pensamos un poco, lo que los motivó a comentar es su realidad. Ante ella, la iglesia no puede ni debe voltear la cabeza y mirar para otro lado, ya que si esto vemos los cristianos, ¿qué verán quienes no lo son? Exponemos al Señor al vituperio de los incrédulos al no dar buen ejemplo.

Cuando un discípulo de Jesús no da un buen ejemplo a imitar a los demás, y cuando de pronto no encontramos en toda la congregación a un hijo de Dios sin miedo a ser observado debido a su integridad, el problema no es el cristiano que vive como incrédulo, sino la iglesia local. En ocasiones, no ponemos la unidad como prioridad ni dirimimos con sabiduría las diferencias, sino que nos concentramos en ellas y promovemos la división. ¿Es esta una actitud propia de gente renovada? Si Jesús oró porque fuésemos uno, como él y el Padre son uno, ¿quiénes somos nosotros para poner estorbo a esta oración? El apóstol Pablo recordó a los corintios que ya era una falta que hubiera pleitos entre hermanos y los exhortó a aceptar y perdonar la ofensa. Por lo común, no queremos pasar por alto el agravio. ¿Hay ofensa que no podamos perdonar cuando el Padre nos perdona las nuestras?

El amor muere cuando nace el orgullo al buscar cada quien lo suyo y crece cuando reclamamos más derecho que los otros sobre algo o al creer que lo merecemos. Muchas veces simplemente la discordia prospera porque los sabios de la congregación no intervienen, cuando los hay. Por miedo a enemistarse con alguien prefieren llevar la bandera de la neutralidad. El evangelio no nos da esa opción.

Este no es un llamado a perseguir a los pecadores ni a entronizar a los que se autodenominen justos, sino una exhortación para ser ejemplo de una vida restaurada, regenerada por Dios, y por ello de obediencia y santidad. La iglesia existe para que sus miembros se ayuden unos a otros a vivir en la luz. Nuevas criaturas viven y resuelven sus diferencias con mentes regeneradas donde se producen nuevos pensamientos, basados en la verdad.

La iglesia no puede parecerse al mundo, va en contra de su vocación, llamado y naturaleza, al ser nacida del Espíritu. Los que no quieren ser luz cuando hay tanta oscuridad, que no defienden la verdad cuando hay tantas mentiras, que no son íntegros cuando alrededor hay corrupción, o que no comparten vida cuando lo que se respira es muerte, nunca nacieron a una vida nueva y continúan muertos en sus pecados. Peor aún, si han decidido pecar conociendo la gracia, el perdón y la salvación. Para ellos y para todos hoy es el día de restauración si acudimos a Jesucristo arrepentidos.

No obstante, ser ejemplo digno que imitar no significa abrir sitios web y páginas en redes sociales donde relatemos lo dadivosos, espirituales y simpáticos que somos. Esto es estar llenos de vanidad y copiar el modelo del mundo al promover el culto a la personalidad de las personas, reclamando la gloria que pertenece sólo a Dios. Construyen una imagen pública, de la misma manera que lo hacen los políticos y las celebridades. ¿No están pensando más en su gloria que en la de Dios y dicen servir al único digno de alabanza? En realidad caminan en pos del reconocimiento y del dinero.

Bien, no es necesario ir tan lejos. Es tan común escuchar a creyentes decir que es a Jesús a quien se debe imitar porque nadie es perfecto. Pervierten el evangelio quienes dicen tal cosa. ¿Insinúan que no se hizo hombre el Hijo de Dios? Esto era necesario para ser tentado en todo y vencer al pecado. Si no, ¿cómo podía morir un justo por los injustos? Él también tuvo que tomar la decisión de ser obediente y de vivir en santidad. Esto enseña la Biblia en Hebreos (5:8): *"aunque era Hijo, mediante el sufrimiento aprendió a obedecer."*.

Por supuesto, Jesucristo es nuestro ejemplo... ¡para que seamos ejemplo! Los creyentes que tienen poco tiempo de conocer el evangelio y de haberse integrado a una iglesia se preguntan cómo es posible imitar a Jesús, cuando sus seguidores ponen tantas excusas para no hacerlo. **Imitar a Jesús es la oportunidad de demostrar el amor por el Señor.**

De forma valiente y congruente, el apóstol Pablo retó a los creyentes a imitarlo porque él imitaba a Jesucristo. De manera que el ejemplo de su Señor le sirvió no para poner de excusa su debilidad para imitarlo, sino para entender que el mismo poder operaba también en quienes ponen en él su fe y confianza. Pero es más fácil escudarse detrás del pretexto "soy pecador" para no dar cuentas. Con cinismo, tergiversamos las palabras de Jesús al decir "quien esté libre de pecado, que tire la primera piedra", como si esto dejara como opcional la santidad.

En cambio, somos un ejemplo a imitar porque imitamos a Cristo. La gente nunca ha visto al Señor y si le imitamos podrá conocerlo a través de nosotros. Por eso se nos dice que muramos a nuestras pasiones al crucificar nuestra carne, sometiéndola a obediencia de la misma manera en que Jesús llevó la cruz.

La iglesia debería brillar en un mundo de oscuridad. ¿Nos hemos encerrado en nuestros hermosos templos y usamos nuestro dinero para pagar costosas instalaciones, cotizados ministros e inútiles campañas, y estaremos dejando de alimentar al hambriento, cubrir al desnudo y visitar al enfermo y al encarcelado? Imitar a Jesucristo es amar al que tiene hambre y sed de justicia, al rechazado, al desesperanzado, amando sin esperar nada a cambio. Es la mejor manera de predicar que el reino de los cielos se ha acercado. **No necesitamos crecer en número, necesitamos crecer en santidad y que los frutos de una vida nueva hablen por nosotros.**

El apóstol Pablo es muy claro al manifestarle a la iglesia de Éfeso que, o imitamos a Dios como nuestro Padre y andamos en amor como Cristo nos amó, o vivimos en el pecado, en las tinieblas. Lo dicho hasta ahora se resume en este texto:

"Por tanto, imiten a Dios, como hijos muy amados, y lleven una vida de amor, así como Cristo nos amó y se entregó por nosotros como ofrenda y sacrificio fragante para Dios. Entre ustedes ni siquiera debe mencionarse la inmoralidad sexual, ni ninguna clase de impureza o de avaricia, porque eso no es propio del pueblo santo de Dios. Tampoco debe haber palabras indecentes, conversaciones necias ni chistes groseros, todo lo cual está fuera de

lugar; haya más bien acción de gracias. Porque pueden estar seguros de que nadie que sea avaro (es decir, idólatra), inmoral o impuro tendrá herencia en el reino de Cristo y de Dios. Que nadie los engañe con argumentaciones vanas, porque por esto viene el castigo de Dios sobre los que viven en la desobediencia. Así que no se hagan cómplices de ellos. Porque ustedes antes eran oscuridad, pero ahora son luz en el Señor. Vivan como hijos de luz (el fruto de la luz consiste en toda bondad, justicia y verdad)" (Ef. 5:1-9).

1.10 Por nuestros frutos seremos conocidos

El propósito de la obra de Dios en nosotros es que demos fruto, *"Yo soy la vid verdadera, y mi Padre es el labrador. Toda rama que en mí no da fruto, la corta; pero toda rama que da fruto la poda para que dé más fruto todavía."* (Jn. 15:1-2).

¿Cuántas veces intentamos leer la Biblia, orar, compartir el evangelio, bendecir en lugar de maldecir, perdonar, etcétera? Y, ¿por qué no lo logramos? Con prohibiciones se nos enseña en nuestras congregaciones a dejar de satisfacer los deseos de la carne, a base de fuerza de voluntad, sin buscar lo eterno. De manera que ni conocemos la voluntad de Dios para hacerla ni podremos dejar nuestro pecado al seguir esclavizados a él.

Quizá no queramos hacerlo, sin embargo, vencidos por los impulsos de la carne devolvemos mal por mal, corrompemos a la autoridad, maldecimos a nuestro prójimo, odiamos a nuestro enemigo, administramos mal los recursos que Dios nos dio, somos vengativos, mentimos, robamos, y abandonamos a nuestros padres y cónyuges. Esos son frutos de una vida sin Dios. ¿Cuáles son las obras de la carne? De acuerdo con Gálatas 5:16-26, adulterio, fornicación, inmundicia, lascivia, idolatría, hechicerías, enemistades, pleitos, celos, iras, contiendas, disensiones, herejías, envidias, homicidios, borracheras, orgías, y cosas semejantes a estas. ¿Por ello somos conocidos? En cambio, vivir por el Espíritu tiene su fruto, que es amor, gozo, paz, paciencia, benignidad, bondad, fe, mansedumbre y templanza.

Si no restauramos nuestra comunión con Dios, ¿cómo producirá buen fruto en nosotros? En nuestra experiencia en Restauración de Iglesias, observamos en algunas congregaciones la percepción de que todo va bien en tanto haya un bonito templo, sillas cómodas y repletas de asistentes, un buen grupo de alabanza, transmisión en línea del culto, concurridas reuniones sociales y un calendario lleno de actividades llamativas. Al perder aquello, creen que lo han perdido todo.

Para dar los frutos correctos, no debemos enfocarnos más en *hacer*, **sino en** *ser*. Es necesario tener la mente de Jesucristo para vivir como redimidos, no limitarnos a hacer cosas que hacen los redimidos para aparentar ser uno de ellos. Hacer lo que hacen los cristianos no es un objetivo que se deba alcanzar. El propósito de la iglesia local es hacer discípulos amando a otros, ayudándoles a ser nuevas criaturas y a abandonar la práctica de su pecado. Solamente así nuestra vida dará frutos dignos de un hijo de Dios. Entonces, haremos cosas que antes nos eran imposibles. Ya no seremos esclavos, seremos libres.

El objetivo es adorar a Dios con todo lo que somos, en otras palabras, en todas las áreas de nuestra vida. Poner el énfasis en obtener resultados crea iglesias ocupadas y el activismo no es sinónimo de fruto. Ese es el camino más directo para dejar nuestro primer amor. Así es como la prioridad ya no es *ser* hijos del Señor, sino *hacer* actividades para llenar edificios y elaborar programas. Tal confusión lleva a enseñar que ser cristiano es hacer esto o aquello, en lugar de rendir la adoración que el Padre demanda.

Quien tiene fe ya no tiene la voluntad ni el tiempo para practicar la maldad que hacía antes. Ahora practica la justicia. Hacer el bien no consiste en dejar de practicar el mal. Eso conduce a la esterilidad. Hacemos lo bueno por haber muerto al pecado; entonces vencemos el mal con el bien (Ro.12:21).

Por nuestros frutos somos conocidos y por ellos damos a conocer a Dios de forma fiel o distorsionada ¿No se compara la fe del creyente con el oro acrisolado al fuego? *"El oro, aunque perecedero, se acrisola al fuego. Así también la fe de ustedes, que vale mucho más que el oro, al ser acrisolada por las pruebas demostrará que es digna de aprobación, gloria y honor cuando Jesucristo se revele"* (1 Pe. 1:7). Sin prueba, no hay fruto. Así es como se da a conocer quiénes realmente son hijos de Dios.

1.11 La madurez espiritual a través del discipulado

Todos los hijos de Dios somos iguales ante él, por lo cual no hay jerarquías. La diferencia entre unos y otros es nuestra madurez espiritual. Las verdades elementales son para los niños espirituales y la madurez se manifiesta en el creyente que comienza a enseñar a otros la verdad y no sus propios razonamientos.

La madurez espiritual a través del discipulado podemos identificarla en la Carta a los Hebreos: *"En realidad, a estas alturas ya deberían ser maestros, y sin embargo necesitan que alguien vuelva a enseñarles las verdades más elementales de la palabra de Dios. Dicho de otro modo, necesitan leche en vez de alimento sólido (5:12)"*. De acuerdo con este pasaje bíblico, el crecimiento espiritual es una necesidad para todo nuevo creyente, pues *"el que sólo se alimenta de leche es inexperto en el mensaje de justicia; es como un niño de pecho" (5:13)*.

¿Cómo saber si somos inmaduros? **El creyente maduro imita a Jesús y discipula a otros porque sabe hacer lo bueno.** En nuestra experiencia restaurando iglesias hemos visto que la mayoría de los asistentes al templo son personas inmaduras que no saben hacer lo bueno. Las evidencias son muchas: son incapaces de reconocer una desviación doctrinal en predicaciones y en cantos de alabanza, batallan por años con los mismos pecados, desconocen las Escrituras, evitan evangelizar porque tienen más dudas que respuestas y, por lo mismo, no discipulan a otros ni pueden enseñar la disciplina de la oración y la meditación bíblica diaria, pues tampoco se ejercitan en ello.

Ser maduro espiritualmente equivale a sujetarse al Señorío de Jesucristo. Por eso administramos bien lo que nos ha dado. No glorifica a Dios un padre de familia que desatiende su casa por causa de sus responsabilidades en el templo. En vez de ello, la responsabilidad del padre es ser un sacerdote de su hogar y al mismo tiempo un ministro de Dios en la iglesia.

El enfoque bíblico sobre un discípulo espiritualmente maduro es que conoce y actúa congruentemente. Tiene el Espíritu Santo y por ello es equipado con discernimiento para juzgar rectamente todas las cosas, según la verdad. Los niños fluctuantes creen que una iglesia exitosa está ocupada en tener muchos miembros, cifras de muchos ceros en el banco, una gran banda musical que interprete alabanzas de moda, transmisión en línea, medios de comunicación profesionales, instalaciones de primer nivel y muchos cursos. Pero, según nos enseña la Palabra, una iglesia exitosa es aquella donde sus miembros tienen discernimiento porque conocen su fe, la viven, ayudan a que otros crean y pueden discipularlos.

Una iglesia con miembros maduros no confía nada más en los conocimientos del pastor, pues distinguen por ellos mismos entre lo bueno y lo malo, entre la verdad y la mentira, entre la adoración de Abel y la religiosidad de Caín. Irónicamente, los inmaduros espirituales podrán tener muchos conocimientos y seguir en su rebeldía.

Antes de ser entregado para cumplir su sacrificio, Jesús oró al Padre por sus discípulos diciendo: *"A los que me diste del mundo les he revelado quién eres. Eran tuyos; tú me los diste y ellos han obedecido tu palabra"* (*Jn. 17:6*). El discípulo conoce a su Dios y, por lo tanto, le obedece. Puede ser que el espiritualmente maduro no sepa muchísima Teología, pero es fiel en lo que conoce de su Dios. Tiene comunión con Dios y guarda sus mandamientos. Lo contrario sería dejar de tener tiempo para Dios por servir en ministerios con agendas muy apretadas. Así, la religiosidad se instala silenciosamente en nuestras vidas.

Pablo le dijo a los efesios que los niños fluctuantes son llevados de aquí para allá por cualquier doctrina divulgada por hombres engañadores. Esto explica por qué surgen tantas iglesias que abrazan evangelios que no son el que recibimos de los apóstoles. Las promesas inicuas de estos evangelios van desde la prosperidad material, la justicia social hasta la salvación por obras. Las iglesias que enseñan esto alcanzan gran popularidad porque la gente cree que la creciente cantidad de adeptos significa que están haciendo lo correcto.

Pedro, por su parte, advirtió en su segunda Carta que, de la misma manera en la que hubo falsos profetas, habría falsos maestros, cuyas herejías serían introducidas de forma encubierta. Pedro anticipa que muchos los seguirán y que por su causa el camino de la verdad será blasfemado. Tal como vemos estos días, los creyentes abrazan la mentira como si fuera verdad debido a que muchos son niños espirituales.

Así, el diablo gana cuando los creyentes son inmaduros. ¿Estaremos multiplicando a los religiosos como Caín? "Levanta tu mano, ora diciendo que recibes a Cristo en tu corazón, aprende sobre la Biblia y vive como quieras" parece ser el lema de esta generación.

El pastor David Platt, conocido por estar al frente de una de las iglesias más prósperas de los Estados Unidos, relata en un libro que escribió que cada día veía más desconexión entre el Cristo de la Escritura y el cristianismo que caracterizaba su vida y la de la iglesia que pastoreaba. A raíz de que el Espíritu Santo le mostró a su conciencia esta realidad, ha llevado a cabo una revolución en su vida y en la congregación.[33] En Restaura Ministerios somos testigos de que Dios está moviendo a más y más iglesias hacia la restauración de la Palabra en el púlpito y en los corazones del pueblo de Dios.

¿Cuál es la raíz de nuestro persistente pecado? Generalmente creemos que se encuentra en no escudriñar las Escrituras en nuestro diario vivir o en dejar de orar. ¿Acaso no ha conocido a gente que ora y sabe muchísimas citas bíblicas de memoria y, sin embargo, eso no les impide practicar el chisme, la mentira, la envidia o vivir en angustia y afán por sus problemas cotidianos? O por el otro lado, ¿por qué en tantas iglesias sólo una minoría lee su Biblia diariamente? Aun en los grupos conocidos como "escuela dominical", "discipulado" o "instituto bíblico", a los cuales generalmente asiste un selecto grupo, nos encontramos con que muchos no tienen el hábito de meditar en ella de forma diaria y sistemática procurando que Dios cambie sus vidas, a pesar de ser esta una época en la que cada creyente tiene por lo menos una Biblia en su librero.

Según nuestra experiencia, muchos pastores afirman que los creyentes maduros y confiables para la obra del ministerio son muy pocos. Pero, ¿cómo es un creyente maduro? Según la Escritura podemos puntualizar las características de un creyente maduro:

---

33 Cfr. David Platt, *Radical*, Editorial Unilit, Miami, FL, 2011, págs. 41-44.

Tabla 1: Características de madurez espiritual	
(con base en 1 Tesalonicenses 5:6-22)	
La Palabra enseña que un creyente maduro...	¿Mi madurez espiritual en este rubro es... *fría* o *caliente*? (Ap. 3:15-16)
1) Se mantiene alerta por su fe, amor y esperanza en la venida del Señor y el cumplimiento de las promesas. Eso implica escudriñar las Escrituras.	
2) Anima y edifica a otros, así como también recibe ánimo y edificación.	
3) Tiene consideración con los ministros que trabajan para la comunidad de creyentes y los aman.	
4) Vive en paz unos con otros.	
5) Amonesta a los que no hacen nada, ociosos.	
6) Inspira a los desanimados.	
7) Ayuda a los débiles.	
8) Es paciente con todos.	
9) No paga mal por mal, sino que se esfuerza por hacer el bien con todos.	
10) Siempre está alegre.	
11) Ora en todo momento y situación.	
12) Da gracias a Dios por todo (le afecte o beneficie).	
13) No apaga el Espíritu.	
14) Aprovecha y obedece toda la Escritura, no sólo algunas cosas.	
15) Somete a prueba todo lo que escucha sobre la fe.	
16) Hace el bien, aunque a veces no lo desee y a pesar de las presiones de sus deseos o del mundo.	
17) Rechaza el mal siempre, sin importar que le beneficie o que sea inofensivo, aparentemente.	

Este fragmento de la Biblia nos facilita una forma sencilla de autoevaluarnos y también la meta de alcanzar madurez espiritual en el marco de una iglesia útil a los propósitos de Dios. ¡Persigámosla!

1.12 Huir de la corrupción

Más allá del mote de cristianos, las figuras de pez en nuestros autos, los múltiples adornos, salmos y porciones de la Biblia colgados en las paredes de nuestras casas o que en nuestros perfiles de redes sociales... ¿qué ve el mundo en nosotros? A veces ve un grupo religioso, como tantos. ¿Cómo podrá diferenciar el mundo la verdad de las filosofías? Nuestro lenguaje ya es muy similar. Hablamos de amor, paz, perdón, armonía, pureza espiritual, felicidad, humildad, bondad, entre otros temas, pero todo sin Dios.

El gran distintivo es el poder de Dios en sus hijos, por medio del cual vivimos la vida para la cual él nos creó, abundante y eterna. Teníamos el corazón de piedra pero nos dio uno de carne; éramos esclavos del mal pero nos dio libertad; estando muertos, nos vivificó; estábamos condenados y nos dio esperanza. Entonces, debemos ser la evidencia más contundente del poder de Dios, pues podemos hablar mucho de las virtudes del Padre pero con nuestros hechos negarlo.

Antes presentábamos nuestros cuerpos al pecado, y ahora los presentamos como instrumentos de justicia, aun cuando eso signifique meternos en problemas, tal como ocurrió con Daniel y sus amigos, con los profetas, con los discípulos y con el mismo Jesús.

En todo el Nuevo Testamento leemos exhortaciones a dejar nuestra maldad, practicar la justicia y *"que se aparte de la maldad todo el que invoca el nombre del Señor (2 Ti.2:19).* Esta realidad espiritual de vivir en santidad mientras vivimos en un cuerpo de pecado es un tema de mucha confusión. No debemos pretender que podemos permitirnos pecar debido a la gracia, pues algunos enseñan que el cristiano puede vivir pecando porque ya es salvo. Los demonios creen que hay Dios, indica Santiago, y reconocen la autoridad de Jesús al identificarlo como el Hijo de Dios, según vemos en los Evangelios, pero la rechazan en sí mismos.

De nada sirve creer que Jesucristo es el Señor cuando lo que condena es nuestra negativa a someternos a su Señorío.

La religiosidad crea en nosotros una fantasía de estar cerca de Dios, aunque en realidad estemos lejos de él. **Huir de la corrupción es el resultado de comprender y abrazar la Verdad de Dios.** Así podemos amar a Jesús y, como le amamos, guardamos sus mandamientos. Entonces, los templos dejarán de ser el centro de nuestra actividad y el mundo será nuestro centro de operaciones. Se acabará aquello de que en las congregaciones unos tienen las obligaciones y todos tienen los privilegios, para dar pie a iglesias útiles conformadas por discípulos, donde todos ponen al servicio de Dios lo que son y tienen.

Quien escucha la Palabra y no la hace se engaña a sí mismo, nos recuerda Santiago, y la verdadera religión es ver por el necesitado y guardarse sin mancha del mundo, renunciando al pecado y a sus recompensas efímeras. La iglesia que huye de la corrupción de identifica con el que sufre, no únicamente al ser benefactores sociales y económicos, sino sobre todo llevando el evangelio. Tan sólo en México hay casi 10 millones de personas en pobreza extrema y poco más del doble en pobreza.[34] No porque nuestra misión sea que la gente tenga mucho dinero, sino porque Dios quiere extender su brazo a través de su iglesia para aliviar su sufrimiento.

Pedro tenía razón. Él no consideraba fastidioso repetir las mismas cosas por más que las supieran sus discípulos. Quería que estuvieran más afianzados en la fe. Por eso nos recuerda que Dios nos ha dado preciosas promesas para llegar a tener parte en la naturaleza divina (2 Pe. 1:3-4) ¡si es que hemos escapado de la corrupción del mundo! Eso implica examinarnos, una tarea de tiempo completo. Si hemos de orar como el salmista *"examíname, oh Dios, y sondea mi corazón; ponme a prueba y sondea mis pensamientos" (Sal. 139:23)*, nuestra vida ha de ser una constante evaluación de nuestro camino a la luz de los mandamientos. Únicamente así podremos ver nuestra ceguera provocada por la transgresión.

---

34 Cifras publicadas el 30 de agosto de 2017 por el Consejo Nacional de Evaluación de la Política de Desarrollo Social (Coneval) sobre la evolución de la pobreza de 2010 a 2016, México.

Menospreciar algún acto de desobediencia es abonar la tierra para que el pecado eche raíces profundas en nuestra vida. No esperemos a que se nos quite el deseo de pecar, arranquemos el pecado hoy de nuestra mente y corazón, *"porque Dios pagará a cada uno según lo que merezcan sus obras. Él dará vida eterna a los que, perseverando en las buenas obras, buscan gloria, honor e inmortalidad. Pero los que por egoísmo rechazan la verdad para aferrarse a la maldad recibirán el gran castigo de Dios"* (Ro. 2:6-8).

No hay por qué tener temor del juicio que viene si has nacido de nuevo y llevas una vida que da frutos, que es un ejemplo digno a imitar, una de madurez espiritual, que huye sin descanso de la corrupción y ejercita la justicia. *"Pero si le entregas tu corazón y hacia él extiendes las manos, si te apartas del pecado que has cometido y en tu morada no das cabida al mal, entonces podrás llevar la frente en alto y mantenerte firme y libre de temor"* (Job 11:13-15).

Volvamos al punto de que hay dos caminos, dos frutos, dos formas de vivir, dos maneras de adorar, dos destinos. Nosotros imitemos el ejemplo de Abel. ¿Cómo ha de ser todo esto una realidad en nuestra vida? Requerimos empezar por el principio. Desde que conocimos el evangelio y nacimos de nuevo, si acaso lo hicimos. Consideramos que el tipo de evangelismo de las últimas décadas ha jugado un papel determinante en los conceptos erróneos aprendidos sobre Dios, el arrepentimiento, la salvación, la santidad, la perseverancia en la fe, el pecado y el propósito de la iglesia, por dar unos ejemplos. La ausencia de discípulos haciendo discípulos ha engendrado un evangelismo que genera cristianos en masa, en serie, plantas sin raíces, personas que siguen esclavizadas al pecado. Requerimos acudir a la verdad para recordar dónde comienza todo: en el conocimiento de Dios y el evangelio.

CAPÍTULO 2

EL CONOCIMIENTO DE DIOS Y EL EVANGELISMO

"Entonces Jesús dijo: —Yo he venido a este mundo para juzgarlo, para que los ciegos vean, y los que ven se queden ciegos. Algunos fariseos que estaban con él, al oírlo hablar así, le preguntaron: —¿Qué? ¿Acaso también nosotros somos ciegos? Jesús les contestó: —Si fueran ciegos, no serían culpables de pecado, pero, como afirman que ven, su pecado permanece." (Jn. 9:39-41).

¿Cómo saber si tenemos fe, si hemos creído al evangelio y si conocemos a Dios? ¿Por qué seguimos practicando el mal aun cuando hemos creído en Jesucristo? Estas preguntas han intrigado a muchos pastores y responsables de ministerios que ya no saben a qué estrategia recurrir para que los creyentes sean más espirituales.

En la búsqueda de respuestas acertadas, algunos sugieren que hay que comprar en la librería el último discipulado de moda para que los creyentes sepan lo que es necesario hacer. Otros dicen que jornadas y reuniones de oración son la respuesta porque la comunión con Dios es el principio de todo lo demás. Más cursos es el secreto, necesitan conocer más sobre su fe para tomar mejores decisiones, aseguran algunos más. Otros creen que hay que clamar por unción del Espíritu Santo para comenzar a ver prodigios y milagros en las vidas de los cristianos. Somos espirituales, pero emocionalmente enfermos, por lo que requerimos de una espiritualidad emocionalmente sana, proponen otros. Disciplina para orar y meditar en la Biblia es lo que hace falta, nos recomiendan. Todo lo anterior es deseable; sin embargo, ¿acaso no hemos recurrido a ello y aun así continuamos esclavizados al pecado? Incluso, el mal uso de algunas soluciones ha desviado a creyentes hacia el camino de la religión de Caín.

Disciplinas y activismo han demostrado no ser la respuesta al pecado. Decirnos cristianos o hacer lo que los cristianos hacen no nos cambia, pero al ser hijos de Dios tenemos libertad del pecado por la nueva naturaleza recibida por medio del arrepentimiento de pecados, cuyo fruto son obras de justicia, no de maldad. **¿Dónde comienza todo? En conocer a Dios.**

En estas páginas no proponemos una teoría más ni aseguramos haber encontrado la fórmula correcta para conciliar la disposición sincera del creyente con una práctica congruente, una que perdure, y que no se requiera esperar a que venga el siguiente avivamiento poniendo en marcha la estrategia en turno. Ejerciendo la Consejería Bíblica hemos encontrado en todos los casos que los creyentes recibieron una versión incompleta del evangelio o, en ocasiones, uno falso, distorsionado. Ello ha impactado profundamente en cómo se relacionan con su pecado, con Dios, con su prójimo y hasta con su iglesia.

Veamos el ejemplo de Israel, que era el pueblo escogido por Dios. Fue juzgado por persistir en su pecado. No es casualidad que por muchos años hayan atendido la voz de falsos profetas que les aseguraban que todo estaba bien y que Dios se agradaba de ellos. En su caso, sabían cosas acerca de Dios, pero no conocían a Dios, lo cual tuvo un alto precio para quienes permanecieron en rebeldía, pues hubieran identificado la mentira y habrían procedido al arrepentimiento. Tanto el profeta Isaías como Oseas hablaron de ello al decir, *"pues por falta de conocimiento mi pueblo ha sido destruido. Puesto que rechazaste el conocimiento, yo también te rechazo como mi sacerdote. Ya que te olvidaste de la ley de tu Dios, yo también me olvidaré de tus hijos"* (Os. 4:6).

Jesucristo dijo a sus discípulos la noche anterior a ser entregado que su misión sería dar a conocer al Padre para impartirles lo que recibió de él. De manera que si no le conocemos, ¿cómo podremos hablar de Él o relacionarnos con Él? Viviremos una religión muerta, no porque Dios esté muerto, sino porque quienes la practicamos estamos muertos en nuestros delitos y pecados.

2.1 El propósito de la fe es conocer a Dios

"Luego dijo Jesús a sus discípulos: —Los tropiezos son inevitables, pero ¡ay de aquel que los ocasiona! Más le valdría ser arrojado al mar con una piedra de molino atada al cuello, que servir de tropiezo a uno solo de estos pequeños. Así que, ¡cuídense! Si tu hermano peca, repréndelo; y si se arrepiente, perdónalo. Aun si peca contra ti siete veces en un día, y siete veces regresa a decirte 'Me arrepiento', perdónalo—. Entonces los apóstoles le dijeron al Señor: — ¡Aumenta nuestra fe! —" (Lc. 17:3-5).

La fe es un regalo de Dios para que nadie presuma haber entendido, creído y buscado por su cuenta al Señor. **¿Cómo sabemos que tenemos fe? La medida de la fe es la del amor.** Luego de que Jesús habló de lo grave que es incitar a otros a pecar, así como de perdonar todas las veces que fuere necesario a un ofensor que viene a nosotros arrepentido, la respuesta de los discípulos fue –Señor, ¡aumenta nuestra fe!.

A primera vista, parece un tanto fuera de lugar. ¿Qué tendrían que ver esos dos temas con la fe? Pensémoslo por un minuto. Creemos que la fe se trata sobre lo que yo puedo hacer para amar a Dios. Nada más que una tarea individual. Por ejemplo, llevar a cabo disciplinas espirituales como orar, leer las Escrituras y reunirnos con otros hermanos son hábitos que, si no los llevamos a cabo con la actitud correcta, no serán efectivas para aumentar nuestra fe. Los fariseos las practicaban. Quizá oraban y sabían más del Antiguo Testamento que nosotros, y no les sirvió de nada a quienes no pudieron reconocer que Jesús era el Cristo.

Pero vemos que la fe, además de dichas disciplinas, se demuestra de manera muy importante en nuestras relaciones con otras personas.

No hacer pecar a los demás, llamar a los pecadores al arrepentimiento, perdonarnos unos a otros... son todas expresiones genuinas de nuestra fe en Dios.

Quien conoce a Dios ve cambiar su relación con su cónyuge, de una de competencia, rencor y pequeñas venganzas, a una de servicio, entrega, gracia y amor. Aprendemos a amar al observar como Jehová ama. Al comprender cómo hemos sido perdonados por él es fácil perdonar a otros sus ofensas. Al conocer al Señor Omnipotente nos damos cuenta de que, en vez de aplastarnos con su justa ira por nuestra rebeldía, pecado y soberbia, recibimos de su gracia para volvernos a él. Entonces entendemos que su amor hacia nosotros no depende de lo que hagamos, pues sabemos que él hace salir el sol sobre justos e injustos.

Este conocimiento se convierte en un asunto de fe al hacer nuestra parte. Demostramos creer en su perdón al perdonar; manifestamos creer en su amor al amar a quien no lo merece. De modo que aumenta nuestra fe en la medida en la que conocemos más y más a Dios y a Jesucristo a través del evangelio. ¿Cuál es la consecuencia de este conocimiento, no intelectual, sino espiritual? Imitarles, capacitados por la verdad y equipados por su poder.

Al conocer a Dios, nos damos cuenta de lo que le agrada y desagrada. Comprendemos que aborrece el pecado, y no sólo eso, sino que también es paciente con el pecador y lo admite cuando, arrepentido, le pide perdón. Su amor hacia nosotros no depende de lo que hagamos. Al pensar en esto encontramos que ama a todos, y si deseamos hacer su voluntad, él espera de nosotros que amemos a todos.

Hacer obras justas, como nos recuerda Santiago, es parte de nuestra fe y al mismo tiempo su consecuencia (Stg. 2:18). Hemos entendido mal cuando esperamos hacer lo bueno sin conocer a Dios. Muchos cónyuges cristianos nos preguntan por qué deben perdonar a otro por su mentira, su ira o su adulterio, por ejemplo. El problema de ellos no es el orgullo o el rencor, es su falta de fe en el evangelio. Prefieren ignorar que al humillarse y ser perdonados por Dios los obliga a perdonar también.

Por fe, al orar *"Señor, perdona nuestras ofensas, como también nosotros perdonamos a los que nos ofenden"* podemos perdonar, sin importar la ofensa. Si no perdonamos, tampoco Dios perdona nuestro pecado, no por falta de misericordia de su parte, sino por nuestra falta de fe.

Tiene todo el sentido que el apóstol Juan haya escrito que la diferencia entre los hijos de Dios y los del diablo es que los primeros practican la justicia y los segundos la injusticia. Los nacidos del Padre son como Él. Juan identificó a los mentirosos que decían amar a Dios y, no obstante, aborrecían a su hermano. También criticó esta conducta al denunciar que había unos que decían "yo lo conozco", y no obedecían sus mandamientos. **Conocer a Dios es realmente el principio y propósito de todo.**

Los que practican la religiosidad como Caín aborrecen públicamente al pecador pero en lo secreto aman el pecado. Los que hacen esto no conocen a Dios. Cuando se cumple el mandamiento sin fe no implica un sometimiento voluntario al Señorío, sino algo ritual. La obediencia es fruto del amor. Rendimos nuestra voluntad a Jesucristo porque le amamos y le amamos porque él nos amó primero. Le amamos al entender lo que hizo por nosotros.

Dios nos da fe para conocerle, y nuestra fe crece como respuesta a ese conocimiento. Podemos elegir usar nuestra libertad para volver al pecado. Lo que no podemos hacer es pretender conocerle y seguir viviendo a nuestra manera.

Si decimos "creo" es porque como respuesta a la gracia de Dios abandonaremos el pecado. **Creer nos compromete a actuar, no es una declaración estéril.** La evidencia de que permanecemos en él, escribió el apóstol, es que el amor de Dios se perfecciona en el que obedece su Palabra, y no en quienes lo invocan mientras obedecen sus propios deseos carnales. De esta forma entendemos, *"no todo el que me dice: 'Señor, Señor', entrará en el reino de los cielos, sino solo el que hace la voluntad de mi Padre que está en el cielo" (Mt. 7:21).*

¿Por qué no hay obediencia en nuestras iglesias ni en nosotros mismos? Debemos examinarnos, porque podría ser que no hay conocimiento de Dios y, por lo tanto, no hay fe. Si la fe nace por oír la palabra de Dios, es necesario que la semilla del evangelio germine en buena tierra. ¿Qué clase de tierra somos? Vamos a identificarlo.

Jesús explicó lo anterior en la parábola del sembrador y mostró que la gente reacciona de diferente forma cuando escucha el evangelio, pues la buena semilla cae en una variedad de tipos de tierra. Cuando quien oye la palabra no la entiende, viene el malo y la arrebata (como la semilla que cayó junto al camino). Otro caso es cuando el mensaje es recibido con gozo, pero dura poco por las aflicciones y la prueba (como la que cayó en pedregales y brotó pero murió, porque no echó raíces). El amor al mundo hace que la semilla del evangelio en el corazón no tenga fruto (como la que fue sembrada entre espinos). Además, está la buena tierra, que es el que oye, entiende la palabra y la pone por obra, de modo que da fruto. Ahora sí, ¿cuál de todas has sido hasta ahora?

La calidad de la semilla no está en duda, es decir, el evangelio no es el problema, es el corazón del ser humano que no pone por obra la Palabra. Cuando hay fe, el evangelio echa raíces en la persona y da como fruto obras de justicia. En los otros casos quizá había buenas intenciones, pero el objetivo de creer el evangelio es que la semilla produzca un árbol, no que muera en el intento. ¿Qué tipo de tierra predomina en nuestras iglesias?

Ahora bien, la tierra debe ser preparada para que la semilla germine, no se puede echar la semilla y ya; sin embargo, eso es lo que hacemos en nuestro evangelismo: sembrar y esperar que milagrosamente brote una planta. Ese es un problema, y otro es recibir e impartir un evangelio que no nos lleva a conocer al Señor.

Después de tener claro qué tipo de tierra somos más vale cuestionarnos si tenemos fe, pues de ello depende nuestra vida, la cual testificará a favor o en contra de nosotros. No importa si es poca nuestra fe, hay que ponerla en el lugar correcto, apuntando hacia Dios. Sería terrible tener mucha fe y depositarla en hombres, denominaciones, rituales, ídolos, actividades, milagros o incluso nosotros mismos. A veces nuestra fe mal encausada nos conduce a correr detrás de las promesas, señales y prodigios, en lugar de ir en pos de Jesucristo.

"Cuando en medio de ti aparezca algún profeta o visionario, y anuncie algún prodigio o señal milagrosa, si esa señal o prodigio se cumple y él te dice: 'Vayamos a rendir culto a otros dioses', dioses que no has conocido, no

prestes atención a las palabras de ese profeta o visionario. El Señor tu Dios te estará probando para saber si lo amas con todo el corazón y con toda el alma." (Dt. 13:1-3).

La cita anterior nos dice que los milagros son realizados desde hace mucho por falsos profetas. Moisés advertía a Israel que esto podría ocurrir. En Mateo leemos que Jesucristo anticipó que engañadores harían señales y prodigios para convencer, si fuera posible, aun a los escogidos (Mt. 24:24). Dios prueba nuestra fe para verificar si sólo deseamos las bendiciones, o a quien es verdaderamente la bendición.

La fe correcta es entender que nosotros no buscamos a Dios, sino que él nos buscó primero por su infinita misericordia. El conocimiento de Dios no envanece ni es para presumir, nos hace entender que existimos para adorarle. Esto no se logra con sabiduría humana, sino teniendo un corazón contrito y humillado, al cual Él no desprecia. Así es como podemos amarle, al ser conocidos por Él (1Co. 8:3)

El autor de Hebreos recuerda que los siervos de Dios desafiaron lo racional, poderes, reyes y a la muerte misma al depositar su fe en su Señor para recibir las promesas, aun cuando la mayoría no vio su cumplimiento. Ellos, más que con palabras, demostraron conocer a su Dios debido a que a la hora de la prueba actuaron conforme a la confianza que tenían en él. **La fe en Dios motiva a la acción.**

¿Por qué se dice que Abraham tuvo fe? No fue porque se quedó en Ur de los Caldeos, sino por creer y salir de su tierra para extender su mano a la promesa del Señor de una tierra para él y su incontable descendencia; y por acceder a sacrificarle el hijo que le había dado en su vejez, pues sabía que era poderoso para levantarlo de los muertos o darle otro con el fin de cumplir su promesa de ser padre de multitudes. De igual forma, los amigos del profeta Daniel se negaron a adorar la estatua de Nabucodonosor confiando en que serían librados, pero también le dijeron al rey más poderoso de la tierra que, si Dios no los librare, tampoco adorarían al ídolo. Esperaban un milagro, pero su esperanza no estaba puesta en lo sobrenatural, fueron fieles al Dios que trasciende la vida, la muerte y las leyes creadas por él mismo.

La fe nos ayuda a entender que no por haber creído somos más dignos que los demás, sino que por nuestra indignidad y pecado fuimos redimidos, para que al vernos los demás comprueben el poder de Dios y le conozcan también. Entonces, él recibirá toda la gloria.

Moisés le recordó al pueblo de Israel que el Señor lo había escogió como pueblo no por ser especial, más bien era especial por haber sido escogido por él..." *Porque para el Señor tu Dios tú eres un pueblo santo; él te eligió para que fueras su posesión exclusiva entre todos los pueblos de la tierra. El Señor se encariñó contigo y te eligió, aunque no eras el pueblo más numeroso sino el más insignificante de todos" (Dt. 7:6-7)*. Siglos después, el apóstol Pablo habló de la misma forma a la iglesia recordándole que Dios escoge lo más vil para mostrar su gloria y poder en nosotros... *"También escogió Dios lo más bajo y despreciado, y lo que no es nada, para anular lo que es, a fin de que en su presencia nadie pueda jactarse" (1Co. 1:28-29)*.

La fe no es usar el evangelio para hacer algunas buenas obras, mencionar eventualmente a Dios en nuestras conversaciones y pretender que siempre realice nuestros planes. **La fe es unirnos a sus propósitos.** Ni creer es útil ni la oración es poderosa si esa fe no se pone en el Señor o si esa oración no refleja el carácter del Padre y su voluntad.

Saber que Dios es omnipresente no produce miedo para obedecer el mandamiento, sino confianza en que aun cuando atravesemos el valle de sombra de muerte Él nos acompaña; saber que Él es santo no lo hace distante, nos permite apreciar su compasión y misericordia pese a nuestra condición depravada, mientras nos santifica con el propósito de tener comunión con Él; saber que es soberano no nos convierte en su robot, nos recuerda que tiene el control en medio de las peores circunstancias.

2.2 Jesucristo y el conocimiento de Dios

Vivir como Jesús en obediencia absoluta (1 Juan 2:3-6) es el tipo de vida que la buena tierra produce cuando la semilla del evangelio cae en ella. Esto es válido solamente para quien afirma ser cristiano. Conocemos al Padre si vivimos como el Hijo, de tal manera que viviendo en la verdad permanecemos en él. Aunque esto es muy simple, hay quienes consideran imposible llevar una vida así. Él no pecó, claro, pero hemos sido redimidos para presentarnos nosotros mismos como una ofrenda viva, santa y agradable a Dios, lo cual no sólo es posible ni es lo máximo que podemos ofrecer, es apenas lo necesario, pues *"somos siervos inútiles; no hemos hecho más que cumplir con nuestro deber"* (Lc. 17:10).

Jesucristo vino a darnos a conocer al Padre. Ser sus discípulos es imitarlo y atraer a otros a conocer a Dios. Entonces, ¿por qué perder el tiempo con nuestra rebeldía y desobediencia? Inscribirnos en muchas clases y cursos ayuda mucho, pero no santifica. El conocimiento de Dios proviene de humillarse al reconocer su autoridad y Señorío, lo cual produce santificación. Este convencimiento no es intelectual, sino espiritual, a fin de que los discípulos seamos "evangelios", es decir, una buena nueva viviente de que las palabras vienen acompañadas del poder de Dios.

Sin embargo, vivir como Jesús tiene un alto costo. Cada vez que decidimos obedecer los mandamientos morimos a nosotros mismos y, mientras nuestra carne pierde una batalla más, nuestro espíritu es vivificado. En la cultura corrupta y egoísta del mundo es notorio cómo el decir la verdad con facilidad nos mete en problemas. Ser honestos, pacificadores y tener posturas radicales en contra de la violencia, el abuso, el odio y el pecado nos hace despreciables, dignos de conmiseración y odiosos. ¿Será un costo que muchos no deseen pagar?

Nuestra experiencia en viajes misioneros de corto plazo en Asia sacudió por completo nuestro entendimiento. Es lindo leer las tremendas historias de los misioneros siempre y cuando exista entre ellos y nosotros una gran brecha geográfica, histórica y hasta cultural. Es parecido a encontrar en la Biblia a los héroes de la fe y, por la fuerza de la costumbre, convertir sus relatos en meras reflexiones motivacionales. Pero al conocer a hombres y mujeres comprometidos con vivir como Jesucristo en su día a día, desarraigados de las tierras que los vieron crecer y plantados del otro lado del mundo, amando a personas aun antes de conocerlas, entonces comprendemos el gozo de la renuncia, puesta la mira en las cosas de arriba y en su patria eterna.

Esto es verdadera comunión: pensar como él, hacer lo que él hizo, ser como él fue en la carne. Y el apóstol exhorta a quienes han sido hechos hijos de Dios, a quienes tienen su esperanza puesta en Jesucristo, a purificarse porque Él es puro (1 Jn. 3:3). Todo es para perfeccionarnos en unidad con el Hijo y con el Padre (Jn. 17:20-21). Todos los que hemos recibido el evangelio para vivir conforme su ejemplo somos su iglesia. Quitando el obstáculo del pecado podremos cumplir nuestro propósito de ser uno entre nosotros y con Jesucristo, para que el mundo crea que vino de parte de Dios.

La unidad de la iglesia es evangelismo en acción, un mensaje claro de la existencia y presencia del Señor entre nosotros, pues a Dios nadie lo ha visto. De modo que imitar entre nosotros la unidad entre el Padre y el Hijo tiene un impacto redentor al facilitar que los incrédulos procedan al arrepentimiento. Ellos afirman no creer en Dios por no haberlo visto nunca, nosotros testificamos más que con palabras, al amarnos, la obra poderosa del invisible (a nuestros ojos). *"Nadie ha visto jamás a Dios, pero si nos amamos los unos a los otros, Dios permanece entre nosotros, y entre nosotros su amor se ha manifestado plenamente" (1 Jn. 4:12).*

No importa cuánto hablemos sobre Dios con las personas, nuestro pecado no los dejará oír el evangelio si no lo están viendo en nosotros. Si un incrédulo se reuniera en alguna de nuestras iglesias, ¿comprobaría que Dios existe y que habita entre nosotros? Esa es la razón del impacto del ministerio de Jesús, y aunque hubo quienes no creyeron en él, no fue debido a la falta de integridad del Salvador, sino a la necedad de ellos.

Imitar el ejemplo de Jesús, además de ser evidencia de conocer al Padre, responsabiliza al incrédulo por su incredulidad. En cambio, si no cree por ser nosotros una piedra de tropiezo, tendremos que dar cuentas. Eso nos convierte en representantes del Padre en la tierra, ya que el Hijo vivió como tal. Somos embajadores de Dios para reconciliar al mundo con él (2 Co. 5:16-20). Un embajador no provoca enemistad entre el gobierno que representa y el país a donde es enviado. Su gobernante le pedirá cuentas por ello y lo encarcelará. ¡Cuanto más si ponemos en su contra a aquellos por quienes murió el Cordero por no dar a conocer a Dios fielmente!

¿Qué ocurre cuando no somos fieles al evangelizar? ¿Predicamos un Dios que ajustamos a las expectativas del público al que se pretende convencer? En nuestra buena intención por atraer más gente a él enfatizamos su amor y bondad para con nosotros, pero omitimos que es Santo y Justo. Jesucristo no tuvo como prioridad la aceptación del evangelio, sino predicarlo tal cual es. Sabe que sus ovejas oyen su voz. Andemos como él anduvo.

¿Qué más hizo nuestro Maestro? Se comprometió con sus oyentes e invirtió más que tiempo, su vida en ellos. Los discípulos de Jesús no tememos el escrutinio de los demás. Hay integridad y cuando fallamos recibimos de buena gana la corrección que nos anima a corregir el camino. Quien nos reprende también es un discípulo de Jesús y lo hace con humildad y amor. También somos enseñados a evitar confiar en nosotros mismos acudiendo al Padre en oración por fortaleza, sabiduría y mansedumbre para ser guiados por su Espíritu. No como Caín, Saúl, el joven rico, Ananías, Safira o Simón el mago, quienes actuaron en sus propios deseos.

Abel, por otro lado, nos recuerda que todo en la vida se trata de aprender a adorar al Creador al relacionarnos con él. ¿Conoces al Señor de tal manera que les has dicho "apártate de mí, Señor, porque soy hombre pecador?" **Unidos a Él podremos adorarle en espíritu y en verdad, y así cumpliremos el propósito de nuestra existencia, conocerlo en íntima comunión.** *"Todo el que permanece en él, no practica el pecado. Todo el que practica el pecado, no lo ha visto ni lo ha conocido"* (1 Jn. 3:6).

2.3 Conocer a Dios es adorarle en espíritu y verdad

La adoración que Dios merece no es un tipo de música ni una celebración semanal. Adorarle es vivir conforme su voluntad. Pensar que la adoración es un culto a Dios ofrecido una o dos veces por semana en un templo sería convertirla en algo ritual. Si hacemos del culto semanal lo más importante, la asistencia al templo se convertirá en la finalidad de nuestro evangelismo y de la vida cristiana. Por ello, algunos creyentes bien intencionados se ocupan más de llevar a cabo estrategias para llenar un templo, que en adorar a Dios en espíritu y en verdad, además de enseñar a otros a hacerlo.

"Por lo tanto, hermanos, tomando en cuenta la misericordia de Dios, les ruego que cada uno de ustedes, en adoración espiritual, ofrezca su cuerpo como sacrificio vivo, santo y agradable a Dios" (Ro. 12:1).

Cuidar la forma (ritual) de nuestro culto a Dios es bueno, pero será contraproducente si sacrificamos el culto mismo (racional). La iglesia local se reúne no por haber llegado el día de reunión. Tampoco está unida por encontrarse el mismo día a la misma hora en el mismo lugar. Su comunión no depende del día ni del lugar, sino del amor recibido de Dios, y los anima a ver los unos por los otros aun cuando no es día de reunión en otros sitios diferentes al lugar de reunión. Su unidad no es institucional, sino espiritual. No depende de congregarse en un espacio físico, sino de la adoración personal y corporativa a su Señor al ser dirigido el cuerpo por su Cabeza, que es Jesucristo. Lo anterior significa que los que son hijos de Dios adoran en sus matrimonios, en sus familias, cuando se relacionan con sus hermanos en Cristo, con vecinos, colegas, compañeros del colegio y con completos extraños en donde se encuentren. Vivimos adorando.

Lo ritual está más enfocado en las experiencias y actividades del culto. Hablamos del canto que nos hizo emocionarnos o de las lágrimas que brotaron de nuestros ojos más que lo que Dios nos dijo al meditar en la Biblia. Cuando no vivimos adorando tenemos creyentes con muchas ocupaciones en el ministerio y familias resentidas por las ausencias; una opinión buena de parte de la gente y una mala de quienes nos conocen; y sobre todo la culpa de decirle "Señor" y no hacer lo que nos mandó.

Nuestro servicio y actividades espirituales como hacer nuestra lectura bíblica diaria, orar y asistir al templo, se convierten en rituales si no ayudan al creyente a perseverar en la fe abandonando sus pecados y viviendo en santidad. Caín también invocó a Dios y su ofrenda fue rechazada, no pudiendo engañarlo.

Adorar en espíritu y en verdad consiste en meditar en la Biblia para discernir las verdaderas intenciones de nuestro corazón, permitir que su verdad confronte nuestros pensamientos, pues nuestro corazón podría estar endurecido por el engaño del pecado. Y cuando oramos recordamos que el Padre está en el cielo y nosotros en la tierra con actitudes y palabras humildes, comprometidas con hacer su voluntad, no la nuestra. Y cuando servimos lo importante no es estar ocupados, con demasiadas responsabilidades, sino redimiendo el tiempo para hacer lo bueno y discipularnos unos a otros escuchando, aconsejando, consolando, animando y corrigiendo.

Cuando el Señor se manifestó a Moisés para instruirlo sobre lo que debía hacer al presentarse ante Faraón y sacar a su pueblo de Egipto, el profeta le planteó que posiblemente le preguntarían cuál era el nombre del Dios de sus padres. Dios le dijo que respondiera: YO SOY[35] me envió. Su mismo nombre revela parte de su esencia, por la cual entendemos que es digno de nuestra adoración: eternidad, inmutabilidad, omnipresencia, omnipotencia, independencia, personalidad, etc. Él ES a pesar del tiempo, de las épocas, de lo creado visible e invisible y de que todo esté sujeto a cambios. Esta es información útil para saber de Dios y está al alcance de cualquiera, pero conocer a Dios sólo es posible por el Espíritu.

No podremos entender a Dios plenamente debido a que su grandeza, sabiduría y juicios son inescrutables. Es imposible llegar al fondo de ellos para decir "ahora lo conozco". Sin embargo, como diría Wayne A. Grudem, la Biblia ayuda a comprender su incomprensibilidad. "Esta doctrina de la incomprensibilidad de Dios tiene mucha aplicación positiva en nuestra vida. Quiere decir que nunca podremos saber demasiado de Dios, porque nunca agotaremos lo que hay que aprender acerca de él, y por eso nunca nos cansaremos de deleitarnos al descubrir más y más de su excelencia, de su grandeza y de sus obras."[36]

---

35 En hebreo, el tetragrámaton YHWH, transliterado como Yahvé (de la forma hebraísta Yahweh) o Jehová (de la forma latinizada Iehouah), es el nombre propio de Dios y significa Yo Soy, usado también como El Señor, según Alfonso Ropero (Ed.), *op. Cit.*, pág. 2644.

36 Wayne A. Grudem, *Doctrina Bíblica*, Editorial Vida, Miami, FL, 2005, pág. 69.

Conocer a Dios nos impulsa a adorarle y concluimos que es digno de ser adorado de manera permanente, exclusiva, total, incondicional y sincera. Meditamos en esto y nos preguntamos ¿cómo podríamos adorar a un Dios que no conocemos? En el relato de la conversación de Jesús con la mujer samaritana él le dice que ellos adoran lo que no conocen y quienes en realidad adoran al Padre lo harán en espíritu y verdad.

Adorar es tan natural que idolatramos cualquier cosa y rendimos nuestra voluntad, pero es algo serio si consideramos que el diablo disputa la adoración que sólo merece el Señor. Cuando tentó a Jesús en el desierto le ofreció los reinos del mundo si postrado le adoraba. Decidimos a quién adorar cada día, a cada momento.

Ananías, Azarías y Misael aceptaron ser echados al horno de fuego al rehusarse a adorar a la estatua de oro que había erigido Nabucodonosor, rey del Imperio Babilónico. Quien adora al Señor teme no a quien puede destruir el cuerpo, sino el alma. Luego de que Dios librara a sus tres siervos, el rey reconoció: *"ellos confiaron en él y, desafiando la orden real, optaron por la muerte antes que honrar o adorar a otro dios que no fuera el suyo" (Dn. 3:28b)*.

El antídoto a una voluntad idólatra como la nuestra es el conocimiento del único Dios verdadero, el cual nos hace libres para adorarle en espíritu y en verdad.

2.4 Dios y el concepto sobre nosotros mismos

En el Libro de Génesis leemos que Dios dijo (1:26), *"Hagamos al ser humano a nuestra imagen y semejanza"*; y más adelante (1:31), *Dios miró todo lo que había hecho, y consideró que era muy bueno.*[37] Podemos interpretar que por ser creación de Dios, a su imagen y semejanza, aprobada por él, fuimos dotados con valor y amor propio.

En cuanto al afecto natural que nos faculta para amar a los demás, la Palabra establece el mandamiento de amar a Dios y a nuestro prójimo

---

37 El énfasis es propio.

como a nosotros mismos, primeramente en el Antiguo Testamento (en Dt. 6:5, y en Lv.19:18) y posteriormente con Jesucristo en el Nuevo Testamento, quien dijo, *"Ama al Señor tu Dios con todo tu corazón, con todo tu ser y con toda tu mente. Este es el primero y el más importante de los mandamientos. El segundo se parece a este: Ama a tu prójimo como a ti mismo" (Mt. 22:37-39).*

No encontramos el mandamiento "ámate a ti mismo" en las Escrituras, y en cambio, somos instruidos a amar a otros como a nosotros mismos. Esto nos hace afirmar la existencia de una medida de amor hacia nosotros mismos en nuestro interior. La Biblia demuestra que nuestra incapacidad para amar no se debe a que el ser humano no se ame, sino debido a un excesivo amor propio que aumenta a tal grado hasta que se vuelve soberbio y amador de sí mismo (2 Ti. 3:2).

La sabiduría humana, por el contrario, afirma que primero debemos aprender a amarnos a nosotros mismos para desarrollar una autoestima que esté en posibilidades de amar al prójimo.[38] Sin embargo, la Biblia nos enseña que para conocer quiénes somos así como nuestra capacidad para amar debemos recurrir a nuestro Creador, a Aquél que nos formó del polvo de la tierra y que sopló de su Espíritu para darnos aliento de vida (Gn. 2:7).

La vida de Job nos revela mucho sobre la relación entre conocer a Dios y conocerse a uno mismo en cuanto a perseverancia en medio de la prueba, fidelidad a Dios y amor a los adversarios por quienes intercedió. Si pudiéramos interrogar a Job qué sucedió luego de conocer a Dios, ¿qué respuesta nos daría? Sin duda entenderíamos que **conocer a Dios no sólo aporta un conocimiento de la Verdad sino que además nos da un corazón entendido capaz de amar.** Al referirse Job al encuentro con su Creador, luego de las duras pruebas experimentadas, manifestó una

---

38 Uno de los máximos teóricos de la autoestima, Nathaniel Branden, la define como la necesidad de adaptación, aceptación y autorrealización que impulsa el desarrollo de la confianza en nosotros mismos para triunfar y ser felices por ser merecedores de ello. El concepto lo desarrolla con amplitud en Nathaniel Branden, *Los seis pilares de la autoestima: el libro definitivo sobre la autoestima por el más importante especialista en la materia*, Ediciones Paidós Ibérica, Barcelona, 1995, págs. 21-23.

conclusión un tanto inesperada al señalar, *"De oídas te había oído; Mas ahora mis ojos te ven. Por lo tanto me aborrezco, y me arrepiento en polvo y ceniza" (Job 42:5-6 RVR1960).*

El versículo suena escandaloso si se omite que el pecado conduce al amor propio enaltecido e incapacita para amar al prójimo. Pensando en ello, "aborrecerse" es una respuesta motivada por el Espíritu al reconocer nuestra pequeñez y su grandeza, nuestra maldad y su justicia, nuestra necedad y su sabiduría, nuestra debilidad y su omnipotencia, para entonces ser capaces de humillarnos ante él y arrepentirnos de nuestra maldad. Al conocer a Jehová entendemos quiénes somos, nuestra identidad y nuestro propósito.

Sin embargo, las cadenas del pecado corrompen y distorsionan el amor con el que hemos sido equipados, por ello, para poder amar plenamente necesitamos libertad... la verdad que nos hace libres. Esto significa que no podemos amar como Dios ama sin arrepentirnos de nuestra maldad.

Otra evidencia dada por la Biblia de que Dios no creó al ser humano carente de afecto natural se encuentra en la Carta a los Romanos, (1:18-32 *sobre la culpabilidad del hombre*), en la cual Pablo enlista diversos pecados cometidos por los necios que rechazan a Dios, entre los que se encuentra el no tener *afecto natural* (v. 31, RV1960), también traducido como *insensibles* (NVI), y cuyo significado es *de corazón duro hacia los parientes*.[39] De lo cual deducimos que si Dios llama al desamor pecado, es porque se nos dotó con la capacidad de amar.

Maravilla que Jesucristo advirtiera que para seguirle sería necesario negarse a uno mismo (Lc. 9:23). No podemos amarnos más que a él porque pondríamos nuestra voluntad por encima de la suya. Con nuestra mente reprobada no es posible tener un concepto correcto sobre nosotros mismos ni sobre Dios, así que primero él debe regenerarla. ¿No es por eso que antes de conocer a Dios nos justificábamos ante él? No

---

39 Sin afecto natural proviene del vocablo griego ástorgos (ἄστοργος) que significa *de corazón duro hacia los parientes*. (G794), James Strong, *Nueva Concordancia STRONG Exhaustiva*, Grupo Nelson, Nashville, TN, 2001.

encontrábamos nada malo en nuestra conciencia y decíamos ser buenos, a pesar de vivir en nuestros pecados.

El amor propio, al ser pervertido por el pecado resulta en un amor excesivo a uno mismo que se manifiesta en dos extremos opuestos: por un lado, autosuficiencia o soberbia; por otro lado, auto-menosprecio (que no es propiamente baja autoestima). La Biblia señala claramente que la soberbia es un pecado. *"Yo quebrantaré su orgullo y terquedad. Endureceré el cielo como el hierro y la tierra como el bronce" (Lv. 26:19).* Por cuanto es una actitud de autosuficiencia, la persona cree no necesitar a otras personas ni a Dios. Automenospreciarse, paradójicamente, es amor propio distorsionado, a tal grado, que se hace daño al no verse satisfechas sus expectativas de amor, aceptación y autorrealización. El que lo hace piensa únicamente en él y sobredimensiona su desdicha y dolor por sus circunstancias. En ambos casos el pecado de la persona es centrarse tanto en sí misma que pierde la capacidad de amar a Dios y a otros; en ambos casos, no existe nadie más.

La Escritura curiosamente nunca habla de amarse poco o no amarse. Sin embargo, es algo que hemos escuchado insistentemente durante los últimos dos siglos debido al florecimiento de la psicología. La baja autoestima supone que la persona no genera sentimientos y acciones apropiados, según su valor intrínseco. ¿Cómo entonces hay tantas personas que parecen no amarse? Sabotean sus relaciones, parecieran no desear ser felices, hay una percepción propia de inferioridad, creen no merecer lo que reciben y no tener derecho a pedir nada. Al reflexionar sobre esas actitudes de forma bíblica concluimos que indican justamente lo contrario. Que alguien muestre ira, enojo, tristeza u odio por ser menospreciado se debe a que su amor propio ha sido lastimado de forma brutal y profunda. Ellos están sumergidos en sus sentimientos, pensamientos y emociones de forma destructiva, y están demasiado centrados en sí mismos como para pensar en alguien más.

Tanto la autosuficiencia como el automenosprecio son distorsiones provocadas por el pecado que nos llevan a tener un concepto más alto sobre nosotros mismos, y con alto no implica necesariamente creerse más que los demás, sino como dijo el apóstol dejar de pensar acerca de nosotros con sensatez. *"Por la gracia que se me ha dado, les digo a todos ustedes: Nadie tenga un concepto de sí más alto que el que debe tener, sino más bien piense de sí mismo con moderación, según la medida de fe que Dios le haya dado" (Ro. 12:3).*

Conocer a Dios nos da la perspectiva correcta sobre nosotros, pues *"él conoce los más íntimos secretos" (Sal. 44:21); "El Señor conoce los pensamientos humanos, y sabe que son absurdos" (Sal. 94:11);* y por ello nos aconseja, *"confía en el Señor de todo corazón, y no en tu propia inteligencia. Reconócelo en todos tus caminos, y él allanará tus sendas." (Pr. 3:5-6).*

2.5 La comunión con Dios y la obediencia

Jesucristo dio su vida en la cruz para reconciliar al pecador arrepentido con el Padre y poder desarrollar una comunión con base en la oración y el estudio de la Palabra. Esto nos debe conducir a una vida de obediencia, si es que en realidad amamos a Dios como está escrito en Juan 15:10: *"Si obedecen mis mandamientos, permanecerán en mi amor, así como yo he obedecido los mandamientos de mi Padre y permanezco en su amor."*

Una nota en las redes sociales decía que orar y leer la Biblia son señal *"infalible"* de ser hijos de Dios. ¿Es cierto esto? Los escribas y fariseos se distinguían por sus oraciones y lectura de las Escrituras, pero esto no los llevó ni a conocer a Dios ni a abandonar su pecado, o como diría Juan, a purificarse: *"Todo el que tiene esta esperanza en Cristo, se purifica a sí mismo, así como él es puro" (1 Jn. 3:3).*

La comunión con Dios consiste en obedecer sus mandamientos, porque al participar de su naturaleza divina hacemos su voluntad. No por imposición legalista llamamos pecado al pecado y justo a lo justo. Purificarse porque Él es puro es reconocer la transgresión y que el arrepentimiento nos reconcilia con Él, de lo contrario el que practica pecado no le ha visto, ni le ha conocido. La comunión con Dios está estrechamente ligada a una vida nueva y regenerada por el Espíritu, pues solamente un nacido de nuevo perseverará en su fe y permanecerá en su amor. Una iglesia útil fomenta la comunión con Dios mediante la oración, el servicio y el estudio de la Palabra.

La adoración es cuestión de identidad, no de actividad. El que es hijo de Dios obedece a su Padre. El que obedece al Padre le adora por lo que es Él y por sus maravillosas obras. Las disciplinas espirituales como asistir a una congregación y participar en sus múltiples actividades no producen por sí solas un corazón contrito, dolido por haber ofendido a Dios, dispuesto a alejarse del mal y a hacer el bien, ni implican que quien las practica sea un hijo de Dios. La obediencia a Dios conduce necesariamente a adorarle con todo el corazón.

Escudriñar las Escrituras es el comienzo. Al dedicar cada día un tiempo para escuchar lo que Dios quiere hablarnos nos apartamos para estar quietos y meditar en cómo ejecutar su designio para ser santo como Él es Santo. Entonces, escuchamos la respuesta a determinada petición, nos muestra el pecado que no queremos ver, nos da la salida a las tentaciones y nos fortalece para dejar los deseos pecaminosos.

La oración es un medio para relacionarse con Dios en la intimidad y conocerle. La oración no es un discurso, es el momento para reflexionar en nuestras intenciones, necesidades, instintos, pensamientos, anhelos, aspiraciones, planes, dolores, celos, contiendas, rencores, angustias, debilidades y afanes para que, estando cada alimentado por la Palabra, su Espíritu confronte nuestra voluntad con la buena voluntad de Dios. Así, en este diálogo entre su Espíritu y nuestro espíritu somos examinados y transformados, para levantarnos dispuestos a obedecer y poner manos a la obra porque *"el pueblo que conoce a su Dios se esforzará y actuará" (Dn. 11:32 RVR1960).*

Los discípulos de Jesucristo le pidieron que les enseñara a orar. En la enseñanza sobre Jesús y la oración observamos siete aspectos fundamentales: El primero es que nos dirijamos a Dios como Padre, por lo tanto debemos asegurarnos de ser sus hijos. El segundo es que es prioritario adorar al Padre; se trata de él, no de nosotros. El tercero es distinguir nuestra identidad como ciudadanos del reino de los cielos, por lo cual rogamos que su reino se establezca en la tierra, al haberse establecido en nuestra vida al guardar sus mandamientos. El cuarto es que Él está atento a nuestras necesidades como sus hijos, pues es el proveedor de nuestro sustento. El quinto es tener presente que nuestras relaciones verticales son producto de nuestra relación vertical con él, por lo que damos de gracia lo recibido por gracia. El sexto es la necesidad de perdonar las ofensas para ser perdonados por el Padre. Finalmente, nos hace recordar nuestra debilidad y el poder de Dios para librarnos del mal. (Mt. 6:9-15).

Esta lección no fue sobre qué decir al orar, sino para revelarnos principios de oración. Nos reveló a Dios mismo al decirnos cuáles deben ser las prioridades de sus hijos mientras vivan en el mundo. ¡Es un catalizador para la comunión! De este modo siempre recordaremos lo importante para relacionarnos apropiadamente con el Señor. Así como estar con la persona amada no es una cita en nuestra agenda, tener comunión con Dios es más que un tiempo apartado para pasar tiempo con él, es un profundo anhelo de ser uno con él, cueste lo que cueste, y las consecuencias santificadoras evidentes en cada decisión.

2.6 El propósito del evangelio

"Y esta es la vida eterna: que te conozcan a ti, el único Dios verdadero, y a Jesucristo, a quien tú has enviado" (Jn. 17:3).

Conocer a Dios es el propósito del evangelio. De forma sencilla, Piper explica que abrazar y disfrutar todos los bienes del evangelio, pero sin Dios, hace desvanecer lo que convierte a las buenas nuevas precisamente en una buena noticia.[40] Predicar un evangelio que destaca únicamente los beneficios de Dios omitiendo el propósito de la vida eterna tiene repercusiones negativas en el futuro de las personas.

En nuestra experiencia en Restauración de Iglesias hemos comprobado que las estrategias, planes y programas evangelísticos tienen como meta llevar a las personas a los templos, no a Dios. No tiene sentido

---

40 John Piper, *Dios es el evangelio*, Editorial Portavoz, Grand Rapids, MI, 2007, pág. 36.

atraer simpatizantes sólo para ocupar las sillas vacías sin ayudarles a que sus vidas sean transformadas. Por esa causa, en nuestro quehacer convocamos a las iglesias a reflexionar en el propósito bíblico del evangelismo y cómo relacionarlo con el discipulado.

Antes de iniciar nuestro ministerio tuvimos la oportunidad de diseñar una capacitación de evangelismo, entre cuyos lineamientos instamos a los congregantes a no invitar a los inconversos al templo para recibir ahí un adoctrinamiento, sino a convertirse ellos mismos en "evangelios" para testificar de Jesucristo en sus hogares, vecindarios, escuelas, trabajos, en fin, y en todo lugar donde se encuentren. Así cada quien se compromete a dar testimonio de una vida regenerada. Los congregantes más comprometidos y maduros en la Palabra lo hicieron así en una determinada congregación y el resultado fue tal que la membresía creció sin hacer campañas evangelísticas.

El salir a las calles es fácil. Cualquiera puede dar un discurso emotivo a una multitud de desconocidos pero muy pocos se comprometen a vivir en obediencia a Dios. Convencer a la gente apelando a las emociones no supone de un compromiso a largo plazo con las personas, pues luego de que hacen la oración del pecador el trabajo se considera finalizado.

Predicar el evangelio no consiste en "reclutar" creyentes, sino en acompañarlos mientras crecen en el conocimiento de Dios, esto es, en la profundización de su entendimiento sobre el Padre, la comprensión de la verdad, en que imiten a los discípulos maduros en cómo viven la verdad, en la toma de decisiones que conviertan a un idólatra en un adorador de Jehová.

Creer el evangelio y conocer a Dios tiene repercusiones prácticas en la manera en cómo vemos la vida y la experimentamos. El evangelio debe ser evidente en nuestras decisiones, preferencias, sentimientos, emociones, palabras, acciones, abstenciones, silencios, pensamientos y, en suma, en todo lo que somos. Nos da claridad para distinguir el bien del mal, la justicia de la injusticia, así como la vida de la muerte. *"Queridos hijos, que nadie los engañe. El que practica la justicia es justo, así como él es justo"* (1 Jn. 3:7).

Al creer no podemos ser los mismos que éramos antes. Ejemplos de esto lo encontramos en la Palabra: Mateo abandonó su posición de cobrador de impuestos al oír a Jesús decir "sígueme"; Pedro dio uno de los más maravillosos discursos evangelísticos luego de haber negado a Jesucristo; Pablo dejó atrás su vida de fariseo y su reputación para convertirse de perseguidor a perseguido; Juan pasó de ser un hombre ambicioso e iracundo a uno amoroso y generoso. Estos son ejemplos de hombres que conocieron a su Señor.

Si nuestros pecados llevaron a Jesús a la cruz, ¿seguiremos practicándolos? Si Dios es fiel, ¿no seremos fieles también? Si él es Santo, ¿no viviremos como santos? Éste es el evangelio que predicó Jesús.

2.7 Evangelismo al estilo de Jesús

"Quiero que sepan, hermanos, que el evangelio que yo predico no es invención humana. No lo recibí ni lo aprendí de ningún ser humano, sino que me llegó por revelación de Jesucristo" (Gál. 1:11-12).

La forma en la que el Señor divulgaba las buenas noticias del reino de Dios sería severamente criticada por muchos denominados líderes de nuestra época. Jesús hablaba a sus oyentes con la verdad y, al hacerlo, les demostraba que los amaba. Nunca escondió la peor parte, como hacemos con recurrencia para no desalentar a los entusiastas.

Ahí está el joven rico, un hombre modelo en el cumplimiento de la ley con interés en las palabras de Jesús, tanto, que le preguntó cómo heredar la vida eterna. Jesús contestó lo impensable. No le dijo que le aceptara en su corazón, que se bautizara, que se inscribiera a la escuela bíblica para discipularse, o que llenara una papeleta para hablarle en la semana. Lo que hizo fue revelarle aquello que le separaba de Dios y cómo hacer ese obstáculo a un lado para ser perfecto ante el Padre: destruir su ídolo, es decir, el dinero.

Algunos evangelistas de hoy habrían repudiado el "método" del Señor. Dirían que pone trabas a la conversión de la gente. Jesucristo estaba enfocado en lo que las personas realmente necesitaban para adorar al Padre en espíritu y verdad. ¡Eso sí los haría salvos! Todos necesitamos saber la verdad acerca de nosotros, de otra forma ¿cómo podremos elegir entre la vida o la muerte eterna?

El hombre se fue triste porque eligió amar sus riquezas. ¿Fracasó Jesús? En términos de estrategias humanas enfocadas en obtener resultados numéricos, sí, pero nunca ha sido el objetivo del Señor. **El evangelismo es exitoso si da a elegir a las personas entre Dios y su pecado.** Si mucha o poca gente decide creer no es relevante. Mientras demos a conocer el mensaje, Dios ha de añadir los que han de ser salvos a su iglesia. Lo realmente importante es que el evangelio sea comunicado con fidelidad, pues Dios se encarga del resto. Hay que dar a la gente la oportunidad de que decida seguir o rechazar al Salvador.

A decir de historias en los evangelios como la del joven rico, el Señor no está interesado en reclutar simpatizantes sin disposición de amarlo, sino más bien en transformar al pecador dispuesto a dejar de serlo. Por lo tanto, cumplir La Gran Comisión (Mt. 28:19-20) poco tiene que ver con planificar estrategias para incrementar la asistencia a un templo, aparentando comulgar con la fe pero negándola con las acciones. Dejemos de ser cómplices de esta obra perversa. Una vez que los llevamos al templo nos dejan de importar y luego nos preguntamos cómo es que se han multiplicado tantas falsas doctrinas, falsos maestros, divisiones, contiendas y tantos otros males que los discípulos combatieron con celo desde el surgimiento de la iglesia. La consecuencia de todo lo anterior son muchas personas lastimadas, aunque ciertamente aferradas a su fe en Dios.

El evangelio de Jesús pone el énfasis en la reconciliación con Dios a través del arrepentimiento de pecados. *"Entonces les abrió el entendimiento para que comprendieran las Escrituras. —Esto es lo que está escrito —les explicó—: que el Cristo padecerá y resucitará al tercer día, y en su nombre se predicarán el arrepentimiento y el perdón de pecados a todas las naciones, comenzando por Jerusalén"* (Lc. 24:45-47). Dada nuestra condición pecaminosa que nos tenía condenados sin esperanza alguna, la buena noticia es que el ser humano puede restaurar su comunión con Dios para perseverar en ella caminando en santidad. No hace falta una nueva estrategia, sino predicar y vivir el evangelio que enseñó Jesús.

Somos movidos al arrepentimiento de nuestro pecado cuando el Espíritu nos hace comprender quién es Dios y quiénes somos nosotros. El carácter santo de Dios reacciona contra el pecado, pues motiva su ira, activa su justicia e interpone una barrera entre él y nosotros. **Los efectos destructivos del pecado en la vida del ser humano son la esclavitud en esta vida, el rompimiento de su comunión Dios y la condenación eterna.** El Padre nos quiere dar el regalo de la salvación; para obtenerlo debemos creer; para creer necesitamos fe, y para que sea fe debe haber arrepentimiento del pecado. La Biblia enseña que ésta es la única manera de creer.

Hoy en día, los predicadores hablan del sacrificio de Jesús para perdón de pecados, pero pocas veces mencionan que para obtenerlo debe haber arrepentimiento y cambio en la manera de vivir. El prolífico escritor C. S. Lewis escribió con respecto a la vida nueva que, si la conversión al cristianismo no mejora las acciones de ese hombre, si continúa siendo egoísta, despreciativo, envidioso y ambicioso su conversión podría haber sido imaginaria".[41]

El evangelio de Jesús habla del arrepentimiento, algo totalmente necesario para el nuevo nacimiento. Sin arrepentimiento no puede haber novedad de vida. La conversión marca la pauta entre nuestro pasado sin Jesucristo, cuando teníamos una mente depravada, corrupta y envanecida en nuestros propios deseos, y el presente con Jesucristo, con una mente renovada por haber muerto al pecado. **Arrepentimiento es cambiar de mente para actuar diferente, según lo agradable a Dios.**

Los profetas que Dios envió a su pueblo daban cuenta de la importancia del arrepentimiento. Todos predicaron sobre volverse de su desobediencia y rebeldía contra Dios para obtener perdón y restauración. Incluso Jonás, quien fue a la nación pagana de Nínive, llamó al pueblo al arrepentimiento de sus injusticias y perversidades para que la ira divina y la destrucción no les sobrevinieran. Por su parte, del pueblo de Israel aprendemos que la necedad de negarse a dejar sus malas obras e idolatría conllevó al juicio de Dios sobre ellos.

---

41 C. S. Lewis, *Op. cit.*, pág. 196

Particularmente en el libro del profeta Amós encontramos que no podemos amar el bien y el mal al mismo tiempo, o amar el bien y practicar el mal. El verdadero arrepentimiento es aborrecer el mal y amar el bien practicando obras de justicia. ¡Eso es tomar partido!

"Busquen el bien y no el mal, y vivirán; y así estará con ustedes el Señor Dios Todopoderoso, tal como ustedes lo afirman. ¡Odien el mal y amen el bien! Hagan que impere la justicia en los tribunales; tal vez así el Señor, el Dios Todopoderoso, tenga compasión del remanente de José" (Am. 5:14-15).

Tenemos en los profetas Nehemías y Daniel ejemplo de una compresión clarísima de las consecuencias del arrepentimiento de pecados. Ellos demostraron conocer a Dios: su santidad, eternidad, paciencia, amor, magnificencia, gloria y poder. Esos dos santos sabían que si el pueblo no abandonaba su rebeldía, el Señor ejecutaría sus juicios. De igual forma, el arrepentimiento fue la piedra angular en la predicación de Juan el bautista y, posteriormente, de Jesús y sus discípulos (Mt. 4:17; Hch. 2:37-38; 7:51; 11:18; 17:30-31; 19:18-19; Ap. 2 y 3, y muchos más en todo el Nuevo Testamento).

En el pasaje de las bienaventuranzas, Jesús dijo que sería feliz el de limpio corazón porque vería a Dios. ¿Cómo podremos tener un limpio corazón si no es abandonando nuestras injusticias y viviendo una vida de obediencia a Dios? Asimismo el Señor enseñaba acerca del arrepentimiento como en la parábola del hijo pródigo (Lc. 15:21). El arrepentimiento es la única acción humana que provoca gozo en el cielo (Lc. 15:7 y 10) y descanso de parte del Señor: *"Por tanto, para que sean borrados sus pecados, arrepiéntanse y vuélvanse a Dios, a fin de que vengan tiempos de descanso de parte del Señor"* (Hch. 3:19).

Nuevamente recurro a C.S. Lewis, quien dijo certeramente que el arrepentimiento es desprendernos de la autosuficiencia y la autodeterminación ejercida a lo largo de nuestra vida.[42] Pero, ¿cómo lograrlo? El evangelio de Jesucristo enseña que la raíz del problema es nuestra carnalidad, lo que somos, y por consecuencia, lo que hacemos

---

42 Ídem.

o dejamos de hacer. Su mensaje habla propiamente del nuevo nacimiento y la dirección del Espíritu Santo. Al omitir esto, nos frustramos al ver que, pese a nuestra fe, vivimos mintiendo, robando, adulterando, fornicando, envidiando, odiando, maldiciendo y, en suma, ofendiendo a Dios.

Hacer lo bueno es la consecuencia de arrepentirnos de nuestro pecado y nacer de nuevo. Por eso la fe es confiar en que la voluntad de Dios es mejor que la nuestra. Comprender que cada vez que hacemos nuestra voluntad estamos un paso más lejos de Dios, de su perdón y salvación, nos debería mover hacia el arrepentimiento.

El evangelio de Jesús enseña que la fe nos mueve a la acción, pero si no hay acción nuestra supuesta fe sólo es superstición. La superstición usa al objeto de la fe a voluntad del individuo. La superstición no lleva al conocimiento de Dios, es una idea personal sobre él. En el fondo, el creyente supersticioso desea ver cumplidos sus sueños mediante un "chantaje espiritual" que se resume en "si yo hago cosas para Dios, él tiene que ayudarme a conseguir lo que quiero".

Esta actitud es muy típica en iglesias que no fomentan el estudio de la Biblia con el propósito de conocer a Dios, por lo que su entendimiento acerca de él es tan superficial que facilita a los creyentes pervertir el evangelio para crear un dios a la medida de su imaginación. Ellos hacen cosas para ese dios y le piden cosas a cambio. Eso es paganismo, una creencia fundamentada en los méritos del devoto.

Juan el Bautista llamó al arrepentimiento del pecado a sus oyentes. Él vio venir a los religiosos para ser bautizados y ¿qué les exigió? Frutos dignos de arrepentimiento. Les pedía que fuera en serio. ¿Por qué? El arrepentimiento es indispensable para llegar a Dios.

Si el pesar que sentimos por nuestras injusticias se queda en dolor y culpabilidad sin generar ningún cambio en nuestra vida, se trata únicamente de remordimiento y nos estamos engañamos a nosotros mismos. Éste no produce fe, sino cinismo. De hecho, el dolor y la angustia que provoca haber pecado va desapareciendo en la medida en la que nuestra maldad es mayor, e incurrimos en lo que Pablo llama una conciencia cauterizada. Entonces, menospreciamos a Dios. Esa expresión fue utilizada por el Señor cuando confrontó a David por haber ocasionado que los amonitas mataran a Urías, esposo de la mujer que él había hecho adulterar. El rey menospreció a Dios al temerle menos y amar más sus deseos pecaminosos. Cuando el profeta Natán reprendió a David en nombre de Dios y le reveló su pecado, el rey de Israel no pudo sino reconocer su pecado contra el Señor y confesarlo.

El arrepentimiento nace de una clara conciencia de la naturaleza malvada de nuestras acciones a la luz de la verdad. Como Jesús murió una vez y para siempre para remisión de nuestros pecados, ahora debemos purificar los corazones de mala conciencia y mantenernos firmes en la esperanza que profesamos (He.10:23).

El Señor dijo a Ezequiel que la tarea del profeta era llamar al pecador al arrepentimiento. Esa misma responsabilidad tenemos quienes conocemos la verdad. Dios le explicó a Ezequiel que el hombre bueno que deja la justicia para hacer el mal no le iba a ser tomado en cuenta el bien que había hecho, sino que moriría por su pecado; en cambio, el malvado que se apartara del mal alcanzaría salvación. Ese es el evangelio que recibimos.

Pablo le dijo a Tito que quien ha creído se ocupe de hacer el bien, no para ser salvo, sino por cuanto ha creído en estas cosas y ha sido regenerado para buscar las cosas de arriba. *"Pero, cuando se manifestaron la bondad y el amor de Dios nuestro Salvador, él nos salvó, no por nuestras propias obras de justicia, sino por su misericordia. Nos salvó mediante el lavamiento de la regeneración y de la renovación por el Espíritu Santo, el cual fue derramado abundantemente sobre nosotros por medio de Jesucristo nuestro Salvador. Así lo hizo para que, justificados por su gracia, llegáramos a ser herederos que abrigan la esperanza de recibir la vida eterna. Este mensaje es digno de confianza, y quiero que lo recalques, para que los que han creído en Dios se empeñen en hacer buenas obras. Esto es excelente y provechoso para todos"* (Ti. 3:4-8).

En conclusión, el evangelismo al estilo de Jesús no se limita a animar a las personas a ir en pos de las promesas. Más bien radica en exponer la verdad del Padre y enseñarla, para provecho de quienes anhelan buscarlo en santidad dejando atrás sus pecados. **El Maestro no sólo anunció las** buenas nuevas, también discipuló a los suyos para enseñarles cómo vivir haciendo estas cosas.

2.8 Evangelismo y discipulado

"Por tanto, vayan y hagan discípulos de todas las naciones, bautizándolos en el nombre del Padre y del Hijo y del Espíritu Santo, enseñándoles a obedecer todo lo que les he mandado a ustedes. Y les aseguro que estaré con ustedes siempre, hasta el fin del mundo" (Mt. 28:19-20).

Al leer cuidadosamente La Gran Comisión expuesta en estos versículos nos lleva a reflexionar si realmente estamos cumpliendo este mandato o lo hemos tergiversado. Las iglesias por lo general no están haciendo evangelismo si no es en el marco de las actividades de semana santa, navidad o de alguna campaña. Cuando se da el caso, se siembra tanta semilla como sea posible, con la esperanza de que alguna de ellas caiga en buena tierra y dé fruto, aunque las probabilidades de que esto pase son muy bajas, como la realidad lo demuestra.

En algunos eventos llamados evangelísticos hay más entretenimiento que mensaje de salvación. Hay mucha música, dramas, habilidades oratorias y espectáculos que más bien tratan sobre lo que Dios puede hacer por los espectadores. Nos esforzamos tanto en alcanzar a más almas para Jesucristo que adornamos el mensaje. ¿Será que en el fondo queremos ser los que convenzan a la gente?

Nos lanzamos a la calle, entregamos folletos y solicitamos datos a las personas para contactarlas e invitarlas a nuestra congregación. Una vez que asisten, nos olvidamos de ellas, pese a que deberíamos hacernos responsables de ellas en todo el proceso. **El evangelismo informa, pero el discipulado transforma. Lo primero es la anunciación, lo segundo es la santificación.** Por eso, debemos acompañarnos los miembros de la iglesia durante nuestra vida en la tierra, más allá de compartir la verdad, siendo ejemplo de cómo vivir en ella, ayudándonos mutuamente a crecer en Jesucristo.

¿Por qué Jesús no tenía en mente hacer campañas o levantar ministerios? La idea no es hacer del evangelismo algo ocasional o trasladar la responsabilidad de todos a un puñado de entusiastas. El Señor quiere que las vidas de todos sus seguidores sean un vehículo del evangelio. Un buen discurso puede darlo cualquiera, discipular requiere dedicar tiempo a las personas, actuar a su favor, dar ejemplo y amarlas.

¿Por qué es tan importante para la iglesia evangelizar masivamente? Según nuestra experiencia es debido a que de esta forma se encuentra la oportunidad de enseñar pasajes de la Biblia sin el compromiso de ser congruentes. Se dice un mensaje sin necesidad de vivirlo. ¡No tengo que ser un discípulo para evangelizar! Si me preguntan por las cosas malas que hago, es fácil, debo pedirles que se fijen en Jesús, no en mí.

Si la misión de la iglesia fuera solamente divulgar el evangelio, lo más fácil sería imprimir folletos y repartirlos a la mayor cantidad de personas posible, colgar mensajes en internet y esperar a que los predicadores y los evangelistas entren en acción. El compromiso no se agota con el evangelismo, es apenas un paso en el arduo trabajo de hacer discípulos. En ello todos los creyentes participamos. Todos somos cartas escritas por Dios dirigidas al mundo. Para lograrlo, **todo evangelista debe ser un discípulo de Jesús y todo discípulo debe conocer a su Señor.** Si esto no fuera así sería como comprar una fórmula de crecimiento del cabello a un calvo.

Por eso, limitar el evangelismo a campañas masivas es ineficiente. El desesperanzado necesita ver el testimonio de la vida nueva entre los creyentes, porque sin evidencia del poder de Dios las palabras pierden su eficiencia. Esta es una de las contradicciones más importantes del evangelismo actual. Mientras que se cree y predica sobre un Dios personal que ama al ser humano, los portadores de este mensaje no amamos a las personas al evitar dedicarles el tiempo y energía requerida. Todos los creyentes debemos esforzarnos por vivir como hijos de Dios para dar a conocer al Dios del cual hablamos y, como escribió el apóstol Juan, el que dice amar a Dios debe amar también a su hermano.

Si está escrito que la tierra será llena del conocimiento de Jehová, ¿no deberíamos darlo a conocer con mucho más que palabras? Los creyentes hablamos de Dios como si fuera una celebridad, decimos tantas cosas sobre Él que hasta creemos saber algo de Él y en realidad no lo conocemos.

El evangelismo es la anunciación de Dios mientras que el discipulado enseña un conocimiento preciso sobre Dios. Es impensable que los primeros cristianos se dedicaran prácticamente de forma exclusiva a anunciar, como hace la iglesia contemporánea. No es casualidad que conozcamos con mayor frecuencia a personas que dicen ser hijos de Dios, pero cuyo comportamiento es de hijos del diablo. Creyeron el mensaje y hasta ahí se quedaron. Yo mismo viví así durante años y ahora veo este ciclo malicioso en otros.

Discipular es vivir el evangelio. La gran comisión consiste en compartir la buena noticia haciendo discípulos de tal forma que si evangelizamos sin cuidar, acompañar y enseñar a los nuevos creyentes hacemos una tarea incompleta. Se abundará sobre esto en el siguiente capítulo.

2.9 Evangelismo ineficaz

A principios de este tercer milenio tuvimos el privilegio de grabar un disco con unos amigos. Nuestra banda se llamaba "Filia". Mi hermano y yo escribimos la mayoría de las canciones y en algunas animábamos a los cristianos a vivir vidas consagradas a Dios, mientras que en otras contábamos historias de encuentros de personas con Jesucristo. Por este segundo grupo de canciones éramos invitados con frecuencia por todo tipo de iglesias con el fin de tocar en eventos evangelísticos. En el transcurso de dos años cantando en muchas ciudades de México presenciamos decenas de campañas. Gracias a esta experiencia musical, a nuestra participación en ministerios de evangelismo y a la labor que realizamos en restauración de iglesias locales, hemos podido identificar algunas erradas prácticas evangelísticas como las siguientes:

- Llamar a los asistentes a levantar la mano para repetir una oración de salvación, sin arrepentimiento de pecados, ni comunión con Dios por medio de la obediencia a sus mandamientos.
- Pedir a la gente creer en la muerte y resurrección de Jesús, sin reconocer su pecado.
- No hablar del Reino de los cielos (donde se hace la voluntad de

Dios en la tierra como en el cielo), sino de un evangelio incompleto de felicidad terrenal sin mortificación de la carne.

- Insistir en lo que Dios puede hacer por oyentes, hablando sólo de las promesas de la Biblia de forma descontextualizada, omitiendo las condiciones para ser objeto de ellas.

- Considerar miembros a entusiastas o simpatizantes del evangelio por haber hecho la oración del pecador, sin explicarlo con mayor exactitud después de ello.

- Fomentar que personas no arrepentidas de su pecado tengan comunión con la iglesia y responsabilidades en ella, dando mayor entrada al pecado en la congregación.

- Compartir el evangelio sólo para llenar la congregación y para alcanzar las metas numéricas establecidas a principios del año.

En nuestra labor de Consejería Bíblica hemos conocido una importante cantidad de casos de creyentes que se hicieron cristianos después de escuchar un mensaje en una actividad de evangelismo, pero la mayoría testifica no haber experimentado luego de ello un nuevo nacimiento ni en los siguientes años (con frecuencia, décadas). Tampoco fueron discipulados, lo cual nos hace pensar que muchos eventos evangelísticos buscan intensificar las emociones pretendiendo garantizar sólo manos levantadas al final de la predicación.

Muchas iglesias locales continúan imitando el modelo de evangelismo masivo para atraer nuevos asistentes. Conciertos, conferencias, dramas, todo se vale para atraer a las personas a los templos o a un foro. Al final es lo mismo, hacen el llamado a la gente que, conmovida con lo que vio y oyó, quiere recibir a Jesucristo. Preguntémonos si, con el afán de obtener un "buen resultado" en nuestra campaña suavizamos el mensaje para evitar ofender al pecador.

Otra mala práctica es tratar como a un cristiano al que hizo una oración para recibir a Jesús sin que nadie se haya encargado de discipularlo. Como se trata de un nuevo creyente tendemos a consentir su pecado para que no se vaya de la congregación. Después, sin comprobar realmente qué sabe de Dios, es reclutado para servir y ahí es cuando surgen los problemas.

Muchos predican que Dios ofreció a Jesús por nosotros por ser muy "especiales" para él. Dicen que Dios nos acepta como somos, pero no indican que lo hizo para expiar nuestros pecados y que por lo tanto espera nuestro arrepentimiento.

Eso le pasó a un joven de nuestra congregación, quien solía participar en cuanta reunión de la iglesia había. En un principio él escuchó y aprendió muchas cosas de la Biblia asistiendo a un buen número de predicaciones y cursos. Por su manera de hablar y su constancia todos pensábamos que era un ejemplo de conversión, excepto porque nadie le había explicado el evangelio de manera exacta. Un buen día nos dijo que la "religión" no era para él, luego de más de un año de haberse integrado a nosotros, dejó de ir al templo y se entregó a las borracheras. En ese entonces era muy difícil para nosotros entender cuál había sido el error. Ahora sabemos que es imposible tener fe si no se conoce ni entiende con precisión el evangelio. El joven simpatizó con nuestra fe mientras se sintió cómodo con ello, y cuando vinieron las pruebas ya no le halló sentido a ser cristiano.

Años de escuchar, aconsejar y discipular a creyentes nos condujo a identificar algunas razones por las cuales las personas acuden al cristianismo sin arrepentirse de su pecado:

- Encuentran algunas respuestas que dan sentido a sus vidas.
- Reciben con alegría la idea de un dios que los ama.
- Simpatizan con la existencia de una divinidad que está dispuesta a hacer lo que le pidamos.
- Sienten culpa por pecados pasados y creen que los expurgarán asistiendo al templo y adoptando una vida de religiosidad.
- Buscan el favor de dios cumpliendo con rituales y participando en actividades religiosas.
- Aprecian que las personas les hagan sentirse amados, aceptados e importantes.
- Creen que el propósito de la fe es que puedan ser mejores personas.

Ninguna de las razones descritas es una motivación correcta para ser cristiano, ninguna está relacionada con el evangelio y ninguna puede ser interpretada como una respuesta auténtica de fe al mensaje de la cruz.

Muestran más bien percepciones llenas de religiosidad porque ponen en el centro del evangelio a las personas, no a Dios.

En la actualidad, el falso evangelio habla de un Dios que es un medio para que el ser humano cumpla sus objetivos terrenales. No es necesario hablar de herejías. Es suficiente con hablar de las promesas pero callar acerca del pecado y sus consecuencias para centrar el evangelio en el hombre y no en Dios. Esto genera simpatizantes, no discípulos.

Los "convertidos contabilizados" —como les llamo yo—, son un número más en un reporte y su mayor acercamiento a la iglesia es asistir al templo a escuchar la predicación. Quizá algunos estudien mucho y se llenen de información, pero la usarán para ganar discusiones.

El evangelismo superficial no genera vida nueva, sino expectativas. Es lógico si consideramos que sólo se le dice a la gente que si creen en Dios recibirán prosperidad, que las cosas estarán mejor o que serán mejores personas con poco esfuerzo.

¡Cómo adorarán a un Dios que no conocen! ¡Permanecen como enanos espirituales toda su vida y requieren de aprender las mismas cosas una y otra vez! La causa de esto, además de la rebeldía, es la omisión de las verdades más importantes del evangelio.

Para ilustrar las consecuencias de un evangelismo ineficaz tomemos como ejemplo el caso de los integrantes del grupo de rock *Kings of Leon*, quienes no han ocultado su pasado cristiano. En el documental Talihina Sky: La historia de los Kings of Leon (2011), dirigido por Stephen C. Mitchell, cuentan que fueron hijos de un evangelista que luchaba contra su alcoholismo. En numerosas entrevistas describen una y otra vez cómo fue que se hartaron de la religiosidad predominante en su ambiente. Crecieron en un entorno lleno de prohibiciones y legalismo, el cual los hizo alejarse de ella. El vocalista, Caleb Followill, relata que estuvo a punto de enlistarse en el ejército de los Estados Unidos porque estaba harto de su vida aun cuando ya sabía de Jesús. Asimismo, en el artículo los hermanos cuestionan la pobreza en la que vivían siendo que su padre dedicaba su vida a Dios, y aseguran que la música fue la salida a la negativa de ser predicadores callejeros como su padre.

¿Alguien que conoce a Dios puede pensar así? Ciertamente no, pero esto ocurrió a cuatro jóvenes que crecieron en una familia cristiana, asistían los domingos al templo y veían de cerca el evangelismo.

Los músicos de la banda coinciden en recordar esos años con cariño, aunque todo lo relacionado con estar en el templo era aburrido y sin sentido. Ellos han declarado que la recaída de su padre en el alcoholismo y su posterior divorcio provocaron que se desilusionaran de la fe. Esto los llevó a pensar, según Caleb, que la naturaleza del pecador no es algo de lo que las personas deban avergonzarse, que Dios acepta ese hecho y que está bien ser "pecadores promedio".

El líder de la banda justificó que un creyente puede vivir pecando y continuar invocando a Dios. El cantante citó la Biblia donde dice que el corazón de David era conforme al de Dios a pesar de haber sido adúltero y homicida. Así concluyó que para Dios está bien que continuemos pecando porque es nuestra naturaleza. Además asegura tratar de ser un buen hombre, buscar a Dios y aceptar el hecho de que es pecador y de que continuará pecando porque Dios lo seguirá amando.

Estos ejemplos nos exhortan a reconocer que realmente necesitamos conocer a Dios para comunicar el mensaje de salvación fiel y eficazmente. Tenemos que darlo a conocer tal como se ha revelado.

2.10 Evangelismo templocéntrico

El objetivo del evangelismo es llevar a la gente a Jesucristo, no a un templo. Por lo común, las estrategias de evangelismo están diseñadas y pensadas para que una persona forme parte de una iglesia. Cuando nuestro objetivo es ese, daremos por terminada nuestra tarea una vez que el creyente asista regularmente a las reuniones y actividades programadas de la congregación; pero eso no es el propósito de la iglesia de Jesucristo, como lo hemos visto hasta ahora.

¿Cómo saber si lo estamos haciendo bien? Veamos. Si tu congregación dedica sus recursos (tiempo, dinero, ministerios, voluntarios, programas y actividades) o buena parte de ellos en estrategias dirigidas a atraer a su edificio a los asistentes a campañas evangelísticas, para que quienes recibieron el testimonio y hayan creído se bauticen y, como resultado de su fe, se congreguen en la iglesia local; pero una vez que se congregan, invierte muy poco o nada en ayudarlos a conocer al Dios del cual se les habló, entonces su evangelismo es templocéntrico.

En cambio, el evangelismo es eficaz cuando la mayoría de los recursos son destinados a que creyentes ayuden a otros creyentes a conocer al Dios verdadero, como se ha explicado aquí, con el fin de que ellos hagan evangelismo con familiares, vecinos, compañeros de escuela, colegas de la oficina y en todo lugar; para que quienes recibieron el testimonio y hayan creído se bauticen y, como resultado de su fe, se congreguen con la iglesia local, donde ahora ellos serán discipulados, esto es, acompañados por cristianos más maduros que les ayudarán a conocer mejor al Dios en el que han puesto su esperanza, creciendo juntos en madurez y santidad como consecuencia de ello. Esta iglesia no depende de un edificio para llevar a cabo su comisión y su vida no se limita a sus cuatro paredes.

El colmo es cuando nuestra manera de compartir la fe con las personas que conocemos se reduce a invitarlas al templo para que el predicador les comparta el evangelio por nosotros. Esto también se debe al miedo de recibir preguntas que no sabremos responder. Pero si los miembros de la iglesia se limitan a llevar gente al templo para que al final de la prédica hagan la oración del pecador entonces hablamos de evangelismo templocéntrico.

El éxito del evangelismo templocéntrico es medido por el número de asistentes al evento, las manos levantadas de personas que quieren recibir a Jesús como su Salvador y la cantidad de personas dispuestas a bautizarse y a reunirse cada domingo, y quizá dispuestas a servir en algún ministerio. En cambio, **el éxito de una vida que testifica de palabra y de hecho no tiene metas cuantitativas, es ser instrumento en la rendición de una vida a Jesucristo.**

Hemos atestiguado que la liturgia del culto y el evangelio mismo son modificados para hacer sentir cómodos a los incrédulos y a los simpatizantes. Queremos que se salven sin confrontarlos con su pecado. Con el fin de atraer a los no creyentes a los templos los predicadores utilizan términos más neutrales para evitar ofenderlos. Ya no hablan de pecado, sino de errores; ya no de arrepentimiento, sino de un nuevo comienzo; no de abandonar el pecado y vivir en la verdad, sino de observar rituales.

En nuestra experiencia en Restauración de Iglesias, el evangelismo templocéntrico tiene como fin mantener a las personas interesadas en acudir al edificio, pero no se preocupa en cultivar su comunión con Dios y su crecimiento espiritual porque ello implicaría confrontarlas con su pecado y llamarlas a perseverar en la fe, razones que usualmente reducen la asistencia.

¿Por qué es tan importante distinguirlo o saber que lo practicamos y sus consecuencias? Porque corrompemos el propósito de las iglesias al pretender que el mundo vaya hacia ellas, en vez de que ellas vayan al mundo a predicar y a demostrar cómo el evangelio los hizo nuevos en los méritos del Señor Jesús, quien tiene autoridad sobre todo, empezando por sus discípulos.

2.11 Falsos evangelios

"Nuestra predicación no se origina en el error ni en malas intenciones, ni procura engañar a nadie. Al contrario, hablamos como hombres a quienes Dios aprobó y les confió el evangelio: no tratamos de agradar a la gente sino a Dios, que examina nuestro corazón. Como saben, nunca hemos recurrido a las adulaciones ni a las excusas para obtener dinero; Dios es testigo. Tampoco hemos buscado honores de nadie; ni de ustedes ni de otros" (1 Ts. 2:3-6).

De acuerdo con la opinión de una empresaria por nosotros conocida, los clientes generalmente no saben lo que quieren y las empresas deben decirles qué escoger. Se trata de la mercadotecnia. Esta área de especialización se ha convertido en la varita mágica para crear en la mente de los consumidores el deseo de tener cosas que no necesitan para solucionar problemas que no tienen.

De la misma manera, algunos predicadores y congregaciones buscan adecuar el mensaje a los oyentes, a sus necesidades, deseos, expectativas y problemas. **El centro del falso evangelio es el ser humano y no Jesucristo.** Usan la Biblia para ser mejores personas, superar momentos difíciles de la vida, obtener inspiración y ánimo, tener paz interior o desarrollar su espiritualidad, no para conocer y adorar a Dios.

El evangelio centrado en nosotros mismos es como las filosofías de moda, pues nos dice lo que ganamos a cambio de una creencia supersticiosa. Varios ministros, evangelistas, cantantes y creyentes dicen que Dios tiene un propósito maravilloso para nuestras vidas que, sorprendentemente, no es conocerle, sino que satisfaga nuestros anhelos. Los falsos maestros hablan de lo que Dios puede hacer por ellos. Se la pasan citando las promesas bíblicas sin importar si fueron dirigidas a Moisés, Josué o David en particular, seduciendo a los sensuales.

Hemos convertido las congregaciones en las agencias de publicidad y relaciones públicas de Dios. A través de estrategias de imagen y mercadotecnia difundimos información que resalta cualidades de Dios con el fin de que el mundo le dé su preferencia, como si fuera una empresa, producto o partido político. Los creyentes estamos tan afanados porque el mundo vea con buenos ojos a Dios, que le hacemos publicidad a la medida de las preferencias de las personas.

El evangelio centrado en el ser humano dice que Dios dio a su Hijo en sacrificio porque somos "especiales" como si fuésemos merecedores de gracia, pero en realidad, Dios sujetó a todos a la desobediencia, con el fin de tener misericordia de todos (Ro. 11:32). Así fue como nos amó. Por tanto no nos enorgullezcamos de nada, pues no merecíamos que El Justo diera su vida para expiación de los injustos. Más bien, reconozcamos el sacrificio de Jesucristo nos muestra cuan insondables son los juicios de Dios e inexplicable su misericordia.

La "oración de fe" u "oración del pecador" para recibir a Jesucristo en el corazón, dicen muchos predicadores, tiene su fundamento bíblico en Romanos 10:9: *"Esta es la palabra de fe que predicamos: que, **si confiesas con tu boca** que Jesús es el Señor y **crees en tu corazón** que Dios lo levantó de entre los muertos, serás salvo".*[43]

---

43 El énfasis es propio.

Algunos predicadores aseguran que al pronunciar una oración se alcanza la salvación *completa*. Analicemos. Al leer el contexto entorno a "confesar con la boca", el apóstol Pablo no se refería a repetir una frase inspiradora, ni a un simple "estar de acuerdo" respecto a "creer en el corazón". No es suficiente con aceptar intelectualmente la idea de que Jesucristo es el Salvador, él debe ser nuestro Señor en los hechos, lo cual se logra sometiendo nuestra voluntad a la suya. Que Jesús sea nuestro Señor supone una transformación innegable en nuestra vida con frutos de arrepentimiento que evidencien que "hemos creído en el corazón". Creer implica acción pues, *"¿de qué le sirve a uno alegar que tiene fe, si no tiene obras? ¿Acaso podrá salvarlo esa fe?"* (Sgo. 2:14).

Es necesario reconocer que la salvación es inseparable del Señorío de Jesucristo. Filipenses 2:9-11 da cuenta de esto al señalar que *"...* ***Dios lo exaltó hasta lo sumo*** *y le otorgó el nombre que está sobre todo nombre, para que ante el nombre de Jesús se doble toda rodilla en el cielo y en la tierra y debajo de la tierra, y toda lengua confiese que Je-* ***sucristo es el Señor****, para gloria de Dios Padre"*. [44] En virtud de su obediencia, fue el Padre mismo quien otorgó el Señorío a Jesús. No fue un profeta ni un gobernante quien ungió a Jesús como Rey de reyes, fue Dios Padre quien desde la eternidad le dio toda autoridad. Por lo tanto, como creyentes no estamos en la posición de elegir salvación sin Señorío. El creyente es salvo si reconoce tal Señorío y demuestra con sus frutos que, en efecto, su corazón creyó para justicia y su boca pronunció para salvación.

El ladrón crucificado junto a Jesús no tuvo oportunidad de demostrar su fe, sino sólo de manifestarla. Sin embargo alcanzó salvación. Simplemente le bastó confesar con su boca, pero lo que hizo el malhechor no fue decir una oración, sino arrepentirse de su pecado y suplicar a Jesús que se acordara de él. Frente a muchas personas y ante el escarnio del otro ladrón, crucificado también en un madero junto con ellos, reconoció ser un pecador y abrazó la justicia de Jesús en los últimos suspiros de su existencia.

---

44 El énfasis es propio.

El teólogo Wayne Grudem es uno de tantos que describe la salvación como un proceso que: comienza en la mente de Dios con la elección; sigue con el llamado al arrepentimiento al recibir el conocimiento del evangelio; se combina con la obra del Espíritu en el creyente para regeneración o nuevo nacimiento; se manifiesta en la conversión mediante la fe y el arrepentimiento; se cambia el estado legal del creyente de condenado a perdonado y justificado por los méritos de Jesucristo; lleva a cabo la adopción como hijo de Dios, lo cual produce santificación y hacer las obras de Dios como sus hijos; que al mantenerse a lo largo del tiempo se le llama perseverancia; que al ser pausado por la muerte del cuerpo culmina en la glorificación, hecho que garantiza estar por siempre en la presencia de nuestro Dios y Señor.[45]

Siguiendo este orden de ideas, Barth dice sobre Romanos 10:9-10 que, para alcanzar la promesa de salvación, la condición es el sometimiento a la justicia de Dios que rechazamos continuamente, y que el confesar que Jesús es el Señor no tiene que ver con la boca, en alusión a lo que se dice o se puede llegar a decir.[46] El impacto de esta confesión se ve en las consecuencias: la proclamación del Señorío de Jesucristo en todo y en todos se origina en la vida de aquél que le confiesa con tal autoridad, a la cual se sujeta enteramente.

Malinterpretar los versos citados podría conducir a la predicación de un falso evangelio en el que es suficiente con simpatizar con la idea de que Jesús murió por nuestros pecados. Al ejercer la Consejería Bíblica hemos comprobado que la práctica constante, deliberada y obstinada de pecados está relacionada muy frecuentemente con la convicción de haber obtenido la salvación, instantánea y completamente, al hacer una oración. La Biblia identifica esta condición como convertir la gracia en libertinaje, comportamiento que niega la autoridad de Jesús (Judas 1:4).

A riesgo de simplificar en pocas líneas el análisis sobre la obra salvífica de Jesucristo, queremos asentar que la salvación plena no es algo que se obtenga instantáneamente con una oración sino mediante la

45 Cfr. Wayne A. Grudem, *op. Cit.*, págs. 281-359.

46 Cfr. Karl Barth, *op. Cit.*, págs. 452-453.

perseverancia en la fe sabiendo que el que comenzó la buena obra en nosotros, la perfeccionará cuando Jesucristo se manifieste al mundo por segunda vez.

La doctrina de Jesús y los apóstoles siempre insiste en perseverar en la fe hasta hacer efectiva la promesa de la salvación. Al hablar de salvación es inevitable pensar en Jesús animándonos a permanecer en él para que él permanezca en nosotros, por cierto, la única manera de dar fruto (Jn. 15:4-5). Dicha doctrina encuentra sustento en la Palabra misma.[47]

Otros predicadores tienden a querer amoldar a Dios a ellos y no se han querido amoldarse ellos a Dios. Los engañadores dicen que el dinero, las posesiones, el éxito y la prosperidad son la manifestación de la bendición de Dios. Sin embargo, lo que ha provisto para sus hijos trasciende las cosas que, por más tesoros que sean, se corrompen por ser terrenales. De hecho, somos exhortados a no hacer tesoros en la tierra (Mt. 6:19-21).

No obstante, muchos enseñan que Dios es dueño de todo, del oro y de la plata, y pervierten la Escritura diciendo que por ser sus hijos Él debe darnos posesiones materiales y riquezas. Por el contrario, siendo el dueño de todo vivió sin poseer más que la túnica y el manto que vistió. Si bien es cierto que en la antigüedad Jehová prometió como bendición a quienes le temían abundancia de comida, salud, longevidad, riqueza, posesiones y descendencia, una vez que el Señor reveló más precisamente las cosas espirituales la prosperidad terrenal dejó de ser la promesa para que la vida eterna se convirtiera en el galardón dado a los que guardaran sus mandamientos.

A algunos se les da mucho y a otros se les da poco. En ambos casos reciben sabiduría para administrarlo, aunque conforme a su capacidad (Mt. 25:14-15). De ninguna manera quienes tienen más es porque son más bendecidos o espirituales. En todo caso Jesús nos enseña a poseer y a no ser poseídos, a no ser que sea por su Espíritu. Él mismo, siendo el Señor de todo, se humilló como un siervo para reconciliarnos con el Padre, ¡cómo no renunciar a lo que nos da seguridad en esta vida y a la vida misma para entrar a la venidera, que es plena y eterna!

---

47 En el capítulo tercero explicamos más este punto para aportar una aplicación al discipulado.

Entre las doctrinas que los falsos maestros predican se encuentra la de declarar o decretar cosas para que ocurran. La confesión positiva no es una doctrina bíblica. La gente prefiere declarar cosas y creer que se harán realidad porque no desean someter su voluntad a la de Dios. Se trata de una perversión del evangelio al combinarlo con enseñanzas orientales que en este tiempo han sido recicladas por el mundo y, ahora, hasta por la iglesia. Jesús mismo oraba al Padre para sanar al enfermo. Él podría haber decretado, en cambio, se sujetó a la soberana voluntad de Dios para enseñarnos obediencia. Declarar o decretar es poner la fe en las palabras, no en Dios.

Cuando Jesús dio potestad a los setenta discípulos que envió a anunciar el reino de Dios a las ciudades a las que fueron enviados no se la dio a todos los discípulos que tenía. Los dones como el de sanidades o milagros no eran reclamados por todos los creyentes, sino que el Espíritu los repartía como él quería. Ahora sabemos que los milagros tenían siempre un propósito, el de que Dios recibiera la gloria, y luego de cada prodigio de Dios leemos que la gente presente lo adoraba y creía en él.

Hoy en día, en las redes sociales es común leer que supuestos cristianos digan cosas como "hoy reclamo bien para mí y éxito en mi trabajo, atraigo lo bueno, nada malo me pasará y declaro prosperidad sobre mí y sobre mi casa en el nombre de Jesús". ¿Y si Dios quiere probarte para purificar tu fe? ¿Le pondrás estorbo? ¿Le dirás qué hacer o qué es mejor para ti? Estas afirmaciones suplantan la soberanía que pertenece únicamente a Dios. Decretar no es fe, es rebelión al querer ser dioses ellos mismos. *"Más bien, debieran decir: 'Si el Señor quiere, viviremos y haremos esto o aquello'. Pero ahora se jactan en sus fanfarronerías. Toda esta jactancia es mala" (Sgo. 4:15-16).*

Predicadores animan continuamente a la gente a reclamar las promesas de la Biblia. Citan versículos como "nada puede separarnos del amor de Dios; todo ayuda a bien a los que aman a Dios; Jehová es nuestro pastor y nada nos faltará; si Dios es por nosotros nadie puede estar en nuestra contra; somos más que vencedores"; o que lo que pidamos nos será concedido, así como otras muchas frases de aliento. No hablan de quiénes son los que han de recibir las promesas y cómo lo lograrían, sino nada más de reclamar las bendiciones para recibirlas. La superstición no es fe. Omiten que el cumplimiento de cada promesa tiene como detonante la obediencia y la santidad. Pero la gente quiere la bendición sin el sacrificio.

Las promesas están destinadas para los que perseveran en la fe, no son para necios egoístas confiados en sus inexistentes méritos, incapaces de dar la adoración que Dios merece. Nos enseñan a admirar a quienes en la Biblia "reclamaron promesas, conquistaron reinos y cerraron bocas de leones", pero esos héroes despreciaron su patria terrenal por anhelar la eterna, viviendo como extranjeros en este mundo y obedeciendo a Dios. La palabra enseña que no tenemos aquí una ciudad permanente, sino que buscamos la por venir (He.13:14).

Los falsos maestros trabajan por reconocimiento y dinero de manera que no hacen nada si no hay paga. Los gurús contemporáneos de la espiritualidad predican sobre el amor, la paz, la bondad, la plenitud y el perdón, pero callan sobre el pecado, la condenación y la verdad. No entienden que para obtener vida hay que beber de la fuente de la vida, que es Jesucristo. En lugar de ello, los que llevan el falso evangelio rechazan la fuente de agua viva y construyen sus propias cisternas agrietadas, que no retienen el agua.

Al leer las advertencias de los apóstoles sobre no creer a otro evangelio que no sea el de la cruz pareciera que procuran prevenirnos para evitar fábulas inconcebibles. Sin embargo, el engaño es mucho más sutil, se predica en nuestras congregaciones y ni siquiera lo identificamos. Pablo expresó a los tesalonicenses que quienes no obedecen el evangelio del Señor serán castigados y les pidió no despreciar las profecías, sino someterlo todo a prueba. ¿Qué sucede cuando más y más creyentes creen casi todo lo que se les enseña y no lo prueban con las Escrituras?

"Estos eran de sentimientos más nobles que los de Tesalónica, de modo que recibieron el mensaje con toda avidez y todos los días examinaban las Escrituras para ver si era verdad lo que se les anunciaba" (Hch. 17:11).

Para concluir, hay más mentiras que, sea por doctrina o por práctica, muchas congregaciones abrazan. Todas tienen el objetivo de desviarnos del propósito del evangelio para evitar nuestra redención. Pero nosotros tenemos que hacer un alto en el camino como iglesia de Jesucristo y ¡em-

pezar por el principio! Si no hemos creído ni predicado el evangelio verdadero, ¡tenemos que arrepentirnos! Si no hemos perseverado en la fe,
¡tenemos que arrepentirnos! Si no hemos buscado a Dios con un corazón
contrito y humillado, como el de Jesús en el Getsemaní, ¡tenemos que
arrepentirnos! Y si hemos apagado al Espíritu en nosotros, tenemos que
arrepentirnos y volver a nuestro primer amor.

2.12 Más que palabras, vidas transformadas

*"Porque a los que Dios conoció de antemano, también los predestinó a ser
transformados según la imagen de su Hijo, para que él sea el primogénito
entre muchos hermanos" (Ro. 8:29 RVR1960).*

Dios nos llamó, nos escogió y nos regeneró para ser como Jesucristo.
Si no estamos en camino de serlo, quizá sólo seamos simpatizantes. En sus
cartas, Pablo les recuerda a las iglesias cuánto se han sacrificado para que
crean, el amor con el que fueron consolados, las buenas obras hechas para
ellos, su profundo deseo para que se mantengan firmes en la fe, su intensa
intercesión por ellas y el reto constante de que lo imiten como él imita
a Jesucristo. Ese es el evangelismo que redunda en el discipulado, el de
creyentes que invierten su vida en las personas a las que predican, les dan
ejemplo que imitar y las acompañan para perseverar y no desanimarse.

La única forma en la que los incrédulos sepan quién es Dios y le
conozcan es viviendo como Jesucristo y hablándoles del evangelio que
el Padre encomendó: el arrepentimiento de pecados como evidencia de
la fe en Jesucristo para salvación. Sí, usemos los maravillosos recursos
a nuestro alcance para que la gente escuche el mensaje, pero necesitan
ver a Jesús y a Dios en nosotros y entre nosotros a través del amor que
nos tenemos.

Evitemos volvernos tan sofisticados en nuestro conocimiento bíblico que perdamos la sensibilidad para comunicarnos con los inconversos.
Recordemos que alguna vez fuimos uno de ellos para anunciarlo con la
misma sencillez con la que Jesús lo hizo. Cuando los creyentes pierden
el contacto con los no creyentes olvidan que ellos necesitan escuchar los

rudimentos de la fe y se dirigen a ellos con palabras y conceptos que no pueden entender.

La conversión es el objetivo del evangelismo y un punto de partida para el discipulado, esto es, procurar vidas transformadas a la imagen de Jesucristo. La conversión es un evento único en la vida, pero la práctica del arrepentimiento, la justicia y la santidad es permanente.

No se recibe a Jesucristo en el corazón para vivir como se desee, se le hace Señor de la vida. ¿No hay vidas transformadas por recibir a Jesucristo? El problema no es la semilla, son nuestras pervertidas técnicas para sembrar y es la tierra. Sí, hablemos de la vida eterna que comenzamos a experimentar. Sí, hablemos del Salvador Jesús. Sí, también hablemos de cómo experimentamos el Señorío en nuestras vidas.

Nuestro evangelismo debe llevar a la gente a conocer a Dios y a Jesucristo mediante las acciones concretas de obediencia. Su objetivo no puede limitarse a obtener una declaración del tipo "Jesús, te invito a entrar en mi corazón, te acepto como mi Salvador y reconozco como Señor de mi vida." Serán palabras huecas mientras no se demuestre con la voluntad que son creídas y se esté firme en esa verdad.

"En consecuencia, ya que hemos sido justificados mediante la fe, tenemos paz con Dios por medio de nuestro Señor Jesucristo. También por medio de él, y mediante la fe, tenemos acceso a esta gracia en la cual nos mantenemos firmes. Así que nos regocijamos en la esperanza de alcanzar la gloria de Dios" (Ro. 5:1-2).

Si hemos abrazado la gracia de nuestro Señor, mantengámonos firmes en ella. **Debemos ser un testimonio de obediencia a Dios y de la obra transformadora del Espíritu Santo.** Para hablar a los incrédulos e inconversos sobre este milagro debemos haber emprendido una gran transformación en nuestra vida al haber vivido en carne propia el poder regenerador del Espíritu que renueva, sana y limpia lo que nosotros como pecadores no podemos renovar, sanar ni limpiar. El creyente es testigo de que el Espíritu lo perfecciona para dejar de vivir según su carne al fortalecerlo cuando es débil.

Evangelizar no es hablar a otros de conceptos bíblicos ni sostener debates religiosos interminables. Lo que Dios ha hecho en nuestras vidas es una carta de parte de Él para la gente, según Pablo le dijo a los corintios ¿Qué dicen esas cartas? ¿Hablan de Dios o de nosotros?

El evangelismo, más que decir "voy a orar por ti" es "¿qué puedo hacer por ti?; en lugar de "Dios puede ayudarte" es "Dios quiere que yo te ayude"; además de "Jesús te ama" también es "yo te amo". El evangelismo es vivir en justicia, por eso va mucho más allá de las palabras. El mundo gime porque les demos a conocer a Dios.

En la Carta a los Romanos, capítulo12, encontramos las características de una vida transformada, la evidencia de la nueva vida que es posible en el Espíritu. El que se dice hijo de Dios ofrece su vida en sacrificio vivo, santo y agradable a Dios; no se amolda al mundo actual; es transformado por la renovación de su mente (obteniendo la de Jesucristo); comprueba que la voluntad de Dios es buena, agradable y perfecta; no tiene un concepto más alto de sí mismo que el que debe tener; tiene comunión con el cuerpo de Jesucristo, que es la iglesia; ejerce sus dones; ama sincera y fraternalmente, respetando y honrando; aborrece el mal y se aferra al bien; es diligente con sus responsabilidades, nunca perezoso; sirve al Señor con fervor; se alegra en la esperanza; muestra paciencia en el sufrimiento; persevera en la oración; ayuda a los necesitados; practica la hospitalidad; bendice a quienes buscan su mal, en vez de maldecir; se alegra con los que están alegres y llora con los que lloran; vive en armonía con los demás; no es arrogante; es solidario con los humildes; no se cree que es el único que sabe ni confía en su propia prudencia; no paga a nadie mal por mal; procura hacer lo bueno delante de todos; hace todo lo posible por vivir en paz con todos; no hace venganza; actúa en favor de su enemigo; vence con el bien el mal.

¡Esa es la descripción de los frutos dignos de arrepentimiento a los que se refería Juan el Bautista! Y ¡ésta es la iglesia útil que anuncia la Palabra! No por obra de elocuencia humana, sino por obra de la inspiración de Dios mediante su Espíritu.

Quien vive así puede compartir el evangelio con palabras y con el poder del testimonio de lo que Dios ya hizo en él. Hacer el bien para combatir el mal no es posible dejando de obrar injustamente, sino obrando con justicia, amor y compromiso. Se combate al mal al dejar de practicarlo, y principalmente, haciendo el bien. ¿Acaso con intentar abstenerse de mentir alguien ha logrado decir la verdad? ¿No es decir la verdad la mejor manera de dejar de mentir? ¿Alguno ha obtenido un beneficio por procurar abstenerse de pecar? Así que viviendo de esta manera damos a conocer a Dios y damos testimonio de que somos sus hijos. Tal evangelismo es predicado por discípulos de Jesús que trastornan al mundo.

CAPÍTULO 3

HACIA UNA CULTURA
DEL DISCIPULADO

"Luego dijo Jesús a sus discípulos:—Si alguien quiere ser mi discípulo, tiene que negarse a sí mismo, tomar su cruz y seguirme" (Mt. 16:24).

Como expusimos en el primer capítulo, la cultura posmoderna incentiva el pensamiento de que cada persona defina sus parámetros sobre lo bueno, lo justo, lo verdadero y lo aceptable. Esto es comprensible ya que en esta cosmovisión se anula la posibilidad de la verdad absoluta, habiendo erradicado primero la existencia de la única fuente de donde podría provenir: Dios.

Nuestras sesiones de consejería bíblica y procesos de restauración de relaciones e iglesias han revelado que la cultura posmoderna ha permeado en las iglesias. Muchos identificados como cristianos se tienen a sí mismos como el fundamento y justificación de su conducta —por ejemplo sus ideas personales sobre el bien y el mal, sus sentimientos o sus instintos, sus experiencias pasadas—, en lugar de hacer de las Escrituras su norma de fe y comportamiento.

Según atestiguamos, lo anterior obedece a dos patrones comunes: ignorancia del evangelio[48] y relaciones superficiales con la iglesia. ¿Cómo contrarrestarlo? Instaurando la cultura del discipulado en nuestras congregaciones. En este contexto, con cultura nos referimos al conjunto de conocimientos y costumbres de las iglesias; mientras que discipulado significa las doctrinas y prácticas de los cristianos, aquellos que son hechos hijos de Dios porque testifican la vida nueva que el Padre ha producido en ellos al darles de su propia naturaleza espiritual para hacer lo bueno y lo justo.

Que la iglesia local ejerza la cultura del discipulado es una manera de decir que sus miembros son discípulos de Jesucristo porque conocen la doctrina del Maestro, la ponen en práctica y enseñan a otros a hacer lo mismo. Meditémoslo un poco. Si al ser y hacer discípulos (Mt. 28:19-20) somos y hacemos iglesia, es crucial que seamos gobernados por la verdad divina y no por deseos, necesidades e instintos. De esta forma transmitiremos de generación en generación la voluntad de Dios para sus hijos y para la humanidad. ¿Qué podemos prever que ocurra si quienes se supone debemos ser discípulos del Señor en realidad somos sus simpatizantes? La respuesta es evidente. Haremos más simpatizantes en cada generación.

En el capítulo anterior concluimos que si no predicamos y vivimos el evangelio, y si llevamos a cabo malas prácticas de evangelismo, estaremos errando y estaremos muy lejos de reproducir la cultura del discipulado bíblico. ¿Por qué sufren las iglesias locales? Por ignorar el evangelio y por comunicarlo deficientemente. También, al impartir un evangelio correcto doctrinalmente hablando, sin enseñar obediencia. Esto ha dado lugar a afirmar que ser cristiano es únicamente pertenecer a una iglesia o denominación, o que el "discipulado" es la escuela dominical o el instituto bíblico, cuando en realidad es oír el evangelio y hacer lo que hemos creído.

---

48 "Ignorancia del evangelio" supone desconocimiento del evangelio por carecer tanto de la información doctrinal como del conocimiento espiritual provisto por el Espíritu, ambos necesarios para vincular lo que se cree con su aplicación en todas las áreas de la vida. Un simpatizante del cristianismo es, por lo general, un "ignorante del evangelio" debido a que, a pesar de tener información sobre el perdón del Padre mediante el sacrificio expiatorio de Jesucristo, es incapaz de perdonar por no comprender la relación entre una cosa y la otra.

Esta realidad, que hemos llamado *La aritmética de la fe*, la ilustramos de manera gráfica en la siguiente tabla:

Tabla 2: La aritmética de la fe			
Valor 1	Operación	Valor 2	Resultado
oír	sin (–)	hacer	simpatizar / simpatizante
hacer	sin (–)	oír	superstición / supersticioso
hacer	por (x)	hacer	religiosidad / religioso
oír	por (x)	oír	curiosidad / curioso
oír	más (+)	hacer	discipular / discípulo

Establecer una cultura de discipulado nada tiene que ver con un programa institucional, organizacional, corporativo o educativo, sino con crear las condiciones que favorezcan la acción del Espíritu Santo en la iglesia y que, como resultado, otros vean a Jesucristo en ella. Tales condiciones son:

1) Llevar al evangelio a toda persona
2) Tener fe como punto de partida
3) Vincular el evangelio con el discipulado
4) Discipular: lo que hacemos los unos a los otros
5) Hacer del consejo bíblico la materia prima
6) Juzgar como una sagrada labor
7) Conocer a los congregantes
8) Identificar a los falsos maestros, herejes y apóstatas
9) Observar que las obras reflejen lo que somos
10) Perseverar para salvación

Este listado no refleja un orden en particular y no debe ser visto ni seguido como un proceso que deba comenzarse en el primer inciso y finalizar en el décimo. La cultura del discipulado se compone y se caracteriza por las acciones mencionadas, pero no pretende ser definitivo ni agotarse aquí. Conseguir la práctica de estos aspectos del discipulado podría depender y variar de congregación en congregación, su contexto y circunstancias específicas.

En este capítulo detallamos cada componente de esta cultura y cómo instaurarla en la iglesia local útil a los propósitos de Dios para sus hijos y el mundo. Después de ello, explicamos el papel de *los círculos íntimos y las redes de discipulado* como una forma de organizar el funcionamiento de lo expuesto en este capítulo, y finalizamos al aclarar lo que es y no es la cultura del discipulado.

3.1 Llevar al evangelio a toda persona

El Señor llamó, regeneró, capacitó, y envió a sus discípulos por amor a los que habrían de creer en él por la palabra de ellos, y no sólo por lo que hablarían, sino también por lo que testificarían (Jn. 17:20-21). La iglesia local podría conocer, entender y vivir en la verdad, pero si no hace su parte en el plan redentor de la humanidad es rebelde al obstaculizar que otros puedan creer. Al predicar en el mundo, los creyentes quedan expuestos al juicio de los incrédulos, quienes sopesan la congruencia entre el mensaje recibido y la evidencia de que la iglesia es una entre sus miembros y con Dios.

Para ello hay que sacar de la vitrina la doctrina del Maestro, para pasar de la contemplación a su práctica. No se habla aquí de no estudiar la doctrina, se habla de conocerla y usarla. Muchos falsos maestros tienen un concepto errado de lo espiritual y aseguran que el evangelio no es cosa de estudio ni de la mente porque se cree con el corazón, sin pensar. Sin embargo, Jehová se reveló a nuestras mentes, nos ha dado información con el fin de relacionarnos con él al conocer su carácter, sus planes y poder. De hecho, su Espíritu renueva las mentes de sus hijos (Ro. 12:1-2) haciendo posible que nuestros deseos y comportamientos sean santos como él es Santo. En adelante nuestras decisiones están gobernadas por la verdad que hallamos en la Biblia, y para lograrlo es necesario meditar en ella. Ser espiritual no es dejar de pensar y apagar el cerebro, al contrario, es pasar de la necedad (Ro. 1:19-21) al conocimiento de Dios por la fe (He. 11:3; Jer. 24:7; 1 Co. 2:14).

"Jesús se dirigió entonces a los judíos que habían creído en él, y les dijo: —Si se mantienen fieles a mis enseñanzas, serán realmente mis discípulos" (Jn. 8:31). Somos discípulos si permanecemos en Jesucristo, aun cuando hay cosas que no comprendemos del todo. La iglesia misma no lo sabe todo, sino lo que le ha sido revelado. Pero el Espíritu da a conocer al Padre porque necesitamos la libertad que nos permite buscarle, obedecerle y mantener nuestra confianza en él y en que cumplirá sus promesas.

Se habrá fracasado si el objetivo de evangelizar es el reclutamiento de asistentes para actividades eclesiásticas y para alcanzar metas numéricas de personas "convertidas". La cultura del discipulado, en cambio, dirige a las personas a Jesucristo, no a un edificio. **¿De qué sirve que alguien asista al templo si la persona no imita al Señor y si no vive de toda palabra que sale de la boca de Dios?**

Evangelizar es guiar a conocer a Dios y a conocernos a nosotros mismos ante la Palabra misma que nos confronta. Por ello, Job pudo decir "me aborrezco"; Pedro, "apártate de mí que soy pecador"; y Saulo de Tarso "Señor, ¿qué quieres que haga?". La respuesta que debemos esperar es la de un corazón contrito y humillado, que reconozca su corrupción y maldad, aprecie la santidad del Padre y reconozca su necesidad de reconciliación con Él.

Ser y hacer discípulos es el centro de nuestra actividad en el mundo: llevamos personalmente el mensaje de reconciliación amando a cada uno como Jesús nos ha amado; asimismo, cumplimos nuestra misión colectiva al colaborar en que cada miembro de cuerpo sea un verdadero creyente en el evangelio, alguien cuya vida impacta a quienes lo rodean, como lo describe Pedro:

"Porque esta es la voluntad de Dios: que, practicando el bien, hagan callar la ignorancia de los insensatos. Eso es actuar como personas libres que no se valen de su libertad para disimular la maldad, sino que viven como siervos de Dios. Den a todos el debido respeto: amen a los hermanos, teman a Dios, respeten al rey" (1 Pe. 2:15-17).

La historia de la iglesia está salpicada de testimonios de hombres decididos a hacer la voluntad del Señor y a romper con las inercias de religiosidad (pecado, reticencia a romper con la comodidad y estabilidad que da mantener el estado actual de las cosas, aferrarse al prestigio, la hipocresía, conceptos errados, falta de humildad y examinación personal, rebeldía, ignorancia y rechazo de la verdad, idolatría, entre otros). Llevarlo a cabo requerirá, en un primer momento, del esfuerzo de los ancianos, pastores y ministros a vivir ellos mismos al evangelio para llevar a otros a él. Además trabajarán en dilucidar sus doctrinas, prácticas, costumbres y tradiciones –su cultura– a la luz de la Biblia, no sin antes haber buscado a Dios en oración clamando por perdón y dirección.

Para instaurar una cultura del discipulado...

- *Ore* por las personas a quienes comunicará el evangelio, sea que se reúnan con la iglesia o no. Si no las conoces ore pidiendo sabiduría y palabra para quienes el Espíritu ponga en su camino.
- *Asegúrese* de que cada creyente de la iglesia escuche el evangelio tal como fue predicado por Jesús y sus apóstoles. Se sorprenderá al saber cuántos lo ignoran.
- *Analice* la cultura de su iglesia local a la luz del evangelio, no de sus gustos.
- *Recuerde* que la cultura de discipulado se establece creyente por creyente, empezando por los espirituales, aquellos con fe, con hambre de la palabra de Dios y sed de justicia, en otras palabras, con disposición a la obediencia. Así la cultura del discipulado irá permeando hacia los demás a través de ellos. Es lento para el mundo posmoderno, pero el método de Jesús es el más eficaz.
- *Viva* el evangelio, eso será usado para que el Espíritu produzca convencimiento de restaurar la comunión de la iglesia local con Dios.

3.2 Tener fe como punto de partida

En la práctica es común dar por sentado que los asistentes a nuestras reuniones son nacidos de nuevo, pero esto no siempre es así. En la carta a Tito, el apóstol Pablo habla de dos tipos de personas cuyas obras no armonizan con la fe que decían profesar: los corrompidos y los incrédulos. Hay un tercer grupo, los puros o limpios (Ti. 1:15-16).[49]

Por nuestra experiencia en Restauración de Iglesias consideramos que estos tres grupos constituyen por lo común el grueso de la membresía en las iglesias y de los asistentes. Por un lado tenemos a quienes aman a Jesús y guardan sus mandamientos, no por ser infalibles, sino por su disposición fiel a obedecer. Los corruptos o contaminados encajan con quienes son inconstantes y son dominados por sus pecados; mientras que los incrédulos se desenvuelven entre los cristianos, dando apariencia de creer y ser parte de ellos. Ambos grupos dicen conocer a Dios y con los hechos lo niegan.

Llama la atención que Pablo no desahucia a quienes califica como rebeldes y odiosos. Al contrario, le enseñó a Tito (1:13) a trabajar con ellos mediante represión severa.[50] Esto es especialmente difícil en un grupo de antiguos creyentes nunca antes discipulados, comparado con el trabajo con nuevos creyentes. ¿El objetivo? Que sean sanos en la fe, esto es, que tengan una fe verdadera, plena.

Y la mejor manera de *sanear la fe* de los corrompidos y a los incrédulos en la iglesia local es comenzando por discipularlos en los fundamentos del evangelio, preparando así la tierra para la obra transformadora del Espíritu Santo. La oración de los ancianos, pastores y ministros sería para que Dios produzca fe en ellos y respondan adecuadamente al llamado de arrepentimiento.

---

49 En el subtema, de este mismo capítulo, "Conocer a los congregantes" se profundizará en estas diferencias.

50 Del griego *elenjo* que significa refutar, amonestar: acusar, convencer, convicto, redargüir, reprender.

La Biblia registra en el milagro de la multiplicación de los panes y peces que mucha gente seguía a Jesús. Cinco mil hombres, sin contar niños y mujeres, presenciaron el milagro y fueron alimentados por el Señor en ese día. Este prodigio dio lugar a que los presentes, **cuya** fe muy pronto sería probada, creyeran en el profeta que había de venir al mundo, el Mesías, y a que pretendieran que Jesús fuera el próximo rey de Judá.

¿Habrá sido por el cumplimiento de las profecías, por su enseñanza sobre el Padre o acaso por haber visto en este Jesús un mesías a la altura de sus expectativas? Si tenía poder para alimentar multitudes, debía ser rey y, dadas las condiciones de ocupación romana, debía serlo pronto. Así que, cuando no lo vieron por ahí fueron tras él, aunque sin fe (Jn. 6:22-24). Jesús los confrontó al decirles que le buscaban sólo porque comieron el pan hasta saciarse. Ellos, en lugar de creer, murmuraban al oír que Jesús es el verdadero pan del cielo.

Jesús sabía que no valía la pena que le siguieran sin fe, esto es, con intenciones y motivaciones equivocadas, egoístas y carnales. Ellos no querían perdón de sus pecados y la vida eterna con el Padre, pero sí querían un rey que resolviera sus problemas y necesidades inmediatas. Cuando Jesús hizo un llamado a *comer la verdadera comida y beber la verdadera bebida,* lo que se traduce en un llamado al compromiso verdadero, a seguirlo con las intenciones correctas, a ser un discípulo de la verdad y a dar testimonio de ello, muchos de sus discípulos dejaron de seguirle (Jn. 6:66).

"El que come mi carne y bebe mi sangre tiene vida eterna, y yo lo resucitaré en el día final. Porque mi carne es verdadera comida y mi sangre es verdadera bebida. El que come mi carne y bebe mi sangre permanece en mí y yo en él" (Jn. 6:54-56).

De la misma manera, la iglesia local debe ser probada y confrontada con el fin de que la fe de sus miembros sea verdadera. El resultado previsible es escuchar gente ofendida que dejará de seguir a Jesús. Esto no debe producir temor en los ministros, sino gozo al ver depurada la fe de quienes temen al Señor. El costo de tener un edificio lleno de simpatizantes corruptos e incrédulos es mucho mayor.

Para instaurar una cultura del discipulado...

- *Estimule* a otros a la fe mediante el evangelio. Recuerde que predicar el evangelio es llamar al arrepentimiento de pecados, para ya no practicarlos más y abrazar la gracia de Dios.
- *Amoneste* al rebelde para que su fe sea sana, plena. Hágalo con amor y porque lo ama.
- *Oriente* a aquellos cuya fe es probada para que reciban esperanza y haya fruto.
- *Considere* que si el Señor confronta a las personas para ver si encuentra fe en ellas, habrá quienes terminen por dar la media vuelta y dejar de seguirlo.

3.3 Vincular el evangelismo con el discipulado

Robert E. Coleman, uno de los hombres más entregados a las causas del evangelismo y las misiones durante la segunda mitad del siglo XX observó la existencia de un afán en las iglesias por evangelizar al mundo y las animó a cuestionar si sus numerosas actividades y recurrentes programas evangelísticos dan el resultado esperado de que más personas rindan sus vidas a Jesucristo.[51]

Desde su lugar privilegiado en la historia, Coleman identificó que la mayoría de las estrategias evangelísticas de entonces estaban enfocadas en alcanzar multitudes, no en discipular personas. Hoy, desde nuestro muy modesto lugar, observamos iglesias ocupadas en lograr profesiones de fe más que

---

51 Cfr. Robert E. Coleman, *El plan maestro de la evangelización*, Unilit, Miami, FL, 1998, pág. 19. Coleman estuvo a cargo de la Escuela de Misiones Mundiales y Evangelización, y fungió como profesor de evangelización en el Trinity Evangelical Divinity School. Asimismo, dirigió el Instituto de Evangelización del Billy Graham Center y fue miembro fundador del Comité Lausanne para la Evangelización del mundo. Publicó poco más de una docena de libros, más de la mitad de los cuales trataron temas de evangelismo discipulado y misiones.

en estimular la fe que salva a través del nuevo nacimiento que da frutos de justicia, obediencia, santificación y, por supuesto, de multiplicación en otros.

El problema es que muchos presumen que la "conversión" consiste en hacer una oración pidiendo a Jesús entrar al corazón. Al estudiar la obra del Espíritu Santo en las cartas paulinas, el teólogo Gordon D. Fee concluyó que la conversión cristiana no sólo es el punto de partida, es el proceso del discipulado mismo, y su expresión es el fruto del Espíritu, la obra divina en nuestro carácter para imitar el carácter del Padre y el Hijo.[52] Es posible comprobar cómo esto se apega a lo que la Biblia considera la conversión o la vida nueva, en palabras de Jesús.

"Por lo tanto, ya no hay ninguna condenación para los que están unidos a Cristo Jesús, pues por medio de él la ley del Espíritu de vida me ha liberado de la ley del pecado y de la muerte" (Ro. 8:1-2).

Al ser libre de la ley del pecado y de la muerte, el cristiano desaprende a amar sus obras malas y aprende a amar a Dios y sus mandamientos. La conversión se refiere no a un momento o acción —como orar para recibir a Jesús—, sino que describe el proceso visible de la obra invisible del Espíritu en la persona durante su vida mortal. El que **está en Cristo** ahora **tiene libertad para obedecer** y el poder del Espíritu transforma al que ha dado fe al proporcionarle los afectos del Padre.

En ese sentido, **evangelizar es indicar la ruta llamando al arrepentimiento de pecados; el discipulado es el camino que el pecador arrepentido recorrerá acompañado de otros como él.** No se pueden practicar de forma desvinculada, pues una es consecuencia de la otra.

La iglesia no cumple su misión completamente tan sólo al anunciar las buenas nuevas. Eso es apenas el punto de partida (como explicamos en el segundo capítulo). La comisión dada por Jesús una vez resucitado fue hacer discípulos para enseñarles que guarden todas las cosas que él nos ha mandado. Ésta es sin duda una labor que no se agota en el anunciamiento del evangelio, sino una misión que supone acompañar y discipular a los creyentes, lo que implica un compromiso de largo plazo.

---

52 Cfr. Gordon D. Fee, *Pablo, el Espíritu y el pueblo de Dios*, Editorial Vida, Miami, FL, 2007, págs. 78-79 y 116-131.

Practicar exclusivamente un evangelismo masivo en el cual no hay una exposición precisa y detallada del evangelio a una persona en particular es una tendencia que permanece sin cambios desde tiempos de Coleman hasta nuestros días, por lo menos en México.[53] Vemos con preocupación que algunas iglesias actuales, como entonces, no pueden discipular una oleada de nuevos creyentes resultado de la última campaña masiva por carecer de discipuladores que les den seguimiento.

El pastor y prolífico escritor Aiden W. Tozer observó que una persona que "recibe" a Jesucristo se le enseña haber hecho lo necesario para tener salvación, a pesar de no mostrar amor, hambre o sed de Dios en lo sucesivo. Consideró que las relaciones humanas se cultivan en los encuentros reiterados –no un encuentro único– mediante los cuales profundizan con el tiempo, y a fuerza del hábito, en el conocimiento mutuo.[54]

Hemos trabajado en la restauración de personas que recibieron a Jesús con gran alegría y pero nunca hubo conversión. Fueron una mala tierra para la buena semilla que no germinó. La relación de largo plazo, en cambio, favorece la conversión, de la cual la decisión de creer es ciertamente el punto de partida, pero no la meta. En ese sentido, ni el evangelismo ni el discipulado son un fin en sí mismos, sino los medios para renacer para una esperanza viva, una herencia reservada en los cielos, para quien es guardado por el poder de Dios mediante la fe para alcanzar la salvación preparada en el futuro (1 Pe. 1:3-5).

Al meditar en estas cosas comprendo por qué buena parte de los amigos de mi adolescencia y juventud se apartaron de la iglesia y de Dios. Como yo no lo fui, tampoco ellos fueron discipulados. No es algo privativo de los congregantes, también pasa con los pastores. Peter Scazzero es uno de tantos pastores que, a pesar de concluir cuanto curso de discipulado había a su alcance, no pudo llevar una vida agradable a Dios. Fue hasta tocar fondo en su familia y ministerio cuando reconoció que

---

53 Cfr. Robert E. Coleman, *op. Cit.*, págs. 35-36 y 45-47.

54 Cfr. Aiden W. Tozer, *The Pursuit of God*, Moody Bible Institute of Chicago, Chicago, ILL, 1993, págs. 12-13.

estudiar tanto sobre Dios no lo hizo conocerlo ni amarlo; tampoco le hizo reconocer su pecado.[55] Su experiencia nos ilustra que el problema no está en el discipulado académico, la falla está en nuestra exagerada confianza en que los cursos nos harán más santos y obedientes.

Cuando entendemos el evangelismo como un fin es común abandonar al bebé espiritual una vez que el mensaje fue expuesto y aceptado, cuando es imprescindible seguir a su lado el resto de su crecimiento hasta mostrarle cómo repetir el proceso con otros. Sin embargo, el discipulado no comienza con un nuevo creyente, el renacido hace discípulos de Jesús entre los no creyentes, siendo benigno y haciendo bien para con ellos, comunicando vida con palabras y acciones. El cristiano inicia una relación comprometida, duradera y entregadamente con el incrédulo y la profundiza cuando procede al arrepentimiento de sus pecados.

El discípulo ama y evangeliza no porque esté en campaña, lo hace permanentemente en donde se desenvuelve: en sus ocupaciones y su descanso; en su rutina y en los momentos especiales; en las circunstancias alegres y en las angustiosas. El cristiano, por ser cristiano, está capacitado para dar razón de su fe en cualquier momento debido a su conocimiento de la verdad y al testimonio de una nueva vida en Cristo reflejada en todas las áreas de su existencia. Por ello, no recluta participantes en un activismo religioso estéril, los acompaña en su adopción a la familia de Dios.

Para instaurar una cultura del discipulado:

- *Conecte* el evangelismo al discipulado al amar, enseñar (capacitar), exhortar, corregir y mostrar a los creyentes cómo vive un hijo de Dios una nueva vida en el Espíritu.
- *Haga* lo anterior no una vez, sino permanentemente, y así será muy difícil que alguien viva solitariamente su fe luego de haberse unido a la comunidad.

---

55 Cfr. Peter Scazzero, *Espiritualidad emocionalmente sana*, Editorial Vida, Miami FL, 2008.

3.4 Discipular: lo que hacemos los unos a los otros

Para comenzar este apartado, notemos una diferencia entre la cultura del discipulado y lo que podemos llamar aquí "la cultura gerencial del activismo religioso": la primera incentiva la unión con Dios y la comunidad con nuestro prójimo. La segunda se avoca a cubrir cargos ministeriales y agendas de actividades religiosas, dejando la comunión y la unidad entre hermanos en un segundo plano.

Las actividades programadas (sea para orar, estudiar la Biblia o celebrar algo, por ejemplo) marcan la frecuencia y a veces la profundidad de nuestras relaciones fraternas. Para muchos ir a la iglesia los domingos a veces es como haber ido al cine: entras, disfrutas la función y sales directamente a hacer lo que sigue, pero en cuanto vengan tentaciones y pruebas las estaremos afrontando en soledad. Para muchos es más conveniente vivir así y evitarse conflictos, heridas y confrontación.

A ello se suma el uso intensivo de las tecnologías y de internet que reduce nuestra interacción cara a cara con la gente y la incrementa por canales impersonales como la mensajería instantánea.[56] Las redes sociales nos conectan virtualmente con multitud de personas y lugares, pero mientras nos acercamos a quienes no están con nosotros nos alejamos de quienes sí lo están. Una investigación de la Universidad Essex del Reino Unido concluyó que la presencia y uso de dispositivos móviles como los teléfonos inteligentes inhibe la confianza y la cercanía entre las personas cuando conversan.[57]

El reto a vencer al discipular es definitivamente reconstruir los canales efectivos de comunicación interpersonal, a través de los cuales cum-

---

56 Por lo menos en México el principal uso de internet, con 88.9% de los usuarios, es ser un medio para comunicarse con otras personas. Ver *Encuesta Nacional sobre Disponibilidad y Uso de Tecnologías de la Información en los Hogares al segundo trimestre de 2016* elaborada y aplicada por el Instituto Nacional de Estadística y Geografía de México.

57 Andrew Przybylski y Netta Weinstein. *Can you connect with me now? How the presence of mobile communication technology influences face-to-face conversation quality.* Journal of Social and Personal Relationships, 2012, Consulta: 22 de abril de 2017. URL: http://journals. sagepub.com/doi/pdf/10.1177/0265407512453827

plimos nuestra labor de consolar, edificar, exhortar, levantar al caído y conversar cara a cara.

Los cristianos vivimos nuestras relaciones interpersonales de manera diferente. De acuerdo con Fee, los santos son descritos por el apóstol Pablo en sus cartas como el pueblo del Espíritu, debido a que Él nos guía.[58] Nuestras relaciones son trascendentes. Somos los santos de Dios, hermanos y coherederos, unidos por un vínculo eterno y profundo. Por eso **lo que hacemos los unos por los otros es un reflejo de lo que hizo Jesucristo por nosotros.** Las relaciones entre los miembros de la familia de Dios son amorosas, sacrificiales, entregadas, comprometidas y sagradas.

Entre los santos, *los unos a los otros*:

- se aman (Juan 13:34, 15:12)
- se sirven (Gálatas 5:13)
- funcionan como miembros unidos entre sí (Romanos 12:5)
- se tratan como queremos ser tratados (Lucas 6:31)
- sobrellevan sus cargas (Gálatas 6:2)
- se animan y se edifican
- procuran la paz (1 Tesalonicenses 5:11 y 13)
- se toleran / se dan soporte y se perdonan (Colosenses 3:13)
- se respetan y honran (Romanos 12:10)
- se someten entre sí teniendo como base el temor de Dios (Efesios 5:21)
- oran y se confiesan sus pecados (Santiago 5:16)
- se enseñan y exhortan (Colosenses 3:16)
- se amonestan (Romanos 15:14)
- se hospedan y ofrecen sus dones para servirse mutuamente (1 Pedro 4:9-11)

¡Qué maravilla pertenecer a esta familia! Al ser guiados por el Espíritu, discipularnos unos a otros garantiza la unidad, la comunión y constancia de los santos. Como apunta John Stott, "el Señor no salva a personas aisladas que no interactúan entre sí, él conforma un pueblo y es cabeza de un cuerpo animado

---

58 Cfr. Gordon D. Fee, *op. Cit.*, pág. 115.

por quien es la vida y unido por el mismo Espíritu que opera en todos."[59]

Como es evidente, el discipulado se fundamenta en las relaciones del cristiano, tanto con incrédulos como con otros discípulos. Ser comunidad, en el caso de estos últimos, es precisamente la razón por la cual hacemos *los unos a los otros* lo que hacemos.

La cultura del discipulado termina con el anonimato en la iglesia, ese que aísla, que destruye silenciosamente al creyente, que atesora secretos de actos viciados, que priva a sus miembros del ánimo, el consuelo y la corrección que obran para su santificación. El propósito es tener una iglesia sana que haga de la examinación diaria y permanente frente a los parámetros de Dios su hábito, y así cada uno podrá decidir seguir a Jesucristo o no.

Cuando hay anonimato no conocemos el nombre del creyente, sus luchas, sus miedos, sus debilidades, sus fortalezas, sus victorias, su historia. Esa persona lucha solitariamente sin recibir ánimo, consuelo, exhortación, enseñanza, amonestación ni intercesión por su vida. Es una oveja desamparada aun cuando está entre las ovejas, lo cual la hará la más vulnerable ante las amenazas.

Para instaurar una cultura del discipulado:

- *Discipule* a otros siendo discipulado por otros.
- *Establezca* las condiciones para que la iglesia, como cuerpo, coordine sus miembros para servirse unos a otros y se empeñe en vivir unida y dirigida por la Cabeza que es Jesucristo.
- *Inviertan* las avidas los unos en los otros y, si no encuentra gente confiable en su congregación, entonces sea usted desde hoy un hijo de Dios confiable para quien lo necesite. Esto es, sea usted iglesia útil.
- *Haga su parte* en ser y hacer iglesia al estar unidos en todo, no sólo reunidos en un lugar.

59 John Stott, *Cristianismo básico*, Ediciones Certeza (3ª edición), Quito, 1997, págs. 114-115.

3.5 Hacer del consejo bíblico la materia prima

¿Qué es el consejo bíblico? Es la Palabra que Dios revelada a nuestro corazón con el propósito de vivirla. Cuando leemos y meditamos en ello recibimos su consejo. La mejor manera de acercarnos a la Biblia es, primeramente, preguntarnos qué podemos aprender sobre Dios y de Dios en cada texto y en cada historia. Ciertamente, *el cielo cuenta su gloria y el firmamento anuncia la obra de sus manos.* Mirar y disfrutar la belleza, unidad y complejidad de la creación comunica mucho sobre el Creador, pero conocerle mediante su relación con personas específicas y con el pueblo del pacto nos habla más particularmente sobre su carácter, atributos y voluntad.

El discípulo vive de toda palabra que sale de la boca de Dios. ¡No puede vivir sin ella! Así recibe el consejo divino para distinguir entre lo malo y lo bueno, lo mortal de lo eterno, lo sabio de lo necio, entre el pecado y la adoración al Señor. Un cristiano que no lee la Biblia es simplemente alguien que pretende pilotear un avión sin hacer lo necesario para convertirse en un piloto. El mismo Jesucristo usó la Palabra para responder a la tentación diabólica. ¿Por qué no lo haríamos nosotros?

En una iglesia donde existe la cultura del discipulado todos los creyentes conocen y saben usar la palabra de verdad, no sólo unos cuantos estudiosos. El discípulo de Jesús teme a Dios y se aparta del mal por la fe; su obediencia no depende de haber ido al seminario o a institutos bíblicos. Por la fe, si lo único que supiéramos del Padre es que Él es nuestro Creador, esto sería suficiente para amarle, ser agradecidos y temerle al apreciar su infinita sabiduría. Con fe, si solamente llegamos a saber que Él es Justo, esto debería bastar para arrepentirnos del mal, a causa del juicio.

Lo anterior no significa animar al discípulo a conformarse con conocer poco a Dios. Procurar y aplicar en la vida propia el consejo bíblico es parte fundamental de la decisión de creer en Jesús como Señor y Salvador, la cual es renovada día con día, momento a momento. Amar al Señor nos lleva a estimularnos a obtener más y más de su palabra con el fin de cumplir sus mandamientos. No hacerlo explica cómo es que los cristianos sufren por las consecuencias de sus pecados y no por la obediencia a la voluntad de su Señor.

El discípulo no anima, consuela, amonesta, enseña, exhorta o corrige por sí mismo, según su parecer, sabiduría o capacitación, sino que vive, demuestra y expone el consejo bíblico como su forma de vida. En la verdad está la sabiduría, y quien la comparte y enseña no habla por su propia cuenta. Es indispensable que sea la verdad la materia prima del consejo entre cristianos al ser la única con el poder de restaurar el alma; asimismo, es la única capaz de dar sabiduría al sencillo, razón por la cual no se confía en la capacidad de quien aconseja, en sus aptitudes o preparación académica —todo lo cual es un gran apoyo—, sino en la iluminación del Espíritu Santo.

"La ley del Señor es perfecta: infunde nuevo aliento. El mandato del Señor es digno de confianza: da sabiduría al sencillo" (Sal. 19:7).

Por esa razón todos los que temen a Dios y guardan sus mandamientos pueden aconsejar y discipular, confiando en que el Señor usa su verdad y envía a su Espíritu a morar en sus hijos.

Si cuando hablamos de discipular pareciera una tarea difícil e intimidante, sólo debes recordar una cosa: hacer discípulos es ayudar a otros a que sean como Jesucristo. De eso se trata la vida y la iglesia en muy buena medida. ¿Cómo se te ocurre que podrías contribuir en ello? El primer paso es ser un discípulo, en otras palabras, tú debes ser ayudado por otros a perseverar. ¿Cómo? Mediante la oración, la meditación en la Biblia y el compañerismo con otros seguidores de Jesús. Así tomarás decisiones de obediencia y negación a ti mismo. Cuando sea tu turno de discipular ten esto en mente: **Dios usa su palabra, aunque no veas resultados inmediatos.**

Te preguntarás: si lo importante es el consejo bíblico, ¿por qué debo discipular? Pareciera una tarea para la cual como personas somos prescindibles. Entre los discípulos siempre habrá alguien que haya pasado por algo que ahora mismo alguien más atraviesa. El ex adicto puede hablar a los adictos, el esposo que maltrataba a su esposa puede hablar a los esposos que maltratan a sus esposas, el empresario que antes era injusto puede hablar a los empresarios injustos, el millonario que ponía su esperanza completa en las riquezas puede hablar a los millonarios sobre los peligros de poner en las riquezas toda su esperanza. El deportista, cantante o celebridad que halló en Jesucristo su suprema gloria es capaz de hablar a sus pares sobre la gloria efímera de la fama y el reconocimiento público. El cristiano que recibió libertad de los desórdenes alimenticios tiene todo para hablar a quienes sufren de estos problemas y darles esperanza.

¿Lo ves? Dios usa el poder del Espíritu para vivificar a quien ha creído el evangelio y ha puesto toda su esperanza en Jesucristo, para ser portadores del glorioso mensaje al poner al servicio de otros lo recibido de parte del Señor. Pero no te confundas, ninguna capacidad que creas tener es la razón por la cual Dios va a usarte. Creerlo te volverá soberbio y orgulloso. La Biblia dice que nuestra capacidad proviene de Dios y por ella él puede usar tus habilidades, tu preparación académica y dones que, por cierto, él te ha dado...

"No es que nos consideremos competentes en nosotros mismos. Nuestra capacidad viene de Dios. Él nos ha capacitado para ser servidores de un nuevo pacto, no el de la letra, sino el del Espíritu; porque la letra mata, pero el Espíritu da vida" (2 Co. 3:5-6).

...porque nuestra sabiduría obtenida en este mundo no es la fuente de la verdadera sabiduría.

"Que nadie se engañe. Si alguno de ustedes se cree sabio según las normas de esta época, hágase ignorante para así llegar a ser sabio" (1 Co. 3:18).

Al tener claro que Dios nos capacita al guardar sus mandamientos, también debemos recordar que la iglesia local está integrada por personas que lidian con pecados y sus consecuencias. Aquí entra en acción el fruto del Espíritu, mediante el cual abunda la gracia y el amor en momentos cuando las relaciones se tornan ríspidas A su vez, el consejo bíblico mantiene el orden al declarar a las partes en conflicto cuál sea su responsabilidad y su parte en la solución.

La cultura del discipulado tiene en el consejo bíblico la fuente de sabiduría divina para dirimir los problemas. La prioridad siempre es resolverlo en privado, manteniéndolo así mientras el ofensor esté dispuesto a arrepentirse de su pecado. La represión pública se aplica en casos en los que la rebeldía ha continuado contumaz y deliberadamente (Mt. 18:15-17; 1 Ti. 5:20).

También aprendemos que, si luego de tres o más amonestaciones se persiste en el comportamiento rebelde, se le debe separar de la comunión con los creyentes (Ro. 16:17-18; 1 Co. 5; Ti. 3:10) esperando arrepentimiento. No se debe recurrir a esta medida cuando no se ha procurado la reconciliación en lo privado, lo cual desgraciadamente es muy común. Como sea, la iglesia debe apelar siempre a la restauración con humildad (2 Co. 2:5-11; Gá. 6:1). La explicación que da Pablo sobre la necesidad de aconsejar bíblicamente es simple: los problemas sirven para probar si somos de Dios o no.

"Porque es preciso que entre vosotros haya disensiones, para que se hagan manifiestos entre vosotros los que son aprobados" (1 Co. 11:19 RV1960).

Si bien el contexto de esta cita indica que el tema tratado es la cena del Señor, la lógica del apóstol aplica para esta exposición. Los resultados de las pruebas y tentaciones por las que atraviesa el congregante van revelando su verdadero carácter y naturaleza, así como sus intenciones. El problema de la falta de consejo en las relaciones de discipulado es que esa información se pierde debido al anonimato de los creyentes, hasta que el problema se desborda y es más difícil solucionarlo. Por eso, un discipulador confronta con el evangelio al discípulo antes de apartarse de Dios y de la iglesia (enfoque preventivo), y con mayor razón si lo ha hecho (correctivo, para restauración).

La Biblia misma enseña que la iglesia está constituida de personas arrepentidas de sus pecados dispuestas a seguir el consejo de Dios y quien lo rechace consistentemente no tiene lugar en ella. Al permanecer en silencio ante la multiplicación del pecado, la iglesia sin consejo bíblico poco a poco pasa de ser una comunidad a convertirse en un grupo de ausencias, relaciones rotas, desconfianza, rencores, dolor, ofensas no resueltas, perdón retenido y no solicitado, por mencionar unos ejemplos.

Una iglesia sin consejo bíblico es un batallón de soldados con poca o nula preparación para la guerra en riesgo de morir rápidamente por la ausencia de paramédicos y médicos que los atiendan. El consejo divino nos ayuda a vencer.

Para instaurar una cultura del discipulado:

• *Haga* de la Biblia su norma de fe y conducta, así como la base de sus relaciones.

• *Conozca* el consejo de Dios y corrobore su comprensión con la iglesia y personas de probada reputación para evitar interpretaciones personales o privadas.

• *Propicien* como iglesia relaciones de discipulado edificadas por el consejo bíblico.

• *Identifique* a quienes rechazan el consejo de Dios al permanecer en rebeldía y, tras medidas disciplinarias, procure su arrepentimiento. Alejarse de la comunión con la iglesia es decisión de cada uno y consecuencia de la rebeldía al Señor y a su iglesia.

3.6 Juzgar como una sagrada labor

Esta generación de cristianos enseña que juzgar es malo, pero para la cultura del discipulado juzgar las acciones y comportamientos del creyente es fundamental. El Señor Jesús dijo en una ocasión:

"No juzguen a nadie, para que nadie los juzgue a ustedes. Porque tal como juzguen se les juzgará, y con la medida que midan a otros, se les medirá a ustedes. ¿Por qué te fijas en la astilla que tiene tu hermano en el ojo, y no le das importancia a la viga que está en el tuyo? ¿Cómo puedes decirle a tu hermano: 'Déjame sacarte la astilla del ojo', cuando ahí tienes una viga en el tuyo? ¡Hipócrita!, saca primero la viga de tu propio ojo, y entonces verás con claridad para sacar la astilla del ojo de tu hermano" (Mt. 7:1-5).

Con la metáfora de la paja en el ojo ajeno y la viga en el propio, Jesús da a entender que había quienes criticaban el comportamiento del prójimo mientras ellos mismos hacían las mismas cosas o peores. En realidad hace un llamado a detener la hipocresía.

El Señor advierte que es mejor no juzgar porque con ese mismo juicio seremos juzgados. Es lógico. Si decimos que alguien es mentiroso y nosotros mismos mentimos, los demás se encargarán de hacernos ver nuestra hipocresía. ¿No es lo primero que hacemos cuando nos corrigen? Si alguien nos dice "eres orgulloso y está mal", le recordaremos fecha, hora y situación cuando fue orgulloso. Lo que Jesús dice es que es mejor no juzgar... ¡si no somos congruentes! Falsamente, muchos manipulan este texto para enseñar que juzgar es malo.

El Maestro enseñó que, para juzgar a alguien y evitar la hipocresía al corregir al prójimo es necesario juzgarse a uno mismo primero, y saldremos bien librados si somos íntegros. Cuando examinamos nuestra vida a la luz de la verdad de Dios, o alguien más nos ayuda a hacerlo, es ésta la que nos juzga y muestra nuestro pecado con el fin de arrepentirnos de él. Al juzgar a otros usamos la verdad para que el otro examine su conciencia también, no según lo que nos gustaría ni siendo nosotros el parámetro de lo que consideramos justo, bueno, santo o agradable a Dios. ¡Es lo que el Señor ha dicho que es justo, bueno, santo o agradable a él!

Juzgar es ayudar a discernir el bien y el mal en nosotros y otros para obedecer los mandamientos de Dios, pues para eso vino la luz al mundo. En un contexto de discipulado, el creyente acepta el juicio de la verdad sobre él. Al llamarnos pecadores, malos, injustos, dignos de condenación, eso es lo que somos, pues la verdad nos estimula al arrepentimiento al alumbrar nuestros hechos perversos.

Juzgar tiene mala fama por las mismas razones expuestas por el Maestro: quienes andan juzgando a los demás no viven a la altura de sus propios juicios, es un juicio hipócrita. Los tales no están preocupados por nuestra salvación ni por ayudarnos a perseverar en la fe, buscan que los demás satisfagamos sus expectativas o nuestra destrucción por odio o envidia.

Ahora entendemos por qué en Gálatas se dice que solamente alguien espiritual puede restaurar. ¿Cuándo se restaura? Cuando alguno comete una falta. ¿Quién dice qué es una falta y qué no lo es? La verdad de Dios, su palabra de la que nos alimentamos. Entonces, si la Biblia determina que lo que ha hecho el discípulo es una falta o pecado el discipulador procede a restaurar humilde y espiritualmente. Este es el principio de la disciplina. Profundizamos en ello en el capítulo siguiente.

"Hermanos, si alguien es sorprendido en pecado, ustedes que son espirituales deben restaurarlo con una actitud humilde. Pero cuídese cada uno, porque también puede ser tentado" (Gá. 6:1).

En otros pasajes de la Biblia los apóstoles animan a los discípulos de Jesús a juzgar a otros que habían tropezado con el fin específico de ayudarlos en su restauración (2 Co. 5:18-21, 6:1-2; 1Ts. 5:11,14; Ro. 15:14; Col. 3:16, entre otros).

En la cultura del discipulado es posible que los miembros colaboren en la restauración de quien tropezó al existir una relación de amistad, confianza y compromiso mutuo. Ser juzgados así es la mejor forma de evitar que el pecado eche raíces en nuestras mentes y corazones. Nuestros secretos perversos ya no están a salvo cuando nos empeñamos en ocultarlos.

Como escribiera Santiago, si alguien llegara a desviarse del camino, estorbemos entre la persona y su pecado para que salve su vida de la muerte al reconocer su maldad y abandonarla: *"Hermanos míos, si alguno de ustedes se extravía de la verdad, y otro lo hace volver a ella, recuerden que quien hace volver a un pecador de su extravío lo salvará de la muerte y cubrirá muchísimos pecados" (Sgo. 5:19-20).*

Sabiendo estas cosas, comprendemos mejor que el discipulado es urgente en las iglesias, pero cuando muchos cristianos escuchan sobre confrontar el pecado en la iglesia local generalmente piensan en una policía espiritual que vigilará todos sus pasos. Desgraciadamente, el legalismo pervirtió lo que el pastor Tozer denominó "la sagrada obligación de juzgar."[60]

Quienes practican la doctrina de "no juzgar" trabajan para una iglesia individualista, fría e indiferente. Incluso habrá personas en la iglesia siempre listas para reprender a quien no se ajusta a su idea personal sobre lo correcto, lo moral, lo decente y lo espiritual. No obstante,

---

60 Para revisar este tema más profundamente vea Aiden W. Tozer, *Fe auténtica*, Editorial Portavoz, Grand Rapids, MI, 2009, págs. 133-144.

confrontar el pecado no es una tarea relacionada con los otros únicamente, sino principalmente con nosotros: yo debo ser juzgado por la
verdad de las Escrituras y por la iglesia para librar el juicio justo de
Dios al ser santificado en la amonestación. Juzgarnos es necesario para
mantenernos en la libertad con la que Jesucristo nos hizo libres, pues
por causa del pecado y de nuestra debilidad humana somos tentados
todo el tiempo.

Para instaurar una cultura del discipulado:

- *Exponga* su vida y sus obras para que sean juzgadas por la verdad
  y por la iglesia.
- *Sea* espiritual al colaborar en la restauración de alguien que tropezó,
  permita que un espiritual le ayude a ser restaurado cuando peque.
- *Juzgue* con base en el consejo bíblico y el amor de Jesucristo.

3.7 Conocer a los congregantes

Conocer a los congregantes de una iglesia es una etapa difícil de abordar
cuando las condiciones de comunicación interpersonal se han reducido
significativamente por causa del anonimato y de las relaciones superficiales entre las personas. Sin embargo, el propósito de establecer una cultura
de discipulado radica precisamente en eliminar los vacíos de comunicación que impiden crear relaciones de edificación y exhortación entre los
miembros de una iglesia local.

La necesidad de establecer una cultura de discipulado nos obliga a
visualizar la realidad espiritual de los congregantes de cada iglesia local
para conocerlos y establecer prioridades a favor de su crecimiento y madurez espiritual. Asimismo, dicha identificación es necesaria para prevenir
problemas en las iglesias o solucionar los existentes.

De acuerdo con nuestra experiencia en Restauración de Iglesias y Relaciones, la carta de Tito 1:15 nos aporta elementos para ilustrar dicha
realidad y conocer a los congregantes de muchas iglesias: *"Para los **puros***

todo es puro, pero para los **corruptos e incrédulos** *no hay nada puro. Al contrario, tienen corrompidas la mente y la conciencia"* (énfasis propio).

De acuerdo con el versículo citado, consideramos que los congregantes en una iglesia local se diferencian por su realidad espiritual en tres grupos: puros o limpios, corruptos y simpatizantes/incrédulos (figura 1).

**Figura 1: Tipología de la realidad espiritual
con base en Tito 1:15-16**

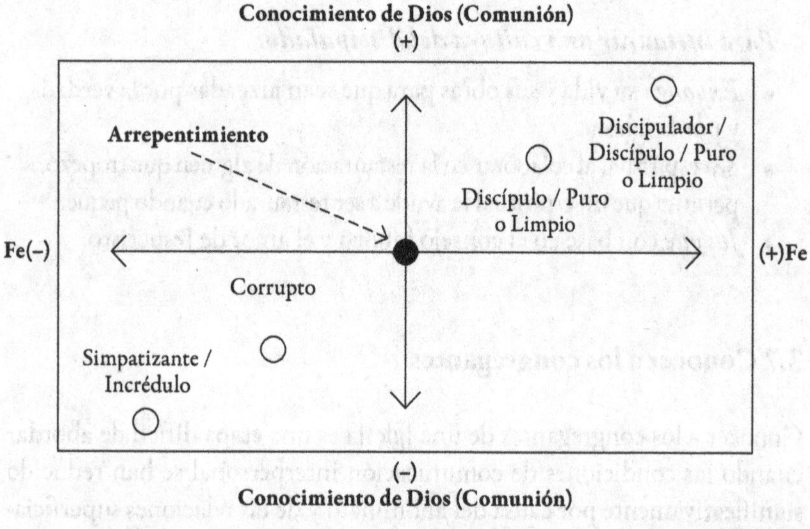

Conocimiento de Dios (Comunión)
(+)

Arrepentimiento

Discipulador /
Discípulo / Puro
o Limpio

Discípulo / Puro
o Limpio

Fe(–)   (+)Fe

Corrupto

Simpatizante /
Incrédulo

(–)
Conocimiento de Dios (Comunión)

La realidad espiritual de los puros, corruptos y simpatizantes/incrédulos está determinada por aspectos que hemos analizado a los largo de estos capítulos: arrepentimiento, conocimiento de Dios o comunión y fe. A menor fe y conocimiento de Dios mayor es la incredulidad y la corrupción, en tanto que a mayor fe y conocimiento de Dios habrá crecimiento y madurez espiritual de discípulos y discipuladores. A través de este esquema, nuestra intención no es reducir la complejidad de la realidad espiritual en la que se encuentran los congregantes, sino ilustrar un proceso de transformación del corazón que está determinado por el arrepentimiento del pecador.

El esquema enseña que, al haber arrepentimiento, un pecador es limpiado por la sangre de Jesús y comienza un proceso de regeneración por el Espíritu Santo. Sus frutos de arrepentimiento darán cuenta de ello. Aquí hay *limpieza o pureza*, en el sentido de Tito 1:15, y los creyentes situados en esta etapa van creciendo en el conocimiento de Dios, son discípulos y, en la medida que maduran en la fe, llegan a ser discipuladores.

Por otra parte, sin arrepentimiento no hay remisión de pecados. Esto implica que sin fe y sin conocimiento de Dios no puede haber *limpieza* de espíritu porque no pueden agradar a Dios (He. 11:6), de tal forma que los incrédulos y corruptos son *impuros*. Los "corruptos" situados en esta etapa se caracterizan por su humanismo, ateísmo, gnosticismo y falsas doctrinas y evangelios (es el caso de los que tienen conocimiento intelectual sobre Dios e incredulidad); mientras que los incrédulos/simpatizantes no tienen mucho conocimiento intelectual sobre Dios y llegan a simpatizar con la fe pero desde un enfoque casi supersticioso. En este grupo se encuentran aquellos que nos piden oración por determinada razón con el argumento de que "a usted si lo escucha Dios."

Definamos ahora la realidad espiritual de las categorías de congregantes que hemos enunciado y cómo tratarlos en las iglesias locales.

Los puros o limpios[61] viven consagrados a Dios y dispuestos a mantenerse constantes en el camino. Crecen en el conocimiento de Dios, abandonan la práctica de sus pecados y sus frutos son evidentes. No son infalibles, pero caminan en obediencia a la Palabra. Este grupo de creyentes discipula y es discipulado, por lo que su respuesta a la amonestación es humilde y congruente.

Los corruptos son supuestos creyentes cuyas vidas son incongruentes.[62] Desean creer el evangelio, pero no viven consagrados a Dios; son inconstantes y ceden regularmente a las tentaciones, por lo que aún viven esclavizados a pecados pasados. Las causas de su impureza son las

---

61 G2513(καθαρός) kadsarós: de afinidad incierta; limpio (literalmente o figurativamente):- limpio, puro. En James Strong. Nueva Concordancia Strong Exhaustiva, Grupo Nelson, Nashville, TN, 2002.

62 G3392 (μιαίνω) miaíno: tal vez verbo primario; manchar, i.e. contaminar (ceremonialmente o moralmente):- contaminar, corromper, mancillar. *Idem.*

siguientes: conocen únicamente una versión distorsionada del evangelio, nunca han sido discipulados, no profundizan en su fe, son rebeldes
y constantemente se debaten entre sus deseos carnales y su deseo de
obedecer. Algunos requerirán avivar su fe al recordar lo que el Señor ha
hecho por ellos, mientras que otros deberán ser enseñados con paciencia y gracia en los fundamentos del evangelio, sin dar nada por hecho.
El objetivo del discipulador es ser usado por el Espíritu para que los
corruptos logren tener fe que produzca arrepentimiento. En este grupo algunos podrían ejercer cargos y responsabilidades otorgadas por
la iglesia debido a que parecen estar bien con Dios, aunque según la
palabra ni lo conocen. Por ello son esperadas reacciones de oposición y
conflicto al no reconocer su realidad espiritual. De no demostrar arrepentimiento después de varias amonestaciones deberían ser aplicadas
medidas disciplinarias que eviten dañar con su mal ejemplo a quienes
los tienen por autoridad.

El tercer grupo es el de los incrédulos.[63] Por su ausencia de fe no se
puede ni debe esperar una respuesta espiritual de su parte después de
una amonestación, debido a que viven en las obras de la carne. Su entendimiento del evangelio es meramente supersticioso, cuando lo hay.
Podríamos pensar en ellos como simpatizantes de Jesús. En un primer
momento, los espirituales de la iglesia deben soportarlos pacientemen-
te, no dejando de exponerles la verdad y dando testimonio de haber
sido regenerados, pero también deben estar preparados si la reacción
de los incrédulos es beligerante o de indignación. Discipular es propi-
ciar fe en el incrédulo. Por ejemplo, si al ser discipulado el incrédulo se
niega a honrar el pacto matrimonial, primeramente debe comprender
el evangelio y con la ayuda del Espíritu cambiará su comportamiento
conyugal. Su problema raíz no es ser mal esposo, es ser un incrédulo y
por esa razón es un mal esposo.

Estas categorías no deben ser vistas o usadas de forma maliciosa o
prejuiciosa en contra de alguien, por el contrario, identificamos estas

---

63 G571 (ἄπιστος) ápistos: no creer, i.e. sin la fe cristiana (específicamente pagano); (pasivamente)
persona indigna de confianza, o cosa increíble:- incrédulo, increíble, infiel, no es creyente. *Idem.*

tres realidades espirituales como una referencia útil para ofrecer el discipulado que requiere cada congregante. Recuerde, lo más importante no es ofrecer cursos bíblicos para llenar la agenda de actividades, sino discipular a los creyentes para que, como ordenó Jesucristo, guarden todas las cosas que Él ha mandado.

Para instaurar una cultura del discipulado:

• *Identifique* la realidad espiritual de los congregantes con el fin de que los discipuladores comprendan más a las personas y conozcan mejor sus necesidades, facilitando tratarlas y discipularlas adecuadamente.

3.8 Identificar a los herejes, falsos maestros y apóstatas

El siguiente paso, consiste en identificar a los herejes, falsos maestros y apóstatas que se han desviado de la doctrina fundamental de la Palabra y pueden estar influenciando dentro de la iglesia local, sembrando discordias, sectarismos y divisiones, incluso desde el púlpito o de alguna otra función de liderazgo.

Una persona que no ha comprendido o rechaza ciertas verdades de la Biblia hace daño a la iglesia. Sin una cultura de discipulado no será identificada oportunamente y las consecuencias podrían llegar a ser desastrosas. Desde los inicios de la iglesia hubo creyentes que difundieron desviaciones doctrinales en su interior. Marción fue uno de los primeros y de los ejemplos más representativos de ello, además de Arrio, Apolinar, Nestorio y Pelagio, entre muchos otros que lo hicieron después.[64]

---

64 Marción fue un hereje gnóstico (Sinope, 85-160 d.C.) quien fundó una iglesia (*marcionita*) que
    se extendió por el Mediterráneo y Asia Menor llegando a ser de gran influencia hasta el año 400.
    Marción sostenía la existencia de dos espíritus, uno bueno y otro malo, y que éste último era el

Las primeras herejías estuvieron relacionadas con los judaizantes que, quienes al no comprender el evangelio consideraron que el cumplimiento de la ley era necesario para alcanzar la salvación. Los ebionitas por su parte afirmaban que Jesús era sólo un hombre y negaban su naturaleza divina. El gnosticismo combinó la filosofía neoplatónica con la teosofía oriental y el cristianismo, o con el judaísmo en una de sus ramas. **Todos ellos ajustaron a su interpretación personal los asuntos celestiales intentando explicar a Dios en los límites de la capacidad humana.**

En la actualidad, las herejías son ocasionadas exactamente por las mismas razones. Los pastores, ancianos, ministros y maestros que predican y enseñan desviaciones doctrinales lo hacen porque sus interpretaciones son resultado de deducciones personales, no de la instrucción del Espíritu Santo.

Cuando los creyentes confiamos en nuestro razonamiento y no en el **discernimiento que nos da el estudio de la Biblia, y sólo de la Biblia,** hacemos conjeturas e inventamos fábulas, *leyendas profanas y otros mitos semejantes (1 Ti. 4:7),* buscando que tengan sentido para nuestra limitada comprensión de lo celestial. De ahí que surjan teologías que desenfocan al creyente de la obra redentora y transformadora de Jesucristo y pongan en su centro enseñanzas corrompidas.[65]

"Hermanos, todo esto lo he aplicado a Apolos y a mí mismo para beneficio de ustedes, con el fin de que aprendan de nosotros aquello de no ir más allá de lo que está escrito. Así ninguno de ustedes podrá engreírse de haber favorecido al uno en perjuicio del otro" (1 Co. 4:6).[66]

---

verdadero creador del mundo. Redujo la Escritura al evangelio de Lucas y diez epístolas de Pablo. El Gnosticismo fue una herejía que intentó destruir el Cristianismo y surgió de un movimiento filosófico y religioso del mundo grecorromano. Los gnósticos se infiltraron en el cristianismo pero fueron considerados un movimiento sectario. Decían tener un conocimiento secreto sobre la formación del universo y el destino del hombre y pretendían racionalizar el cristianismo. *Diccionario Bíblico Ilustrado Holman,* B&H Publishing Group, Nashville, TN, 2008.

65 Teologías de razas paralelas, extraterrestres, híbridos y gigantes, evangelio de la prosperidad, híper-gracia, nueva era, entre muchas otras muchas.

66 Énfasis propio.

Al llegar a la fe provenientes de prácticas religiosas o filosóficas, o disciplinas humanistas, algunos tienden a "mezclar" su pensamiento con lo que aprenden del evangelio cuando este no se les expone de manera clara y precisa, sin percatarse de cómo las dos cosmovisiones chocan en sus conceptos sobre Dios, el ser humano, la mente, el Espíritu Santo, el pecado, la salvación o incluso la vida eterna.

Como hemos visto, el discipulado guía y orienta con base en la Biblia. Si el congregante no es discipulado, difícilmente identificará su sincretismo —o en su caso, ecumenismo—, y corre el riesgo de conformar doctrinas e ideas sectarias a la medida de sus expectativas y entendimiento, echando mano de las creencias, ideologías o filosofías arraigadas en su pensamiento para explicar lo que no entiende de la Biblia.[67]

Discipular con el consejo bíblico facilita que el congregante discierna si lo que escucha contradice o niega el evangelio, por muy "interesante" que suene, y le conduzca a confrontar con la Escritura toda enseñanza y predicación. *"Porque llegará el tiempo en que no van a tolerar la sana doctrina, sino que, llevados de sus propios deseos, se rodearán de maestros que les digan las novelerías que quieren oír"* (2Ti. 4:3).

En lo que respecta a los apóstatas, no sólo son aquellos que renuncian a su fe en Jesucristo y se van de la iglesia, sino aquellos que se han apartado de la verdad y que permanecen en la iglesia llevando a otros a apostatar[68]. En cuanto a los herejes son aquellos que propagan mensajes distintos al evangelio del Señor Jesucristo y, cuando no son corregidos ni disciplinados, tienden a volverse apóstatas. Ambos son anticristos, porque salieron de nosotros pero no eran de nosotros, porque si lo hubiesen sido habrían perseverado con la iglesia, no únicamente en el mismo lugar de las reuniones, sino principalmente en el evangelio (1 Jn. 2:19). En suma, ¿qué hace un congregante que difunde enseñanzas que

---

67 La Real Academia Española define "sincretismo" como la combinación de distintas teorías, actitudes u opiniones; sistema filosófico que trata de conciliar doctrinas diferentes; y define "ecumenismo" como la tendencia o movimiento que intenta la restauración de la unidad entre todas las Iglesias cristianas.

68 Cfr. Alfonso Ropero (Ed.), *op. Cit.*, pág. 186.

contradicen el evangelio? La respuesta podemos encontrarla en la Biblia misma:

- Dicen hablar de parte de Dios, pero hablan lo que la gente quería escuchar (Jer. 23).
- Dejan que las ovejas se extravíen y no las cuidan cuando usan mal la autoridad que tienen.
- Hablan en nombre de Dios sin ser enviados por él diciendo que aprueba sus vidas pecaminosas.
- Su mensaje endurece el corazón de los oyentes al no llamarlos al arrepentimiento de pecados.
- Hacen creer a personas idólatras y malvadas que Dios está de su lado y los bendecirá.
- Hablan mentiras como si fuera la verdad.
- Alientan al malvado al hablarles de obtener las promesas de Dios sin obedecer su verdad.
- Afligen al justo y lo desaniman con sus mentiras, pero animan al malvado a seguir en sus pecados (Ez. 13:22).
- Aman al mundo y lo que hay en él más que al Padre (1 Jn. 2:15-16).
- Hablan las cosas del mundo y por eso son escuchados por él (1 Jn. 4:5).
- Enseñan herejías (2 Pe. 2:1).
- Niegan al Señor al no sujetarse a él (2 Pe. 2:1)
- Tienen una vida pecaminosa que es imitada por otros y provocan que los incrédulos blasfemen en contra de la verdad (2 Pe. 2:2).
- Son ambiciosos de dinero y engañan a la iglesia para enriquecerse a costa de ella (2 Pe. 2:3).
- Prometen salvación sin arrepentimiento de pecados (Ef. 5:1-7)
- Reclaman la autoridad del apostolado, pero realmente son estafadores (2 Co. 11:13).
- Sirven al diablo, pero se disfrazan de ministros de la justicia (2 Co. 11:15).
- Abandonan el evangelio por otras doctrinas (1 Ti. 4:1).
- Son engañadores e hipócritas (1 Ti. 4:2).

Jesús profetizó en una parábola que juntamente con el trigo sembrado en el campo del Señor su enemigo entraría a plantar mala hierba. Él mismo explicó que la buena semilla que dio trigo son los de su Reino, y que la mala hierba son los del diablo. ¡El trigo no se convierte en mala hierba! Dios ha determinado que ambas cosas crezcan juntas.

Acoger la mentira en la iglesia local no es una opción, de acuerdo con Pablo y Juan. El error debe ser confrontado con rigor y decisión (Ro. 16:17; 2 Jn. 1:10). Los falsos maestros abandonaron la fe no porque ya no están en las iglesias, sino por envanecerse en sus razonamientos y doctrinas diabólicas. Ellos son el ejemplo de una vida que buscó e invocó a Dios, pero que nunca fue rendida obedientemente. No se negaron a sí mismos e hicieron su voluntad, no la del Soberano. Le llamaron Señor, pero nunca actuaron como sus siervos.

En su carta, Judas llamó a los creyentes a que *"sigan luchando vigorosamente por la fe encomendada una vez por todas a los santos" (Jud. 1:3)*. ¿Quería Judas fomentar la división, las discusiones interminables y los problemas entre creyentes? No. Llama a la iglesia a defender la fe y a no convertir la gracia en libertinaje. La gracia no es licencia para pecar, sino la oportunidad inmerecida para obedecer.

Para instaurar una cultura del discipulado:

- *Escoja* la verdad, pues solamente hay una. No concilie la verdad con lo que no lo es.
- *Identifique* en quién no hay evidencia de conversión, fruto de su arrepentimiento y quién no persevera en la fe en Jesucristo, pues requiere ser discipulado, disciplinado o apartado.
- *Exponga* la verdad, llame al arrepentimiento, amoneste, enseñe y corrija, esperando que Dios quiera afligir sus conciencias y los regenere para salvación.
- *Vele* porque la verdad sea el fundamento de los creyentes, combata el legalismo y el libertinaje con el evangelio y con vidas congruentes que lo viven y predican.
- *Aparte* de la comunión a quienes niegan a Jesucristo como Señor al no obedecerle.

3.9 Observar que las obras reflejen lo que somos

Edward T. Welch describió que el poder que el pecado ejerce sobre las personas es una esclavitud voluntaria. Pareciera una contradicción, pero mirando cuidadosamente cómo funciona veremos que no es así. El pecado según Welch, "no es únicamente desobediencia calculada y abierta, una rebelión consciente y voluntaria, también es un poder que enceguece, controla y esclaviza."[69]

La cultura del discipulado deriva del evangelio para afrontar los retos de las iglesias locales, tales como las consecuencias de la práctica voluntaria del pecado y los efectos destructivos en el ánimo, la salud, los pensamientos, la vida y las relaciones. Ignorar esto provoca que el corrupto y el incrédulo no vean su situación pues consideran que es normal que un cristiano peque deliberadamente, además de que no entienden que deben perseverar en la fe para salvación porque el pecado nos separa de Dios (Is. 59:1-2).

La cultura del discipulado ayuda a sensibilizar una conciencia que ya no siente contrición por sus pecados, así como sustituirlos por el amor al bien y la justicia. El evangelio cambia los pensamientos, una mente renovada cambia el comportamiento, así que las obras demuestran lo que hay en la mente. Si nuestras obras son las de la carne sabremos si hemos creído verdaderamente, pero si nuestras acciones son evidencia del fruto del Espíritu significa que hemos nacido de nuevo.

No es casualidad que los escritos del Nuevo Testamento llamen una y otra vez a no vivir ya en las obras de la carne. De hecho están dirigidos a los cristianos. Es normal batallar con las necesidades y deseos de la carne, las ambiciones de lo que ofrece el mundo, así como contra el diablo y sus huestes espirituales de maldad (Mt. 4:1-11; 1 Jn. 2:16). Lo que no es normal es que quien se dice espiritual viva según su naturaleza carnal, la cual más bien pertenece a su pasado.

"En otro tiempo también nosotros éramos necios y desobedientes. Estábamos descarriados y éramos esclavos de todo género de pasiones y placeres. Vivíamos en la malicia y en la envidia. Éramos detestables y nos odiábamos unos a otros" (Ti.3:3).

---

69 Edward T. Welch, *Op. cit.*, págs. 32-33.

Tabla 3: Diferencia entre la esclavitud y la libertad del pecado (Con base en Gálatas 5:16:26)	
Vive en la carne	Vive en el Espíritu
Obras: Fornicación, adulterio, inmundicia, lascivia, idolatría, brujería, enemistades, odios, pleitos celos, ira, se enojan fácilmente, causantes de rivalidades y divisiones, envidias, homicidios, borracheras, orgías y cosas semejantes.	Frutos: Amor, alegría fundada en Dios que persiste a pesar de las circunstancias, paz, paciencia, bondad, benignidad, fe, humildad, dominio propio.
Sirve a la ley del pecado	Sirve a Dios y al prójimo
Quien practica esto no tendrá salvación	Quien vive esto tiene el testimonio del Espíritu para su salvación
Se opone al Espíritu	Se opone a la carne

La esclavitud a nuestros vicios y deseos nos impide dejar de practicarlos. Por eso dice que la ley del Espíritu nos libera de la ley del pecado y de la muerte, para dejar de vivir como esclavos de la maldad. A ello se suma que, por nuestra carne, los creyentes hacemos voluntariamente lo malo (ver tabla 3). Practicar pecados y saber que Dios lo desaprueba es convertirnos en sus enemigos. Pablo lo explica de forma sencilla y contundente así:

"La mentalidad pecaminosa es enemiga de Dios, pues no se somete a la ley de Dios, ni es capaz de hacerlo. Los que viven según la naturaleza pecaminosa no pueden agradar a Dios" (Ro. 8:7-8).

El mismo Caín fue amonestado por Jehová para no ser dominado por el pecado. Y en efecto, hay un componente voluntario para pecar porque el Señor le *advierte* que el pecado lo dominará si no hace el bien, pero que puede dominarlo. Es revelador saber que al hacer el bien evitamos la esclavitud del pecado, y sabemos qué es lo bueno mediante la verdad. De lo contrario, el poder del pecado somete a quien hace el mal repetidamente, llevándolo a hacer mayor mal recurrentemente. El siguiente esquema ayuda a visualizar lo descrito aquí.

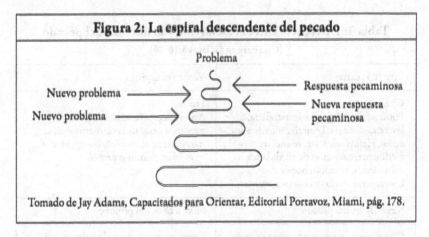

Figura 2: La espiral descendente del pecado

Problema

Nuevo problema

Nuevo problema

Respuesta pecaminosa

Nueva respuesta
pecaminosa

Tomado de Jay Adams, Capacitados para Orientar, Editorial Portavoz, Miami, pág. 178.

La espiral descendente del pecado ilustra cómo un problema que no se soluciona cae en un problema mayor si no se le da una solución efectiva a través del consejo bíblico, hasta convertirse en una espiral de problemas y pecados aún peores, pues a mayor pecado, corresponde mayor corrupción.

El discipulado consiste en proveer consejo bíblico para que el corrupto y el incrédulo vean por sí mismos su realidad espiritual ayudándoles a observar sus obras y reconocer si están con Dios o contra Él. De la misma manera el limpio o puro es discipulado para autoevaluarse.

Para instaurar una cultura del discipulado:

- *Entienda y enseñe* que el problema raíz del ser humano es el pecado y su esclavitud del mismo, mientras que la solución es Jesucristo para quien se mantiene en la esperanza que le fue predicada.
- *Discipule* con el consejo bíblico procurando restauración para que el creyente viva en el Espíritu, ya no por la carne, y así se evita seguir en la espiral descendente del pecado.
- *Estimule* la examinación de las obras del congregante para que descubra quién es.

3.10 Perseverar para salvación

En este apartado demostraremos que el hijo de Dios se mantiene firme
en la fe durante toda su vida. Sabemos por experiencia propia que llegamos a alejarnos del Señor y de su iglesia, que olvidamos nuestro llamado
a seguirle y pecamos al ser vencidos por la carne. Dejamos de perseverar.
Esto no es lo que quiere para nosotros, pues también sabemos que esos
periodos de lejanía fueron de necedad, dolor, así como consecuencias en
lo inmediato y, algunas veces, nos acompañan el resto de nuestra vida.
Queda la sensación desagradable de haber menospreciado a Dios y el re-
cuerdo del miedo de sólo pensar que quizá no habríamos podido regresar
a su camino. Sin embargo, el creyente restaura su comunión con Dios y
rectifica para permanecer en el Señor.

Esta es la relación entre fe, perseverar y salvación en las Escrituras,
particularmente en el Nuevo Testamento:

- Sobre la vida de perseverancia del discípulo (Mt. 10:16-22, 24:10-14;
  Flp. 3:7-14)
- Sobre la necesidad de ser constante en la fe para ser salvo (1 Co. 15:1-2).
- Sobre la importancia de permanecer en Jesús (Col. 2:6-7; 2 Jn. 1:8-11).
- Sobre el abandono de nuestra maldad para salvación (1 Pe. 2:1-3).
- Sobre el discipulado como carrera y la salvación como meta (1 Co. 9:24-27).
- Sobre vivir de manera santa, intachable e irreprensible para no caer en los
  engaños de quienes tuercen la Escritura para su perdición (2 Pe. 3:11-17).
- Sobre la perseverancia como obra de justicia, resultado de amar al Jus-
  to (1 Jn. 2:28-29).
- Sobre la perseverancia mediante la práctica de la justicia (1 Jn. 3:7-9).
- Sobre la reconciliación para ser santos, sin mancha y sin culpa si per-
  manecemos en la fe para salvación (Col. 1-21-23).
- Sobre permanecer en la bondad de la gracia (Ro.11:11-22).
- Sobre la autoevaluación como medio para la perseverancia en la fe, y la
  presencia de Jesús con quienes pasan la prueba (2 Co. 13:5).
- Sobre la perseverancia con buena conciencia, confiando en la promesa
  que recibiremos (He.10:19-23).

- Sobre las obras como testimonio de nuestra fe, si perseveramos, o de rebeldía, si no lo hacemos (Ro. 2:6-8).
- Sobre la perseverancia para salvación (Lc. 21:16-19; He. 6:10-12; 1Ti. 4:16; 1Ts. 5:7-9; 1Pe. 1:4-5; 8-9; 2 Pe. 1:5-11).

Al leer la Biblia y la historia del cristianismo encontramos unidad al creer en esto. Las iglesias de hoy no pueden inventar su propia doctrina, al contrario, deben permanecer en la doctrina de Jesús y la de sus apóstoles.

Algunas preguntas razonables que debemos hacernos son las siguientes: si ya somos completamente salvos por orar recibiendo a Jesús en nuestra vida, ¿para qué obedecer sus mandamientos, apartarnos del mal, vivir en santidad y perseverar en la fe? Y si tuviéramos la salvación completa por hacer una oración, pero pudiéramos perderla por no perseverar, ¿qué clase de esperanza sería esa tan frágil? Si cada cual puede buscar a Dios por su propia iniciativa y si depende de cada uno perseverar, ¿para qué necesitaríamos el sacrificio de Jesucristo, en primer lugar, si cualquiera es lo suficientemente bueno y justo para acudir a Dios? ¿No dice la Biblia que Jehová miró desde los cielos para ver si había algún sensato que le buscara? ¿Y qué encontró? Que todos nos desviamos y corrompimos. ¿Por qué no había quien buscara a Dios? Porque no había quien hiciera el bien; ni uno. Y si quisiéramos perseverar en la fe, ¿quién podría mantenerse por sí mismo? Nadie podría mantenerse firme en la fe.

La realidad, como lo expusimos en el primer capítulo, es que Dios nos hace renacer al darnos su naturaleza espiritual y nos da de su Espíritu y su poder para guardarnos mediante la fe para aguardar la salvación que recibiremos. Perseverar no es posible por nuestra fuerza de voluntad o intenciones.

En 1 Pedro 1:1-5 está escrito que somos elegidos por santificación del Espíritu para obedecer. Esto significa que aquellos que el Señor salva no son de los que retroceden, sino de los que permanecen. Más adelante dice que el Padre nos hizo renacer para una esperanza viva. Renacer implica morir a la carne y vivir en el Espíritu para ya no ser más esclavos de nuestro pecado. Enseguida dice que quien tiene fe es guardado por el poder de Dios para alcanzar la salvación. Somos débiles e incapaces de amar a Dios y obedecer sus mandamientos, así que el poder de Dios nos preserva para alcanzar la promesa. Y asegura claramente que la esperanza es *"para una herencia indestructible, incontaminada e inmarchitable"* y si la recibiésemos ahora plenamente sería corruptible y no sería herencia (1 Co. 15:42). Para Pedro la salvación es algo que esperamos, que no es presente y en diversas traducciones vemos lo mismo. Si la salvación ha de ser revelada en los últimos tiempos, nosotros debemos perseverar para alcanzarla en su totalidad. En la versión NTV dice: *"hasta que reciban esta salvación, la cual está lista para ser revelada en el día final"*; en la DHH dice *"para que alcancen la salvación que tiene preparada, la cual dará a conocer en los tiempos últimos"*; la NVI dice *"hasta que llegue la salvación que se ha de revelar en los últimos tiempos"*; y la RVR1995 dice *"para alcanzar la salvación que está preparada para ser manifestada en el tiempo final"*. La salvación se hará efectiva cuando todo se haya consumado y resucitemos para vida eterna, mientras tanto, nos ha sido dado su Espíritu como las arras o garantía de nuestra redención, quien vivifica nuestro espíritu para beneficiarnos de los efectos de la salvación en Jesucristo desde ahora.

A algunos les suena a la herejía de salvación por obras cuando se habla de perseverar en la fe. Como se ha explicado, nada tiene que ver con esto. Jesús dijo que el que persevere hasta el fin será salvo (Mt. 10:22; 24:13). ¡Tiene sentido! Si los cristianos entienden que su vocación es reconciliar a la gente con Dios, ¿lo harán estando limpios o corrompidos? ¿Creerán los incrédulos en el poder del evangelio si quien les predica tiene una vida nueva o si continúa en peleas, divisiones, chismes, fornicaciones, adulterios, mentiras y otras maldades? ¿No hemos sido rescatados de esas cosas por medio del sacrificio del Hijo? ¿No nos da libertad del pecado? Las exhortaciones a vivir como santos están relacionas con la salvación:

"Hagan todo esto estando conscientes del tiempo en que vivimos. Ya es hora de que despierten del sueño, pues nuestra salvación está ahora más cerca que cuando inicialmente creímos. La noche está muy avanzada y ya se acerca el día. Por eso, dejemos a un lado las obras de la oscuridad y pongámonos la armadura de la luz. Vivamos decentemente, como a la luz del día, no en orgías y borracheras, ni en inmoralidad sexual y libertinaje, ni en disensiones y envidias. Más bien, revístanse ustedes del Señor Jesucris-

to, y no se preocupen por satisfacer los deseos de la naturaleza pecaminosa"
(Ro. 13:11-14).

¿Para qué estar conscientes del tiempo en que vivimos y despertar del sueño si ya somos completamente salvos? ¿Para qué dejar las obras de la oscuridad y ya no satisfacer los deseos de la naturaleza pecaminosa? ¿Para qué revestirnos de Jesús? ¡Es un llamado a perseverar! Creer no es una superstición estéril incapaz de cambiar nuestra vida. Como Santiago reconoció, la fe que no se manifiesta en obras no alcanza para salvación (Sgo. 2:14-20).

Los demonios aventajan a quien dice creer el evangelio de Jesucristo mientras su vida es igual o peor a la que llevaba cuando no lo conocía. Los hijos del diablo tienen plena certeza de que Jesús es el Señor: el diablo mismo obedeció su orden y lo dejó luego de tentarlo (Mt. 4:1-11); le reconocieron como Hijo de Dios (Mt. 8:28-29; Mar. 5:6) como el Mesías (Mar. 1:23-25; Lc. 4:31-34); y conocen a Jesucristo (Hch. 19:13-15). Saben quién es y por ello se le sujetan debido a su autoridad, aunque le han rechazado como Señor. Por otro lado, el que dice creer y es desobediente ni se sujeta a su autoridad y desprecia el Señorío al no adorarle como Dios ni hacer lo que él le manda. El que obra así no tiene parte con él (Mt. 7:21-23).

La salvación inmediata y total que nunca se pierde por haber hecho una oración es enseñada con el fin de dar seguridad al creyente. Pretenden apoyar esta idea en Romanos 10:9, que dice que si confiesas con tu boca que Jesús es el Señor y crees en tu corazón que Dios le levantó de los muertos, serás salvo. Cuando Pablo dice "confesar" no se refiere a un mero pronunciamiento o una declaración verbal sin efecto en la mente y voluntad del pecador. El corazón es para la convicción, lo que la boca es para la acción. **Quien confiesa el Señorío del Hijo en su vida, lo demuestra.**[70] Tal persona no sólo piensa que el evangelio es la verdad, también vive como si lo fuera. Entonces, la seguridad de la salvación no consiste en prometer la salvación a quien pisotea la

---

70 Cfr. Juan Carlos Ryle, *El secreto de la vida cristiana*, El Estandarte de la Verdad, Barcelona, 1991, págs. 94-99.

sangre de Jesucristo o dar esperanza de vida eterna a alguien que no está dispuesto a honrar su decisión de seguir a Jesús. La seguridad de la salvación es confiar en que si nos mantenemos firmes en la fe en Jesucristo recibiremos la promesa, pues quien la hizo no cambia su plan. Él nos da la seguridad.

Hebreos 9:27 dice que, cuando Cristo vuelva, no vendrá con relación al pecado, sino para salvar a los que le esperan. Pablo pregunta: *"¿quién espera lo que ya tiene?"*. Y concluye: *"Pero si esperamos lo que no vemos, con paciencia lo aguardamos" (Ro. 8:24-25)*. Esa paciencia es la vida perseverante del discípulo, apartada del pecado, y la esperanza es la salvación.

Jesucristo lo confirma en su mensaje a cada una de las siete iglesias del Apocalipsis:

1) A la iglesia de Éfeso: *"Al que salga vencedor le daré derecho a comer del árbol de la vida, que está en el paraíso de Dios" (Ap. 2:7).*
2) A la iglesia de Esmirna: *"Sé fiel hasta la muerte, y yo te daré la corona de la vida... El que salga vencedor no sufrirá daño alguno de la segunda muerte" (Ap. 2:10-11).*
3) A la iglesia de Pérgamo: *"Al que salga vencedor le daré del maná escondido" (Ap. 2:17a).*
4) A la iglesia de Tiatira: *"retengan con firmeza lo que ya tienen, hasta que yo venga. Al que salga vencedor, y cumpla mi voluntad hasta el fin, le daré autoridad sobre las naciones" (Ap. 2:25-26).*
5) A la iglesia de Sardis: *"El que salga vencedor se vestirá de blanco. Jamás borraré su nombre del libro de la vida, sino que reconoceré su nombre delante de mi Padre y delante de sus ángeles" (Ap. 3:5).*
6) A la iglesia de Filadelfia: *"Al que salga vencedor lo haré columna del templo de mi Dios, y ya no saldrá jamás de ahí" (Ap. 3:12).*
7) A la iglesia de Laodicea: *"Al que salga vencedor le daré el derecho de sentarse conmigo en mi trono, como también yo vencí y me senté con mi padre en su trono" (Ap. 3:21).*

Los dichos del Señor son claros. Quienes aceptan el evangelio con gozo en un principio y no son constantes son como enseña Jesús con la parábola del sembrador: como la semilla que cayó en pedregales cuya raíz no fue profunda y que representa a quienes no se mantuvieron firmes y fallaron en la prueba y la persecución; como la semilla que cayó entre espinos y fue ahogada por los afanes del mundo y el engaño de las riquezas. Ninguno de estas venció.

La condición humana nos impide perseverar, pero el poder de Dios nos mantiene fieles, íntegros, santos, irreprensibles, obedientes. Continuar invocando a Dios aun cuando intencionalmente pecamos es vivir como Caín. ¿No dice la palabra que el malvado que se apartare de sus caminos vivirá si hiciere justicia? También dice que si el justo se aparta de su justicia para hacer maldad y todas aquellas cosas que Dios abomina, las cosas justas que hizo no le serán tomadas en cuenta, sino que por el pecado que hizo morirá. Eso adelantó el Señor sobre el nuevo pacto, porque en el antiguo pacto la descendencia del pecador pagaba por su transgresión (Ez. 18:21-24).

Pedro insiste en el capítulo segundo de su primera epístola en que hay que despojarse de toda clase de maldad y en no dar lugar a los deseos humanos que luchan contra el alma. El mismo Señor dirá en el día final no conocer a los que hablaron en su nombre, hicieron milagros y echaron demonios, pero no hicieron la voluntad del Padre. Los llamados héroes de la fe son distinguidos por conocer realmente a Dios, permanecer en su fe y actuar en consecuencia. No era una creencia estéril, por el contrario, su fe dio frutos de obediencia, muchas veces, hasta la muerte.

En suma, la perseverancia es simplemente una evidencia de que hay fe y de que se mantendrá viva en medio de la alegría o el desaliento. Según el teólogo Walter Thomas Conner: "decir que debemos perseverar para ser salvos, es simplemente decir que la fe que salva es la fe que persiste. Si no persiste, entonces no tiene la vitalidad suficiente para salvar."[71]

---

71 Walter Thomas Conner, *Doctrina Cristiana*, CBP (7ª Ed.), El Paso, TX, 1988, pág. 283.

El discipulado no es nada más el llamado y la respuesta personal, es recorrer el camino junto con otros caminando a lado del Maestro y llegar al destino trazado. Seguir la ruta de la cultura del discipulado ayuda al hijo de Dios a perseverar y al hacerlo cumple la voluntad del Padre. Ser cristiano es ser constante en el amor, el perdón, la obediencia, la santidad, la gracia, la oración, la meditación en las Escrituras; si no vive así, nadie le creerá si dijera que es cristiano. Por eso son muchos los llamados y pocos los escogidos.

Para instaurar una cultura del discipulado:

- *Discipule y sea discipulado* perseverando en la fe, sin importar las circunstancias.
- *Sea* un ejemplo, un héroe de la fe, para que otros la imiten.
- *Predique y enseñe* sobre la gracia que lo recibe de vuelta si ha fallado, la misma gracia que podría rechazar si persiste en esos pecados que le son perdonados.
- *Persista* en lo que ha creído, el evangelio, al guardar los mandamientos de Dios, porque si no lo hace significará que realmente no cree ni en las promesas al que persevera ni en el castigo para los incrédulos y los rebeldes.
- *Insista* en que el hijo de Dios persevera, no por su fuerza o méritos, sino en el poder del Espíritu y en los méritos de Jesucristo.

3.11 El círculo íntimo y las redes de discipulado

Hasta aquí hemos explicado las condiciones para instaurar la cultura del discipulado en la iglesia local. Ahora abordaremos dos estrategias que Jesús aplicó en su discipulado: los círculos íntimos y las redes de discipulado.

El cristiano que honra su llamamiento de seguir al Señor se compromete con otros en su conocimiento de Dios y en su madurez y crecimiento espiritual. Naturalmente, esto se logra con la eficacia necesaria a través de la iglesia local. Por esa razón el creyente debe ser miembro de una congregación donde pueda arraigarse, hacer amigos que compartan su fe, servirles y ser servido por otros que desean comprometerse con él. Ejercer una vida cristiana requiere involucrar a otros. La cultura del discipulado descansa en la disposición de los seguidores de Jesús para ser ayudados en su crecimiento espiritual y en ayudar a otros a lograrlo también. Aunque el cristianismo es un llamado personal a la reconciliación con Dios, éste se mantiene colectivamente.

Dios nos enseña cómo dar consejo en una relación de discipulado uno a uno. Apenas empezamos a leer las Escrituras lo encontramos hablando con Adán y Eva, instruyéndolos y amonestándolos, como también hizo con Caín. Sus pactos establecidos de manera sucesiva –Noé, Abraham, Isaac, Jacob, Moisés, Josué, David y Salomón– demuestran que Dios hace relaciones profundas con los hombres, a quienes manda personalmente guardar sus mandamientos. Lo mismo hizo Jesucristo con sus doce discípulos y éstos, a su vez, con sus propios discípulos.

Sin embargo, no vamos por la vida discipulando y aconsejando a las personas (lo cual incluye animar, consolar, enseñar, confrontar, corregir y refutar).[72] Usualmente no permitimos que cualquiera se acerque a nosotros haciendo estas cosas, sobre todo si no conocemos a quien lo hace, por muy buen cristiano que sea. Jay Adams, uno de los principales impulsores del renacimiento de la consejería bíblica, ha señalado que en las iglesias somos particularmente buenos para señalar lo malo en los demás e incluso para dar soluciones al decir *qué* hacer, pero omitiendo la orientación y acompañamiento en *cómo* lograrlo.[73] Con el propósito de ser discipuladores eficaces debemos, antes que nada, establecer relaciones de confianza, amor, amistad, respeto y compromiso entre los creyentes. Estas virtudes son la base de una cultura de discipulado.

Por ello es necesario que cada creyente sepa ser amigo y ame a su prójimo como a él mismo. Cada discípulo debe mantener un círculo

---

72 En el capítulo 5 desarrollamos una propuesta teórica y metodológica para que discipuladores aconsejen bíblicamente.

73 Cfr. Jay Adams, *Capacitados para restaurar*, Editorial CLIE, Barcelona, 1986, pág. 109.

íntimo. Es pertinente dedicarse a un grupo compacto de creyentes a quienes les oriente a ser más como Jesucristo. El discipulador mismo forma parte de otro círculo íntimo de alguien espiritual comprometido en ayudarle a él y a otros a alcanzar el mismo objetivo. Este grupo es el área de influencia donde el ejemplo y el amor hacen la diferencia.

El círculo íntimo de cada discípulo de Jesús es donde reciben consejo bíblico oportuno. La iglesia debe promover que cada creyente y congregante forme parte de algún círculo íntimo, pero el secreto de su eficacia es que se conformen de manera natural. La manera correcta de hacerlo no es buscando un círculo íntimo al cual pertenecer. No se trata de inscribirse a pequeños clubes dentro de la iglesia. La sugerencia es que sea el discípulo espiritual, el *puro*, quien defina a quiénes puede servir comprometidamente y comenzar a formar un círculo íntimo, no sin haber intercedido por sus integrantes y orado por dirección del Espíritu.

Se debe tomar en cuenta que la única diferencia que hace la Biblia entre discípulos de Jesús no tiene que ver con niveles de revelación o iluminación divina o con jerarquías, sino con la madurez y la debilidad en la fe. El apóstol Pablo pide a los maduros en la fe recibir a los débiles, soportarlos y no hacerlos tropezar. La responsabilidad es seguir lo que contribuye a la paz y la mutua edificación en todo momento. El débil es tan importante para el Señor como el fuerte. No hay acepción de personas.

El criterio principal para conformar un círculo íntimo debe ser el amor. Tanto unos como otros pondrán a su servicio la diversidad de dones recibidos por los creyentes, con el fin de edificar al cuerpo de Jesucristo. Debemos recordar que ningún don espiritual da una autoridad especial por encima de otros, pues la autoridad para usarlos es el servicio a otros. Esto glorifica a Dios.

Lo que leemos en Romanos 14 sobre cómo se relacionan los maduros en la fe con los débiles nos produce un profundo asombro. La manera en la que debemos sobrellevar las cargas de los otros se expresa en la humildad y la unidad. ¡El fuerte debe soportar las flaquezas de los débiles! El secreto está en no agradarnos a nosotros mismos. Pablo lo describe así: *"Aunque soy libre respecto a todos, de todos me he hecho esclavo para ganar a tantos como sea posible" (1 Co. 9:19)*.

Muchas veces nuestra falta de paciencia y amor con el prójimo se debe a que no se comporta como esperamos o como queremos. Ésta no es una actitud cristiana pues ofende y lastima a las personas. Usar la libertad para servirles es el mejor antídoto contra el egoísmo.

Asimismo, hay que tener cuidado con las lealtades para no renunciar a la verdad por defender a las personas. La lealtad es con Jesucristo y su Palabra, y debemos sujetarnos a la autoridad en la iglesia no por el cargo que tiene, sino por su fe y comportamiento. *"Acuérdense de sus dirigentes, que les comunicaron la palabra de Dios. Consideren cuál fue el resultado de su estilo de vida, e imiten su fe" (He. 13:7)*.

Quien enseña, guía y orienta es una persona ocupada en vivir el evangelio en todas las áreas de su vida. No puede ser muy servicial y amoroso con la congregación, y desobligado y áspero en sus relaciones más íntimas en el hogar.

Pertenecer a un círculo íntimo ayuda a identificar estas incongruencias para que el creyente reciba la atención necesaria. Por eso, una de las principales resistencias en la instauración de una cultura de discipulado es el miedo a ser observado y llamado a cuentas. Pero el discipulado promueve la responsabilidad personal al dar cuentas del comportamiento propio. Su compromiso con otros es servirles como si fueran superiores; mientras que quienes se creen superiores trabajan para sí mismos al servirse de los demás.

"No hagan nada por egoísmo o vanidad; más bien, con humildad consideren a los demás como superiores a ustedes mismos. Cada uno debe velar no solo por sus propios intereses, sino también por los intereses de los demás" (Flp. 2:3-4).

Cuando no estimamos a los demás como nuestros superiores empezamos a reclamar nuestros derechos. Cuestionamos qué ha hecho el otro para merecer nuestro favor, nos concentramos en sus defectos y en sus errores. Olvidamos paulatinamente que carecíamos de todo mérito para recibir el favor de Dios en Jesucristo. Él sirvió a todos por igual aun cuando era el único con la calidad espiritual y moral para reclamar autoridad sobre los demás y renunció a eso. ¿Por qué? Su Reino no es de este mundo, no funciona como los humanos esperamos y deseamos. Debido a ello, los judíos le dieron la espalda y por eso muchos exigen a un rey que funja como su siervo.

El discipulador sigue el ejemplo de humildad de Jesucristo, así como del apóstol. Pablo no se atrevió a imponer sus puntos de vista. Observe 1 Corintios 7, cuando da instrucciones sobre el matrimonio, el divorcio y la soltería. Deja muy claro cuáles son sus palabras y que no por ser las de un apóstol equivalen a un mandato del Señor. Les dijo que hablaba con su sabiduría, que considera es digna de confianza. Nunca insinuó que Dios hablaba por él cuando daba sus opiniones personales con frases como "les digo esto para su propio beneficio, no para imponerles restricciones" cuando recomendó a sus lectores mejor quedarse solteros, por ejemplo.

La actitud del discípulo le evitará hacer tropezar a un débil en la fe, lo cual según el Señor Jesús y Pablo tiene graves consecuencias (Mr. 9:42; Ro. 14:1-23 y 15:1-3; 2 Co. 6:3).

La iglesia atiende la salud en la fe de cada creyente a través de los círculos y los mantiene organizados mediante redes de discipulado. Los responsables de cada círculo dan cuentas de sí mismos a quienes lo integran y a quienes supervisan el buen funcionamiento de las redes, los cuales a su vez informan a los ancianos. Así es como pueden ser discipulados.

3.12 Lo que es y lo que no es la cultura del discipulado

Se debe desechar la idea de que tener una cultura de discipulado en la iglesia local borrará de un plumazo los problemas y todo será maravilloso en adelante. Quienes pertenecen a una congregación ya establecida deben saber que el proceso va a sacudirla y a ponerla en crisis. Esto es muy bueno. ¿Prefieres una iglesia en la que un hereje cree ser un hijo de Dios y además está en una posición de servicio?

Como se puede ver, no fue esbozado aquí el último método innovador que prepare el campo para el siguiente gran avivamiento. La cultura de discipulado no promueve experimentar largos periodos de desobediencia interrumpidos por cortos episodios de obediencia, sino la constancia y perseverancia en la fe a lo largo del tiempo.

Las iglesias deben ser constantes al trabajar arduamente en hacer discípulos que vencen con el bien el mal; que ayudan al necesitado; que no se enredan en los asuntos del mundo; que son agradecidos; que saben vivir en abundancia y en escasez; que sirven a la iglesia con lo que son y lo que tienen; que no condicionan su servicio al dinero; que responden prontamente antes las necesidades; que oran por los demás; que administran bien lo que Dios le ha confiado en esta vida; que ejercen sus dones con responsabilidad y compromiso; que hacen todo como para el Señor y que ponen a Dios como su prioridad.

El discípulo fortalece la comunión con otros al ser amigo y llorar con el que llora, gozarse con el que se goza, al perseverar con sus hermanos de forma unánime. ¿Cómo alcanzar esto? Sin tomar atajos. Instaurar la cultura del discipulado requiere tomar el camino largo, el del compromiso con un congregante a la vez, asegurándonos de que cada cristiano no sea mejor persona, sino una nueva persona.

Los hipócritas dicen "no te fijes en mí, tú imita a Jesús" para justificarse a ellos mismos. Los discípulos dicen valientemente "imítame, como yo imito a Jesucristo". El Señor no tenía temor de ser observado, de quedar expuesto y poner a prueba su integridad. Fue capaz de poner su testimonio bajo el escrutinio de todos.

En este capítulo hemos marcado la ruta para establecer relaciones de discipulado eficaces que transformen, con la guía y el poder del Espíritu Santo, una iglesia que ha descuidado su comunión con Dios. En el siguiente, echamos mano de todo lo desarrollado hasta aquí con miras a ser la iglesia útil.

CAPÍTULO 4

LA IGLESIA ÚTIL

¿Cómo sería tu vida si supieras que Jesucristo es la verdad y que en él está la vida? ¿Cómo sería tu iglesia? ¿Nuestras vidas y nuestras iglesias son un vivo testimonio de creer que en Jesús está la verdad y la vida?

Las respuestas a esas preguntas deberían poner nuestro mundo al revés. Es nuestra oración que lo leído hasta este punto ayude a tomar las decisiones necesarias con el fin de ser iglesias útiles a Dios. **Y, ¿cómo ser útiles? Cumpliendo nuestro propósito y vocación.** Nuestro propósito es adorar a Dios al amarle con todas nuestras fuerzas, con toda nuestra mente y con toda nuestra alma; nuestra vocación es predicar el evangelio y hacer discípulos de Jesús en todas las naciones al amar a nuestro prójimo como a nosotros mismos. Así es como hacemos iglesia.

¿Nuestras vidas y congregaciones hacen estas cosas? Si la respuesta fue un rotundo sí, les animamos a seguir perseverando en la fe, pero si fue un no, entonces se debe procurar la restauración de nuestra comunión con Dios y, sólo entonces, podremos restaurar también la comunión con nuestros hermanos.

¿Qué ocurre cuando no adoramos a Dios? Adoramos algo más, a veces nuestra cómoda y satisfactoria vida religiosa en la que preferimos las cosas que más nos gustan de ser iglesia, antes que amar a Dios. En otras palabras, en vez de morir a nosotros mismos, vivimos para nosotros mismos, y así no podremos amar a Dios ni al prójimo. Entonces prevalecerá en nosotros el orgullo, la ira, la impaciencia, la contienda, la división, los pecados sexuales y toda perversidad guiada por nuestro pecado, como en muchas iglesias ocurre.

En este capítulo delineamos algunos principios generales para orientar a la iglesia local hacia su restauración. ¿El objetivo? Volver al principio, al primer amor, a adorar a Dios. La confusión consiste en pensar que nos reconciliamos con él haciendo lo que creemos mejor, no lo que él ha demandado de su iglesia.

¿Cómo sabemos que hemos sido restaurados? Cuando es una realidad la rendición de cada uno de sus miembros ante la autoridad del Hijo, no ante la última estrategia de crecimiento numérico, de liderazgo, de entrenamiento o de avivamiento. Claro que hemos sido llamados a predicar, pero es Dios quien añade a su pueblo los que han de ser salvos; quien da al mundo su misericordia; quien da la gracia y la fe; quien nos revela el amor de Jesucristo y nos ayuda a comprender que su plenitud excede a todo conocimiento. Simplemente, no podemos pensar que está bien predicar la salvación al mundo cuando nosotros mismos no nos hemos rendido al Salvador; ni es bueno intentar enseñar lo que no hemos creído y no hacemos.

Una vez que ha hecho su obra en nosotros el resultado es la total humillación del pecador: se creía dios y señor de su vida, pero es un esclavo de su carne y del pecado; se creía sabio, pero es un necio; se creía autosuficiente, pero es dependiente de satisfacer sus deseos, instintos y necesidades; se creía rico, feliz, pleno y entendido, pero es pobre, miserable, desnudo y ciego; se creía capaz y competente, pero es débil e incompetente; se creía bueno, pero es un pecador. La propuesta aquí es cómo preparar la disposición de los creyentes.

El Espíritu nos ayuda a comprender nuestra realidad espiritual y debemos ser obedientes y decidirnos por ser restaurados. El apóstol Pablo describe el resultado en Efesios 3:15-19:

- Podemos y debemos orar para que...
- Dios dé a cada persona poder por su Espíritu.
- Ese poder es fe para que Cristo viva en nosotros...
- ...y para que el amor sea la raíz y el fundamento en nuestras vidas (así cumpliremos nuestro propósito y vocación, como se ha dicho anteriormente).
- Entonces, podremos comprender realmente el amor de Cristo, que es mayor a cualquier conocimiento.
- Para que, finalmente, seamos llenos de toda la plenitud de Dios.

¿Quieres una vida y una congregación cuya comunión con Dios sea restaurada? ¿Puedes ver esta necesidad? Antes de comenzar cualquier proceso de restauración formalmente empieza a orar por ti y por cada persona con dicho objetivo, por cada uno de los motivos expuestos por Pablo. Para ser iglesias útiles al Señor la solución no es cambiar de pastor, de ministros ni de miembros, es más, no necesitamos más estrategias y activismo, necesitamos a Dios y su poder restaurador. Quien se oponga a ello se ha descartado a sí mismo.

Ahora que ya sabemos a dónde vamos, explicaremos cómo llegar ahí al describir cómo es una comunidad restaurada. La iglesia útil:

- Identifica su realidad espiritual.
- Aprende de su pasado.
- Restaura, discipula, aconseja y vuelve a restaurar.
- Asume su llamado.
- Es visible en el mundo.
- Tiene lugar para todos.

Empecemos entonces con el primer paso.

4.1 Identifica su realidad espiritual

Con el objetivo de identificar el estado en el que se encuentra la iglesia utilizamos la siguiente alegoría a partir de una situación real:

Mi madre vive en la Ciudad de México y perdió su casa en el sismo del 19 de septiembre de 2017. Algunas edificaciones se derrumbaron totalmente; otras, seguían en pie. Algunas del segundo grupo requerían ser reforzadas en puntos estratégicos y así continuar siendo habitables, y otras estaban bien en apariencia, pero sufrieron daños estructurales tan importantes que su dictamen fue de demolición para construir algo nuevo en su lugar.

En nuestra experiencia en Restauración de Iglesias hemos encontrado algunas iglesias *derrumbadas*. Otras quedaron aparentemente en pie, pero debido a sus daños a causa de las consecuencias del pecado están a punto de desaparecer. En un principio es imposible saberlo, y por ello esperamos lo mejor y trabajamos decididamente en su restauración. Si al final la iglesia no dio fruto ese es el testimonio de su realidad espiritual. Algunas iglesias necesitan reforzamiento, como cuestionar doctrinas que han creído aun cuando contradicen el evangelio o como ponerse a cuentas con Dios o entre sus miembros luego de tolerar pecados y ofensas por largo tiempo, por dar unos ejemplos.

En el caso de las que aparentemente estaban en buen estado alcanzan dictamen de *demolición*; con *demoler* nos referimos, espiritualmente, a un proceso en el que la congregación debe humillarse ante el Señor, morir a su carne y arrepentirse de su pecado. Si hay *demolición*, también hay *reconstrucción*. Con *reconstruir* nos referimos a restaurar, es decir, a la obra del Espíritu Santo entre los creyentes cuando estos se examinan a la luz de la Biblia y disciernen si la iglesia cumple o no con su propósito y vocación, llevando a cabo las acciones pertinentes que la retornen a su razón de existir, si es el caso. La restauración ocurre interiormente en los miembros y se expresa externamente en cambios de prioridades mediante un entendimiento bíblico del evangelio y la obediencia a los mandamientos.

Con restauración algunos entienden cosas como cambiar el estilo de la alabanza y de las predicaciones –aun en su contenido–, incrementar las reuniones de oración y de estudios bíblicos, o implementar cualquier estrategia que garantice la asistencia de más personas a las reuniones. Estas cosas no son erradas por sí mismas, sino el afán por preferir lo que produzca resultados rápidos y de poca duración. Muchas veces las intenciones detrás de esta actitud son orgullo de defender un proyecto personal, confiar en la sabiduría y la capacitación propia más que en el poder de Dios y en la multitud de consejeros que le teman, competir con otros pastores o iglesias, e incluso obtener reconocimiento y prestigio.

Tener lo necesario para un diagnóstico completo de nuestra iglesia será posible al concluir los pasos para ser una iglesia útil expuestos en este capítulo, pero un parámetro para saber si se requiere reforzamiento o demolición es distinguir cuál es el fundamento. Dos son los malos fundamentos que han derrumbado iglesias a lo largo de los siglos: el libertinaje y el legalismo. Ambas son distorsiones del evangelio y caras de la misma moneda, la religiosidad (vea la figura siguiente). **Edificar la iglesia sobre este débil fundamento es comparable con insistir en habitar una casa con daños estructurales que debe ser demolida. Su caída es cosa de tiempo.**

El legalismo enseña a hacer lo que hace un hijo de Dios sin ser un hijo de Dios. Pone énfasis en la ejecución de ciertas acciones no piadosas con intenciones piadosas, la realización de buenas obras a conveniencia del legalista, así como la observancia de rituales y tradiciones, aunque anula por completo que Dios puede producir deseos santos, necesidades santas y comportamientos santos en el creyente para facilitarle humillarse y someterse al Señorío de Jesucristo, haciendo de él un hijo de Dios y de su vida un testimonio de obediencia voluntaria a él.

El libertinaje hace creer a quien no es un hijo de Dios que sí lo es al poner de pretexto la bondad de Dios por medio de su gracia para con los seres humanos con el fin de cometer toda clase de pecados. El libertino cree la mentira de que en Jesucristo los pecados que cometa el pecador son justificados, y desecha la verdad de que en Jesucristo el pecador es justificado para, en adelante, humillarse y someterse a su Señorío.

Figura 3: De la religiosidad al evangelio

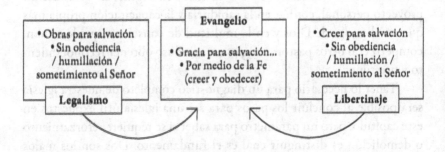

El legalista sirve, asiste los domingos al templo, participa en las actividades de la iglesia, imparte clases, diezma y ofrenda, ayuda a otros si eso no le representa sacrificio o mayor complicación, pero lo hace porque piensa que así contentará a Dios y que no se acordará de su desobediencia persistente.

El libertino peca deliberadamente consolándose con la idea errada de que no rendirá cuentas de su desobediencia intencional e ignorando que el pecador justificado en los méritos de Jesucristo es el pecador arrepentido. El evangelio nos insta a no ser como Caín y a preferir la restauración para aprender obediencia al ejercitar la humillación y sometimiento al Señor. El pecador entiende a través del evangelio que creer y obedecer no es seguir viviendo en sus pecados, pues aceptar la gracia para salvación es abandonar la práctica de pecados para rendir adoración al Padre en santidad y santificación.

El adorador imita a Jesús como hijo, como padre, como esposo, como empleado, como empleador, como amigo, como vecino, como ciudadano, como gobernante, como miembro de una iglesia, como pastor, como ministro, en fin, como hijo de Dios.

Otro paso en el camino hacia la restauración es aprender del pasado, y para ello la iglesia debe meditar en los mejores ejemplos de legalismo y libertinaje que hay en la Biblia. Después de hacer este viaje al pasado haremos un diagnóstico, el cual es un recurso didáctico que nos facilite la examinación de nuestra iglesia local.

4.2 Aprende de su pasado

En este apartado vamos a ver cómo el libertinaje se relaciona con la historia de Israel del Antiguo Testamento, mientras que el legalismo con los maestros de la ley, personificados en los fariseos y escribas del Nuevo Testamento.

La iglesia tiene una gran responsabilidad, pues dice la Palabra: *"Porque las cosas que se escribieron antes, para nuestra enseñanza se escribieron, a fin de que por la paciencia y la consolación de las Escrituras, tengamos esperanza" (Ro. 15:4 RV1960).*

...y en otra parte: *"Y estas cosas les acontecieron como ejemplo, y están escritas para amonestarnos a nosotros, a quienes han alcanzado los fines de los siglos", 1 Corintios 10:11 RV1960).*

La historia del pueblo de Israel se encuentra perfectamente resumida en el segundo libro de Reyes (17:7-20), y se presenta como un espejo ante el cual tenemos que reconsiderar acciones nuestras que como iglesia han ofendido al Señor (enfatizamos algunas):

"Todo esto sucedió porque los israelitas habían *pecado* contra el Señor su Dios, que los había sacado de Egipto, librándolos del poder del faraón, rey de Egipto. *Adoraron a otros dioses* y siguieron las costumbres de las naciones que el Señor había expulsado delante de ellos, como también las prácticas que introdujeron los reyes de Israel. Además, *blasfemaron contra el Señor* su Dios, y dondequiera que habitaban se *construían altares paganos.* Desde las torres de vigilancia hasta las ciudades fortificadas, y en cada colina y bajo todo árbol frondoso, *erigieron piedras sagradas e imágenes* de la diosa Aserá; y en todos los altares paganos quemaron incienso, siguiendo el ejemplo de las naciones que el Señor había desterrado delante de ellos. Fueron tantas las maldades que cometieron que provocaron la ira del Señor. *Rindieron culto a los ídolos,* aunque el Señor se lo había prohibido categóricamente. Por eso el Señor les dio esta advertencia a Israel y a Judá por medio de todos los profetas y videntes: '¡Vuélvanse de sus malos caminos! Cumplan mis mandamientos y decretos, y obedezcan todas las leyes que ordené a sus antepasados, y que les di a conocer a ustedes por medio de mis siervos los profetas'. Con todo, no hicieron caso, sino que fueron tan tercos como lo habían sido sus antepasados, que no confiaron en el Señor su Dios. Rechazaron los decretos y las advertencias del Señor, y el pacto que él había hecho con sus antepasados. Se fueron tras ídolos inútiles, de modo que se volvieron inútiles ellos mismos; y aunque el Señor lo había prohibido, siguieron las costumbres de las naciones vecinas. Abandonaron todos los mandamientos del Señor su Dios, y se hicieron dos ídolos fundidos en forma de becerro y una imagen de la diosa Aserá. Se postraron ante todos los astros del cielo y adoraron a Baal; sacrificaron en el fuego a sus hijos e hijas; practicaron la adivinación y la hechicería; en fin, se entregaron a hacer lo que ofende al Señor, provocando así su ira. Por lo tanto, el Señor se enojó mucho contra Israel y lo arrojó de su presencia. Sólo quedó la tribu de Judá. Pero aun Judá dejó de cumplir los mandatos del Señor su Dios y siguió las costumbres que introdujo Israel. Por eso el Señor rechazó a todos los israelitas: los afligió y los entregó en manos de invasores, y acabó por arrojarlos de su presencia."

En Ezequiel 15 se compara a su pueblo con una vid inútil. Una planta como la vid tiene el propósito de dar fruto. Si no cumple con su finalidad de existir, no tiene uso. Dios va más allá y hace notar que ni siquiera sus ramas o su tronco pueden ser aprovechados, como la madera de otros árboles, para hacer algo de utilidad. ¡Ni siquiera un perchero! ¿Cuál fue la razón para que su pueblo se hiciera inútil a sus ojos? Dios mismo lo explica al profeta. En el capítulo 5, el Señor le dice a Ezequiel que Jerusalén resultó peor que los pueblos paganos, pues a pesar de conocerle y de haber recibido su ley, no la obedecen. La sentencia que da es muerte por peste, hambre y espada.

Cuando el ejército de Babilonia asediaba Jerusalén, el rey Sedequías acudió a Jeremías para consultar a Dios si habría de librarlos de sus enemigos. A pesar de la idolatría que practicaban, ellos creían que por ser el pueblo escogido el Señor tendría misericordia de ellos y perdonaría su rebeldía para darles la victoria. Daban por sentada su salvación sin importar su rebeldía a Dios. Por siglos el Señor fue paciente con ellos, pero habría llegado el día de la justicia luego de múltiples llamados al arrepentimiento y a la fidelidad.

En Amós 6, Dios promete la destrucción de Israel. ¿Cuál es la razón? El pueblo olvidó su identidad, perdió el rumbo, no supo cómo llegó ahí, dejó de lado su propósito y se hizo como los demás pueblos. Ellos tenían que haber dado gloria a Dios con su obediencia, con sus propias vidas. En cambio, construyeron palacios y destinaron cuantiosos recursos humanos y materiales en la búsqueda de su propia grandeza, imitando a los pueblos vecinos.

De acuerdo con Oseas 6, religiosidad, ritualismo y tradiciones sustituyeron a amar a Dios y al prójimo. Cambiaron por obras vacías y sin sentido las obras justas.

El profeta Jeremías comienza su ministerio recordando a Israel que no siempre fue rebelde. En el capítulo 2, Dios evoca la fidelidad de su prometida en su juventud, y se pregunta cómo es que lo abandonó. Los sacerdotes no buscaron a Dios y los que tenían la ley no le conocieron; los pastores se rebelaron y los profetas hablaron en nombre de Baal, reclamó. Buscaron suplir su necesidad de Dios con cosas que no eran Dios al cavar cisternas agrietadas para prescindir de la fuente de agua viva, que es él, les reclamó el Señor. El juicio vendría por su infidelidad y su ilusión de autosuficiencia. No abandonaron a Dios, sino que le menospreciaron.

A aquellos que fueron al templo a adorar, Dios los envió a Jeremías —relata en el capítulo 7—, para pedirles que enmendaran sus caminos y olvidaran la falsa seguridad inculcada por los falsos profetas que prometían no ser destruidos por causa del templo.

En el capítulo 8 de Jeremías leemos que Dios denuncia que el pueblo no reconocía su pecado, que desde el más pequeño hasta el más grande practicaba la avaricia, y que los profetas y los sacerdotes eran unos farsantes. Dios descubrió a profetas y sacerdotes que dieron gusto al oído del pueblo.

Jeremías nos recuerda en el capítulo 16 cómo es la ceguera espiritual. Encontramos que es provocada por el pecado y que, por la falta de arrepentimiento, el que practica la religiosidad es incapaz de reconocerlo, pues sus acciones le parecen justas.

Como leemos en Isaías 66, Dios se hartó de las ofrendas de su pueblo y se alejó de él. A ellos, Dios prometió limpiar sus escorias e impurezas. Él llamó a la restauración a su pueblo.

En Ezequiel 16, Dios explica por qué cayó Jerusalén, que representa a su pueblo. Dice que se prostituyó debido a la idolatría. Sacó a Dios del centro de su vida porque confió en su renombre, reputación y belleza, pero no en él.

A través de los profetas, Dios reprendió al pueblo por su religiosidad y por haber abandonado a los pobres, a las viudas y a los huérfanos, no por faltar a los rituales. Ellos dejaron de amar a Dios por sobre todas las cosas y a su prójimo como a sí mismos. La depravación de Israel fue peor que la de los paganos que habitaron esa tierra anteriormente a ellos, pero el pueblo de Dios confiaba ciegamente en su salvación pese a su desobediencia, esto es, convirtieron la gracia en libertinaje.

¿Qué lecciones debe aprender la iglesia local? Todas. Lo acontecido en el Antiguo Testamento nos ayuda a considerar algo sumamente importante: no podemos ni debemos invocar a Dios y seguir viviendo como queremos dando por hecho que Él nos salvará pese a los pecados que persistimos en practicar. Dios habla a los gentiles con exhortación, poniendo de ejemplo al pueblo de Israel, pero con promesa para estos últimos:

"Porque si Dios no perdonó a las ramas naturales, a ti tampoco te perdonará. Mira, pues, la bondad y la severidad de Dios; la severidad ciertamente para con los que cayeron, pero la bondad para contigo, si permaneces en esa bondad; pues de otra manera tú también serás cortado. Y aun ellos, si no permanecieren en incredulidad, serán injertados, pues poderoso es Dios para volverlos a injertar" (Ro. 11:21-23 RV1960).

Los creyentes ofendemos a Dios y damos por hecho nuestra salvación, aun cuando no nos hemos arrepentido de nuestro pecado. Israel nos recuerda que el juicio llegará y no habrá más oportunidad de cambiar nuestros malos caminos.

Israel tenía la misma encomienda y los mismos retos que la iglesia. Por ejemplo, el llamado a adorar y a amar a Dios a través de la obediencia a sus mandamientos y darle a conocer a las naciones. Aunque el pueblo de Israel no le honró, Dios siempre reservó un remanente de fieles a él, como le dijo a Elías (1R.19:1-18). De la misma manera, en la iglesia local crece la mala hierba juntamente con el trigo, pero el Señor mantiene su pacto con los suyos porque se hace efectivo con quienes perseveran en la fe en Jesucristo.

El problema del pueblo de Dios –Israel y la iglesia–, señalado en el Antiguo y Nuevo Testamento ha sido y es el pecado, y el llamado al arrepentimiento siempre le ha acompañado. Los siguientes pasajes ilustran lo anterior (el énfasis es nuestro):

Antiguo Testamento	Nuevo Testamento
"La mano del Señor no es corta para salvar, ni es sordo su oído para oír. Son las iniquidades de ustedes las que los separan de su Dios. Son estos pecados los que lo llevan a ocultar su rostro para no escuchar... El Redentor vendrá a Sión; ¡vendrá a todos los de Jacob que se **arrepientan** *de su rebeldía! —afirma el Señor—" (Is. 59:1-2,20).* *"Por tanto, a cada uno de ustedes, los israelitas, los juzgaré según su conducta. Lo afirma el Señor omnipotente.* **Arrepiéntanse** *y apártense de todas sus maldades, para que el pecado no les acarree la ruina" (Ez. 18:30).*	*"Se ha cumplido el tiempo –decía. El reino de Dios está cerca. ¡***Arrepiéntanse** *y crean las buenas nuevas!" (Mr.1:15).* *"No he venido a llamar a justos, sino a pecadores para que se* **arrepientan"** *(Lc. 5:32).* *"...comenzando con los que estaban en Damasco, siguiendo con los que estaban en Jerusalén y en toda Judea, y luego con los gentiles, a todos les prediqué que se* **arrepintieran** *y se convirtieran a Dios, y que demostraran su arrepentimiento con sus buenas obras"* *(Hch. 26:20).*

¿No es el mismo Dios, Jehová, quien amonestaba al pueblo por boca de Isaías, diciendo que de labios lo honraban, pero que su corazón estaba lejos de él? Incluso en nuestros días cierto refrán dice que los creyentes solo mienten cuando cantan.

En el caso de los fariseos y escribas tenían muchas obras y cumplían con los rituales, mientras dejaron de hacer justicia, tener misericordia y fe, es decir, que presumían cumplir la ley al pie de la letra, pero dejaron de hacer lo más importante de la ley, según las palabras de Jesús. Como ellos, creemos en el fondo que Dios tomará en cuenta nuestras obras de religiosidad para compensar nuestra falta de obediencia (Mt. 23).

En estos dos ejemplos del pasado apreciamos mejor el libertinaje y el legalismo. Sugerimos hacer el siguiente diagnóstico para identificar la realidad espiritual de la iglesia local:

Tabla 4: Matriz de diagnóstico de la realidad espiritual de la iglesia local			
Pregunta	Opción 1	Opción 2	Opción 2
Considero que en mi iglesia...	Cada uno hace lo que puede por agradar a Dios.	Abunda el pecado.	Se restaura al pecador.
En mi iglesia	Mientras unos procuran humillarse y someterse al Señorío de Jesucristo en todo, otros no quieren o no pueden.	No hay humillación ni sometimiento al Señorío de Cristo.	Procura humillarse y someterse al Señorío de Jesucristo en todo, aunque a veces algunos no lo logran.
Mi iglesia se caracteriza por...	La inconstancia. Vamos muy bien cuando no hay desánimo, tentaciones y problemas.	La rebeldía. Nadie quiere servir, pero cuando alguien se anima lo critican o no lo apoyan. Todos parecen muy ocupados en sus ministerios y aparentan estar bien, pero todos sabemos que no y la mayoría hace cosas que no están bien.	La constancia.
Mi iglesia se enfoca en...	*Hacer.* Tenemos muchas actividades y programas, pero tenemos nada o poco fruto y los resultados no duran mucho tiempo.	*Ser.* Nos ocupamos de mantener la iglesia funcionando. Hacemos poco por los miembros, sus familias y la comunidad.	*Ser/Hacer* Perseveramos y trabajamos para cosechar fruto en su tiempo, pues no lo producimos nosotros, sino Dios, según su voluntad.
Cuando la iglesia no va bien...	Cambiamos al pastor o a los ministros, mejoramos la alabanza, creamos nuevos ministerios, buscamos la última estrategia exitosa entre las iglesias, buscamos un avivamiento, agendamos capacitaciones, hacemos evangelismo...	Ninguna iglesia está bien, es lo normal.	Oramos pidiendo dirección y nos examinamos a la luz de la Biblia para conocer en qué estamos fallando.
¿Cuál es su fundamento?	La gracia y el poder de Dios en Jesucristo / Obras para salvación sin obediencia / Creer para salvación sin obediencia	Obras para salvación sin obediencia / Creer para salvación sin obediencia	La gracia y el poder de Dios en Jesucristo.
¿Qué necesita mi iglesia?	"Reforzamiento"	"Demolición"	"Mantenimiento"
¿Qué vamos a hacer sus miembros?	Apuntalar	Reconstruir	Examinar / Discernir

4.3 Restaura, discipula, aconseja y vuelve a restaurar

Cierto día encontré un video sobre un proyecto comunitario en Edimburgo, Escocia. Describe un lugar en el que las personas aprenden a reparar dispositivos electrónicos, muebles y ropa. La idea es que, en vez de desechar, hay que evitar el desperdicio y la generación de basura a escalas masivas al dar una segunda oportunidad a las cosas. Al final, la fundadora de Edinburgh Remakery, Sophie Unwin, animó a la gente a que, si algo no los hace felices, lo cambien.[74]

La moraleja es que si como cristianos vemos que nuestra iglesia no cumple su propósito ni su vocación y a consecuencia de ello hay pecado y sufrimiento entre los congregantes, debemos poner manos a la obra, empezando por orar. Cuando hablamos de restauración en la iglesia local no convocamos a cambiar lo que no nos hace felices en términos carnales, pues discutiríamos cosas sin importancia. La pregunta es: ¿qué debemos cambiar? Debemos ser mansos permitiendo que el Espíritu nos cambie primeramente a nosotros para dejar de ser parte del problema y comenzar a ser parte de la solución.

Luego podemos participar en los planes de Dios para con nuestra congregación. Todo el trabajo y los esfuerzos para la restauración de la iglesia están dirigidos a instaurar la cultura del discipulado descrita en el capítulo anterior y estos son los pasos a seguir. La iglesia útil:

A) Es restaurada para mantenerse reformando.
B) Discipula solamente a quienes Jesús ha llamado y quieren seguirle.
C) Discipula para mejorar la disposición del creyente para que Dios incremente su fe y para colaborar en la santificación de cada miembro.
D) Se fundamenta en el consejo bíblico.
E) Persevera cuando sus discípulos hacen discípulos.
F) Toma en serio la membresía y la disciplina para restaurar.

---

74 https://www.facebook.com/peoplepowerchange/videos/10159606584430788/ fecha de consulta: 19 de enero de 2018.

Expliquemos cada inciso.

a) La iglesia útil es restaurada para mantenerse reformando. Restaurar es que algo, o en este caso la iglesia, vuelva a su condición original debido a su deterioro, según el Diccionario de la Lengua Española.[75] Eso es exactamente lo que el Señor hace. Dios es el Reformador. Él ha dirigido a lo largo de la historia y continúa dirigiendo los despertares espirituales de sus hijos, como lo demostramos en el primer capítulo.

Por esa razón, en toda la Biblia están presentes casos de discipulado, consejo bíblico y restauración. Vamos a observar el siguiente patrón repetirse, por ejemplo, con Adán y Eva, Abraham, Isaac, Jacob y sus hijos, Moisés, el rey David, algunos del pueblo de Israel y varios de sus reyes que también temieron al Señor, además de los apóstoles y, desde entonces, la iglesia:

- Dios da a conocer al ser humano su voluntad en la verdad.
- Establece un pacto e instruye sobre sus juicios: las bendiciones de su cumplimiento (promesas) y las maldiciones de su incumplimiento (sentencias).
- Desarrolla una relación con quienes eligen amarlo y honrarlo.
- Amonesta en cuanto a sus responsabilidades.
- Desobediencia del pacto.
- Juzga y corrige, mientras que permite las consecuencias de la desobediencia o libra, según su soberana y providencial voluntad, para llevar a cabo sus planes.
- Restaura a quienes le buscan en arrepentimiento y obediencia o ejecuta su juicio al pagar al rebelde conforme a sus obras por haber violado el pacto.
- Periodos de amonestación, desobediencia, corrección y restauración a quienes perseveran.

---

75 Diccionario de la Lengua Española, Real Academia Española (22 Ed.), Edit. Espasa, Madrid, 2001.

Encontramos que con Caín la variante fue que la rebeldía posteriormente fue apostasía, en oposición a la restauración. Este patrón pecaminoso y destructivo lo vemos más tarde afectando a la humanidad depravada, y lo repitieron el profeta Balaam, Coré y los que murieron en el desierto, el rey Saúl, el rey Salomón, muchos reyes más y del pueblo de Israel, Judas el traidor y otros más de los que andaban con la iglesia.

Ocupémonos de que nosotros y nuestras congregaciones estemos identificados con la restauración. Bien, ya sabemos cómo trabaja Dios, ahora veamos cuál es la respuesta de los santos cuando él los llama a ser restaurados. Particularmente pondremos nuestra atención en los textos 2 Crónicas 15:1-12, Daniel 9:1-19, Esdras 9 y 10, Nehemías 8, 9 y 10 para conocer qué podemos aprender de ellos para traer restauración a nuestras iglesias:

- Recordaron el pacto con Dios y sus juicios.
- Reconocieron el pecado del pueblo.
- Hicieron conciencia y contrición e invocaron a Jehová para pedir perdón.
- Comunicaron al pueblo estas cosas y lo convocaron a reconocer, confesar y arrepentirse de sus pecados.
- Aceptaron junto con el pueblo las consecuencias del pecado.
- Se unieron a ellos los que temían a su Dios.
- Renovaron junto con el pueblo su pacto con Dios de forma audible e intencional.
- Hicieron las reformas necesarias para terminar con la rebeldía y el pecado.

¿Podemos imaginar cuán precioso fue aquello? Unidos oraron pidiendo restauración y pusieron manos a la obra llevando a cabo las reformas necesarias con el propósito de hacer volver al Señor a su pueblo. ¡Algo así sin duda es obra de Dios! Esta es la meta de toda congregación extraviada.

Los relatos citados proporcionan orientación sobre lo que nuestros motivos de oración deberían reflejar al rogar por la iglesia, en virtud de que el principio de la restauración es que el Espíritu nos convenza de necesitarla. Podríamos pedir que nos conceda ser sensibles a su voz, que nos permita sentir dolor por haberle menospreciado, que su Espíritu nos dirija en unanimidad, sabiduría y contrición, así como ser usados en los planes para su cuerpo.

En todos los casos se atravesó por un momento de crisis, concepto que indica un cambio profundo como consecuencia de un proceso, tras la examinación cuidadosa de algo. Las consecuencias del pecado nos llevan a la crisis y el proceso de restauración debe encaminar a la iglesia a ponerse a cuentas con Dios, de lo contrario, se habrá desperdiciado la oportunidad de reformar. La iglesia útil se mantiene en constante examinación a la luz de las Escrituras con el fin de reformar aquello que la aparta del cumplimiento de su propósito y vocación, y así no desviarse nuevamente.

Caso ilustrativo 1:

A pesar de que la iglesia solicitó nuestra ayuda externa para su restauración, algunos no aceptaron su necesidad de ella. Estos últimos saboteaban el proceso, aunque no abiertamente. Los opositores, uno por uno, decidieron abandonar la iglesia al no ver satisfechas sus demandas; ellos no pudieron o no quisieron reconocer su parte en el problema. Al principio fue visto como evidencia del fracaso del proceso de restauración, pero comprendieron que la prioridad era la restauración de la comunión del pecador con Dios. La crisis depuró la fe de sus miembros y apartó de la congregación a los corruptos e incrédulos que no procedieron al arrepentimiento, aunque existe la confianza en que Dios continuará trabajando con ellos. Asimismo, salieron a la luz algunas prácticas y doctrinas anti bíblicas, lo cual les facilitó reordenar sus prioridades y volver al primer amor.

b) La iglesia útil discipula solamente a quienes Jesús ha llamado y quieren seguirle. En el discipulado se manifiesta quién realmente tiene fe y quién no, así como quién ha sido llamado por el Maestro a seguirle y quién no.

Discipulamos debido a nuestro propósito y vocación para que los llamados perseveren y nadie sea condenado, sin embargo, algunos podrían desistir de ser hijos por no estar de acuerdo con las reglas de la casa. Jesús no vino a condenar, sino a salvar lo que se había perdido. Esa es la razón por la cual en casa nos ocupamos de cumplir con nuestras responsabilidades y disfrutamos ser la familia que somos. Cuando alguno no se comporta como hijo, desprecia a su Padre y rechaza las reglas de la casa, como sus hermanos le discipulamos con la esperanza de estimular arrepentimiento y el gozo que le sigue, pero cuando esto no ocurre y la persona decide no ser hijo y salir de la casa paterna tal persona ha tomado su decisión. No debe ser tratada como parte de la familia porque no quiso pertenecer a ella.

El discipulado tiene este efecto en quienes estaban con nosotros y salieron de nosotros porque no eran de nosotros. Podría ser que quien no quiere ser hijo esté aferrado a permanecer en la casa del Padre y, naturalmente, la familia interviene con tal de que recapacite; no obstante, la casa tiene reglas y tampoco se puede obligar a nadie a permanecer en ella y cumplirlas.

La ilustración debe ayudarnos a ver las terribles consecuencias de permitir a un perverso que se ha convertido en un extraño habitar con nuestra familia, en la intimidad del hogar. La iglesia debe mantener la unidad enseñando y viviendo en la verdad, y el tiempo descubrirá quién es hijo de Dios y quién es hijo del diablo (1 Jn. 3:6-10). De esta forma queremos explicar que, a la larga, la iglesia discipula al que persevera en seguir a Jesucristo, a quien honra a Dios como Padre porque le ama.

Debemos tener cuidado en no ser legalistas al convertirnos en una especie de policía espiritual. Quienes no son discípulos de Jesús se manifiestan a sí mismos. Con esto en mente hay que recordar que no somos Dios para controlar las cosas, no somos Jesús para llamar a quien queramos a seguirle y no somos el Espíritu para restaurar la mente y el corazón de las personas. Debemos hacer nuestra tarea y lo haremos si el fruto del Espíritu está en nosotros.

Caso ilustrativo 2:

Durante el proceso de restauración esta iglesia respondió de manera unánime en todo. Decisiones fueron tomadas, hubo confesión y arrepentimiento espontáneos, lágrimas de alegría celebrando la misericordia de Dios y el perdón. Luego nos enteramos por el pastor que uno de los ministros abandonó a su esposa e hijos y a la iglesia, pues había resuelto entregarse a sus deseos pecaminosos. Esto provocó tristeza, angustia, y una sensación de frustración. En este caso no fue propiamente una crisis la que llevó a la iglesia a buscar restauración, sino que Dios puso en ella la necesidad de cuestionar sus prácticas y doctrinas, y si éstas la llevaban por buen camino al cumplimiento de su propósito. El proceso de restauración mismo provocó la crisis al confrontar a la iglesia con la práctica secreta de los pecados de sus miembros, y es una respuesta esperada que apostaten quienes no se reconcilian con Dios, como este hombre que practicó el adulterio desde hacía muchos años atrás. Se le llamó al arrepentimiento sin éxito y la iglesia se enfocó en los suyos.

c) La iglesia útil discipula para mejorar la disposición del creyente, para que Dios incremente su fe, y para colaborar en la santificación de cada miembro. Cuando las cosas van mal en la iglesia local el primer error a evitarse es decidir impulsivamente cambiar de congregación. El acierto es comenzar a orar para que Dios dé dirección, paz, sabiduría, paciencia, amor, misericordia, gracia... ¿ya está claro? La crisis es una gran oportunidad para que el fruto del Espíritu sea producido en el creyente y este sea santificado. Los animamos a pasar esta primera prueba y a ser pacientes.

Si somos carnales y buscamos que se haga nuestra voluntad veremos que se multiplica el pecado en ira, maledicencia, divisiones, pleitos, chisme y orgullo, por ejemplo. Debemos hacer un alto y recapacitar en nuestra propia obediencia. Podríamos estar viendo la paja en el ojo ajeno sin ver una rama en el propio. Como hemos visto, la restauración en la iglesia comienza con alguien temeroso de Dios. Hay que proceder al reconocimiento, confesión y arrepentimiento de los pecados en lo individual. Alguien dispuesto a obedecer a Dios en medio de la desobediencia será usado para cambiar las cosas. Su actitud y comportamiento sacudirán las conciencias y serán imitados entre unos pocos miembros. Este grupo debe orar pidiendo que el Espíritu haga ver a todos sus pecados en lo personal y en lo congregacional.

Quienes por la gracia de Dios han comenzado a percatarse de su rebeldía y cómo han sido parte del problema, ahora serán parte de la solución al ponerse a cuentas con Dios y con otros, así como al fortalecer su comunión personal con el Señor haciendo lo que es bueno y justo pese a las ofensas de sus hermanos. Su oración, servicio e integridad al negarse a participar en obras pecaminosas, así como su amor por quienes se han comportado como sus enemigos, será una poderosa arma en las manos de Dios para sacudir las conciencias, pero llevará su tiempo. Esta parte es la que comúnmente omiten los libros sobre cómo instaurar una cultura del discipulado, esto es, que se debe lidiar con personas reales y el Espíritu trabaja a un ritmo diferente con cada una, lo cual representa varios retos a los que las frías estrategias de manual no nos preparan. Nosotros mismos no pretendemos cubrir todos los escenarios que se presenten, pero con el favor del Señor describimos a grandes rasgos la ruta.

El recorrido será accidentado y probablemente más rápido si los ancianos, el pastor o pastores y los ministros se encuentran en este pequeño grupo de creyentes temerosos de Dios. Sin importar eso y a pesar de lo difícil que sea soportar las debilidades de los hermanos, la meta nunca debe perderse de vista: que Dios dé fe a su iglesia para volverse a él. Recordemos lo dicho por Pablo a Tito, la respuesta al pecado es la represión (Ti. 1:12-13), o en otras palabras, advertir a quien lo practica sobre el peligro de hacerlo y sus consecuencias, y la finalidad es que haya fe verdadera en el pecador, pues es la única vía para alcanzar la restauración.

Un miembro de la iglesia que aceptó la represión del Señor por medio de su palabra y por medio de otro miembro para hacer la voluntad divina se ha humillado. Está listo para depurar su fe y ser santificado, para entonces colaborar en la santificación de otros. Quienes se humillan ante la autoridad del Hijo deben volcarse intensamente a la Biblia, la fuente de la verdad que los mantendrá procurando la voluntad de Dios y facilitará distinguirla de la del hombre. Llenar sus pensamientos de los pensamientos del Padre también alimentará sus espíritus para evitar alimentar su carne. De esta manera perseverarán amonestándose mediante consejo bíblico y así animándose, mientras suman e inspiran a otros con su ejemplo, hasta el momento propicio de volverse al Señor juntos.

Seguiremos insistiendo en que una cultura de discipulado se establece una persona a la vez, no es una campaña ni un programa anual. Así, deliberadamente, las vidas de otros hijos de Dios y su influencia mejoran nuestra disposición para que Dios incremente nuestra fe. Ese es el principio. Después, uno siembra en otros hasta cosechar los frutos de la santificación de cada creyente al ser amigos, y más que amigos, hermanos. Esta es la iglesia.

¿A qué nos referimos con santificación? Que la obra del Espíritu en una persona resulta en que los pensamientos, los hábitos y los afectos del discípulo son renovados por pensamientos, hábitos y afectos santos, y la comunión con la iglesia colabora en ello. Como las hojas de los árboles en otoño, así nuestra obediencia constante y amorosa a los mandamientos de Dios anuncia el progreso de la santificación en nuestras vidas. Nuestro comportamiento es cada vez más santo por nuestra comunión con el Santo y con los santos.

d) La iglesia útil se fundamenta en el consejo bíblico. En el capítulo 3 exploramos qué es el consejo bíblico y cómo aplicarlo en una relación de discipulado y en el siguiente desarrollamos con profundidad el tema con miras a la Restauración Personal, de Relaciones y de Iglesias, pero en este apartado explicamos el papel que desempeña en la vida de la iglesia útil.

Como sabemos, el discipulado se fundamenta en relaciones de amistad, así que primero es la relación y luego viene el consejo bíblico. ¿Qué queremos decir con aconsejar bíblicamente? Quien discipula ya no vive según su mentira, sus parámetros, sus opiniones o deseos carnales, sino según la verdad, la cual transformó su vida al renovar su mente. En consecuencia, no habla por su cuenta ni impone sus puntos de vista, sino que busca que su hermano considere también la sabiduría del Señor para ponerse a cuentas con él y perseverar en el evangelio. Esta sencilla verdad hace un mundo de diferencia cuando hay disputas en una iglesia. ¿Qué defienden o descalifican quienes están en conflicto? ¿Opiniones? ¿Controversias necias? ¿Temas fundamentales en la fe? ¿Cómo servir mejor a la comunidad?

Nada más hay que dar una vuelta por cualquier denominado "grupo cristiano" en redes sociales. La gran mayoría de las publicaciones tratan si el sábado es el día del Señor o el domingo, qué prendas deben vestir los cristianos, si está mal usar maquillaje, ir al gimnasio o comer ciertas cosas, cuál es el género musical más espiritual, si el anticristo saldrá de tal o cual país, si el pastor debe trabajar o no, vestir traje oscuro o claro en el púlpito, y otras contiendas por el estilo. Aconsejar nada tiene que ver con estas cosas.

El consejo bíblico usado con la guía del Espíritu en boca del discípulo no contiende sobre opiniones, sino que despierta y purifica la conciencia del que cree, aumenta la fe de quien obedece, estimula la obediencia de quien tiene fe, da esperanza al condenado, consuelo al perdonado, ánimo al afligido, libertad al esclavo del pecado al arrepentido y promesas al que persevera.

Tales son los efectos de las Escrituras, los cuales han sido comparados con los efectos del agua.[76] Hebreos asegura que la ley es sombra de los bienes venideros y podemos comprobarlo en el diseño del tabernáculo –y posteriormente del templo–. El agua tendría la función de purificar la impureza ritual de los sacerdotes. Para entrar en la Tienda de Reunión donde se encontraban el Lugar Santo y el Lugar Santísimo debían lavar su cuerpo para presentarse limpios al servicio en el santuario (Lv. 16:4), pero en la fuente de bronce, ubicada justo afuera, quienes ministraban debían lavarse sólo pies y manos, pues ya estaban limpios.

Esto recuerda a Jesús cuando lavó los pies de los discípulos con agua porque –les dijo– ya estaban limpios y sólo necesitaban lavarse los pies. No es casualidad que el altar de los sacrificios estuviera a la entrada del tabernáculo y luego la fuente simbolizando que, quienes han confiado en los méritos del sacrificio de Jesucristo por los pecados, son declarados justos ante Dios y solamente requieren purificarse, esto es, lavarse de las impurezas del pecado que llegan a cometer, pues el Señor los limpia.

---

76 Cfr. Alfonso Ropero, *op. Cit.*, pág. 65.

¿Cuál es nuestra parte en esta purificación? Pedro afirma que nuestra obediencia a las Escrituras es como agua que purifica nuestras almas (1 Pe. 1:22), y Pablo dice que Jesucristo santificó a su iglesia al morir por ella y que la purificó por el lavamiento del agua con la palabra (Ef. 5:25-27). El consejo bíblico entre los creyentes es la manera en la que la iglesia se mantiene santa, limpia, mientras el esposo vuelve por ella.

Al recordarnos mutuamente la voluntad de Dios colaboramos en mantenernos perseverantes, con vidas agradables al Padre. ¿Cómo es eso de colaborar? John MacArthur recuerda a las iglesias que cualquier miembro suyo puede amonestar y ser amonestado (Ro. 15:14), que no es un privilegio de una casta sacerdotal de expertos en Biblia, y que por lo mismo es un deber de los cristianos necesario para su compañerismo. Como él mismo afirma y tal como hemos aclarado antes, el discípulo, su discipulado y su consejo bíblico serán efectivos en la medida en la que el discípulo se llene más y más de la Biblia.[77]

Pablo lo expresó así: *"Que habite en ustedes la palabra de Cristo con toda su riqueza: instrúyanse y aconséjense unos a otros con toda sabiduría; canten salmos, himnos y canciones espirituales a Dios, con gratitud de corazón. Y todo lo que hagan, de palabra o de obra, háganlo en el nombre del Señor Jesús, dando gracias a Dios el Padre por medio de él"* (Col. 3:16-17).

Por lo tanto, cuando sabemos que nuestra congregación está mal, comenzamos por nosotros. Ella necesita que seamos discípulos que viven de toda palabra que sale de la boca de Dios y se alimenten de ella permanentemente; que permitan ser amonestados y reprendidos por el Espíritu y por sus hermanos. Este ejercicio destruye el orgullo y la soberbia, nos hace mansos y humildes a Jesucristo y a su iglesia. Antes de dar consejo, la palabra debió purificarnos al haber hecho de ella nuestra forma de vida. Cuando nos percatemos de ello habremos profundizado nuestro conocimiento del Padre, habremos crucificado nuestra carne juntamente con Jesucristo y andaremos en vida nueva.

---

77 Cfr. John MacArthur (Ed.), *La consejería: cómo aconsejar bíblicamente*, Grupo Nelson, Nashville, TN, 2009, pág. 21.

Esta vida íntegra cuidará de la iglesia así como cuida de su propia comunión con Dios.

Sacar las Escrituras del centro de nuestra comunión nos llevará a vivir a cada uno según nuestra propia opinión. De ahí la imprescindible necesidad de reconocer al Señor en todos nuestros caminos, porque no hay tema que no sea espiritual al rendir nuestra vida a él. El discípulo no convence a otro de su opinión, pues entre un hermano y otro –o entre la iglesia y el rebelde– la verdad está a medio camino y, para acercarse a Dios y entre ellos, ambos deben ir a la verdad.

Confía en el Señor de todo corazón, y no en tu propia inteligencia. Reconócelo en todos tus caminos, y él allanará tus sendas. No seas sabio en tu propia opinión; más bien, teme al Señor y huye del mal" (Pr. 3:5-7).

Acudir a la Biblia es un ejercicio diario y permanente porque en ella reconocemos nuestra debilidad y, en palabras de J. C. Ryle, nuestra *extrema necesidad* de él, tal como desde un principio lo hicimos.[78]

Por eso, la iglesia útil dedica mucha energía en alentar la vida devocional del creyente, es decir, la práctica de disciplinas espirituales como orar y meditar constantemente en las Escrituras para aplicar a sí mismo el consejo bíblico. Los incrédulos creen no porque un creyente lea la Biblia, sino al comprobar que el poder de Dios sí da libertad del pecado y al apreciar cómo una vida consagrada al Señor disfruta de la comunión con él, no sin las luchas, no sin disciplina, no sin sacrificar su voluntad, no sin recorrer con sufrimiento el camino de las renuncias que nos conduce a encontrar en Jesucristo plenitud, satisfacción, propósito, identidad y gozo. Ahí es donde el consejo bíblico cobra vida y trasciende las palabras. Esto no se alcanza con campañas.

¿Quieres que tu iglesia sea diferente? El mundo y la iglesia tienen urgencia de personas transformadas por la palabra de Dios, creyentes que son testimonio del poder del evangelio en sus hogares, matrimonios, familias, colegios, empleos y, claro, en sus iglesias.

---

78 Juan Carlos Ryle, *op. cit.*, pág. 97.

e) **La iglesia útil persevera siendo discípulos y haciendo discípulos.** Una congregación conformada por personas vinculadas mediante relaciones profundas, comprometidas y honestas va a perseverar en el tiempo, ganará familias completas, podrán vencer juntos al pecado y ser instrumentos en la restauración no sólo de sus vidas y sus iglesias, sino también de familiares, amigos, vecinos y cuantos el Señor añada.

El mayor obstáculo entre la comunidad y la iglesia local es la hipocresía. En procesos de Restauración Personal y de Iglesias nos topamos constantemente con congregantes conscientes de la práctica deliberada de sus pecados. Muchos ni siquiera están dispuestos a cambiar y, para no dar cuentas de su rebeldía, viven su religiosidad fuera del radar y no desean ser parte de una iglesia con una cultura de discipulado. La idea los escandaliza.

La perseverancia en la fe es la prueba del tiempo y quienes quieren seguir a Jesús deben pasarla. Jesús lo dijo claramente de muchas maneras. Una de sus frases más representativas al respecto es la que dice que muchos lo llamarán "Señor", pero él les dirá que no los conoce. También hizo uso de diversas parábolas para enseñar esta verdad, como la del mayordomo infiel, en la que advirtió:

"El siervo que conoce la voluntad de su señor, y no se prepara para cumplirla, recibirá muchos golpes. En cambio, el que no la conoce y hace algo que merezca castigo recibirá pocos golpes. A todo el que se le ha dado mucho, se le exigirá mucho; y al que se le ha confiado mucho, se le pedirá aún más" (Lc. 12:47-48).

Alguien que no es discipulado corre un riesgo más alto de no mantenerse constante en la oración, en la meditación en las Escrituras, en la obediencia a los mandamientos y haciendo buenas obras. Los tales están a merced de su ánimo cambiante, la emoción que experimentaron en la alabanza dominical se apaga, caen con mayor frecuenta en las tentaciones por su débil voluntad, y debido a que la mente tiende al mal se van corrompiendo y depravando más y más. Esto ocurre nos congreguemos o no.

La rendición de cuentas es el mayor miedo de quienes se oponen a permitir que la cultura del discipulado sea instaurada. Muchos congregantes se resistirán a la posibilidad de ser conocidos realmente, en la intimidad. Bien lo entendió Coleman al escribir que hacer discípulos es abrir nuestras vidas, sí, para que vean cómo hacer las cosas bien, y para que vean nuestra imperfección.[79]

El discipulado no disimula la imperfección, ayuda a reconocerla, y estimula a la santificación al llamar a la obediencia al Señor. Pero para el carnal y el que confía en sus méritos y apariencias esto es un riesgo que es mejor no correr. Éstos, en su intento de llevar una vida santa dependiendo únicamente de su fuerza de voluntad, ejercen una "obediencia imposible"; mientras que pecadores arrepentidos dependen únicamente del poder del Espíritu Santo en su vida, por lo que ejercen una "obediencia posible". Se trata de pecadores débiles e imperfectos en ambos casos, lo que cambia es que unos pretenden obedecer a Dios sin morir a su carne, mientras que otros ponen su confianza en Dios y mueren a su carne.

El discípulo que ejerce la "obediencia posible" comprendió que depender de sus fuerzas lo llevó a múltiples fracasos, los cuales debe aprovechar para desarrollar un conocimiento claro de sus debilidades. Ahora se sabe frágil, débil, inconstante, pecador, amante de sí mismo de forma desproporcionada, incapaz de amar al prójimo como a él mismo, y a Dios por encima de todo. Esta condición lo mantiene apercibido de no confiar en sí mismo, para lo cual debe perseverar en la fe junto con otros para no retroceder, y ser disciplinado para su restauración.

Es un hecho, la vida en comunidad no es fácil cuando parte de sus integrantes son corruptos e incrédulos. Por eso la restauración insta a cada creyente a tomar en serio el llamado de seguir al Maestro.

Pensemos en los encuentros que Jesús tuvo con hombres específicos, muy especialmente aquellos que le pidieron seguirle. El Señor no se apresuró a añadir adeptos a su doctrina, no necesitaba impresionar a sus enemigos con la creciente cantidad de sus seguidores. No estaba apurado por sumar aprendices; al contrario, les hizo calcular el costo de seguirle. Cuando uno le dijo que lo seguiría a donde fuera, el Señor no aplaudió su valentía, que

---

79 Ver la argumentación con respecto a que el discipulado consiste en ser un ejemplo y demostrar cómo ser un seguidor de Jesús en Robert E. Coleman, *op. cit.*, págs. 65-71.

más bien era ingenuidad. Le hizo considerar su decisión. A otro le dijo que lo siguiera y este le respondió con la petición de enterrar a su padre primero y a este Jesús le insistió en que obedeciera a su llamado (Lc. 9:57-62).

Hacer discípulos no es hacer hasta lo imposible para que un incrédulo siga al Señor, le ame y sirva con fervor, es sólo compartir el evangelio y discipular al que cree. La cultura del discipulado en la iglesia útil invita a calcular el costo de seguir a Jesús, y por ello va en contracorriente con las estrategias de evangelismo y crecimiento congregacional del siglo XX, cuyo énfasis es cuantitativo y provoca una gran obsesión por el incremento numérico de los asistentes a las reuniones dominicales, soslayando la condición espiritual de los reclutados. Jesús les diría: "no te apresures, más vale que pienses muy bien si vas a seguirme."

Reclutar simpatizantes, en cambio, favorece enseñar un concepto errado de la gracia. Bonhoeffer explicó esta relación al describir la gracia barata como la enemiga mortal de la iglesia, la que promete perdón y justificación del pecado de antemano sin discipulado, sin cargar la cruz, sin arrepentimiento, sin disciplina, sin comunión y sin santificación, sin fe.[80]

Esa gracia barata funciona en la época de la comida rápida, los servicios exprés y las comunicaciones instantáneas. No hay tiempo ni amor ni compromiso para discipular a alguien, así que con darle un curso y decirle que es salvo debe bastar. Además, necesitamos resultados rápidos, nos urge ser exitosos en nuestros ministerios, o al menos o dar esa apariencia.

Tenemos tantas ocupaciones que muchas veces debemos elegir atender a las personas o cumplir con todas nuestras actividades ministeriales. Un domingo muy atareado un pastor de Ecuador y un chico de Venezuela me escribieron por correo diciendo que estaban muy afligidos y necesitaban consejo. Ese día mi esposa y yo comíamos con un pastor y su familia, y por la tarde recibiríamos en casa a una familia de misioneros, así que les respondí que no podría atenderlos y que al día siguiente conversáramos. El lunes me buscaron nuevamente con

---

80 Cfr. Dietrich Bonhoeffer, *The cost of discipleship*, Simon & Schuster Press, New York, NY, 1995, págs. 43-56.

insistencia. Ambos. Intenté convencerme de hacer las muchas tareas pendientes del ministerio pero el Espíritu me hizo recordar que ellos son el ministerio y que para ellos existe.

Perseverar siendo discípulos y haciendo discípulos no impide servir a la gente. La iglesia útil consiste en personas que aman personas, todo lo demás es activismo, no perseverar juntos.

Caso ilustrativo 3:

Los ministros de esta iglesia comprendieron que funcionar con base en redes de discipulado es la mejor forma de contrarrestar la práctica intencional de pecados. Al terminar el proceso de restauración, el pastor capacitó a ciertos miembros para ser discípulos y discipular a otros. También identificó los casos de rebeldía impenitente de atención más urgente. A medida en que los creyentes se sintieron confrontados y retados a consagrarse, uno a uno comenzó a demostrar actitudes cada vez peores. En esta pequeña congregación se generalizó la resistencia a un arrepentimiento genuino. Desde un inicio, los pecados de los miembros fueron ignorados y tolerados. Cuando se les llamó a ponerse a cuentas con Dios se negaron. El ultimátum: si no hay arrepentimiento la existencia de la iglesia no tiene razón de ser. Sus miembros prefirieron buscar el anonimato en otra congregación.

f) La iglesia útil toma en serio la membresía y la disciplina para restaurar. Ser miembro de la iglesia es consecuencia no de ciertos trámites, sino de la realidad espiritual del congregante. A veces pareciera que para obtener la membresía es suficiente con cubrir los requisitos de la congregación: haber hecho una oración, ser anotado en una lista, tomar un curso, bautizarse y presentar una carta de su anterior iglesia, o ganarse un lugar a base de constancia y buen testimonio. ¿Esto distingue a la iglesia de otros grupos sociales?

El enfoque de la membresía comúnmente está en lo que el congregante puede hacer, no en lo que es. Nos empeñamos en hacer de este tema algo administrativo y lo cierto es que es espiritual. Lo contrastamos en la siguiente tabla con algunos ejemplos significativos:

Tabla 5: Dos enfoques sobre la membresía de la iglesia	
Administrativo / Organizacional / Social	Espiritual
Fundamentada únicamente en el cumplimiento de requisitos.	Basado en evidencias de la fe del creyente como el arrepentimiento (enunciativo y evidente) y reconocida por el cumplimiento de requisitos.
Necesaria para la participación en la comunidad.	Pone sus dones al servicio de la comunidad y ésta reconoce en el creyente su linaje como hijo de Dios.
Es un requisito para tener un cargo.	Se ejerce en el servicio a la comunidad de forma espontánea, pero también como respuesta a la guía del Espíritu Santo en cuanto a cómo puede atender necesidades específicas con sus dones, habilidades y capacidades desarrolladas y entrenadas.
Avalada por la asistencia constante y el entusiasmo demostrado en actividades realizadas en la comunidad.	Avalada por los frutos de arrepentimiento y del carácter de Jesucristo en su vida, así como por la presencia del fruto del Espíritu Santo.
Fortalecida por el prestigio, el conocimiento, la participación, los logros y los nombramientos.	Fortalecida por la obediencia a Dios y otras evidencias de su santificación, la perseverancia en la fe a través del tiempo y las circunstancias, así como el impacto e influencia benigna en las vidas de otros miembros del cuerpo.
Reconocida por la cantidad de planes, proyectos y actividades propuestas y ejecutadas.	Reconocida por contribuir a la unidad del cuerpo de Jesucristo de diversas maneras.

El error común es pensar sobre la membresía solamente con un enfoque administrativo, organizacional y social, pues lleva a dar por hecho el estado espiritual de las personas. Por ejemplo, si vemos que alguien asiste siempre al templo, participa, sirve y platica con otros deducimos que su condición espiritual es buena, pero podríamos sorprendernos de las cadenas de pecado que mantienen esclavizada a la persona y su profunda soledad a pesar de llevarse bien con varios hermanos. Nosotros encontramos esto con demasiada frecuencia.

La iglesia útil promueve, practica y fortalece la unidad entre sus miembros. Nos une la verdad del evangelio, somos dirigidos por Jesucristo y permanecemos constantes por la acción del Espíritu. Si uno rechaza la verdad, el Señorío y al Espíritu no tiene parte en este cuerpo.

La unidad es fundamental si consideramos que el mundo conocerá que somos discípulos de Jesús al tener amor los unos por los otros (Jn. 13:34-35). Esto realmente nos hace miembros los unos de los otros, cambia cómo nos vemos, cómo nos tratamos, cómo nos hablamos y cómo nos comportamos. Somos el cuerpo del Señor y debemos cuidar de él (1 Co. 12:12-27).

Además, somos uno con Jesucristo y ello determina la naturaleza del discípulo, su relación con el Padre y con el prójimo. Somos miembros de la iglesia no por pertenecer a una denominación o a un grupo en particular, sino por conocer a Dios; no por leer la misma Biblia, sino por vivir por ella; no por reunirnos en el mismo sitio, sino por el vínculo del Espíritu que nos une y pone en común todas las cosas con otros hijos de Dios; no por compartir con otros una historia familiar o amistad, sino por el amor, la humillación y la rendición a la autoridad del Señor; no por lealtad a ciertos hombres o líderes, sino al ser fieles al que cumple sus promesas.

Los miembros de una iglesia en comunión con Dios tienen comunión entre ellos, oran los unos por los otros y oramos juntos los unos por los otros. Así conocen sus necesidades, preocupaciones, retos, victorias o pecados. La mejor manera de conocer a otros miembros de la iglesia ha sido preguntando por sus necesidades y orando por ellos, tanto en las reuniones de oración, como dentro y fuera del templo, a veces llamando por teléfono explícitamente. Una iglesia cuyos integrantes están cómodos en el aislamiento experimentará graves consecuencias.

Siendo así las cosas, la membresía se manifiesta en relaciones comprometidas, misericordiosas, unánimes, pacientes, llenas de gracia y de amonestación entre personas entendidas en que ser representantes de Dios ante el mundo y heraldos del evangelio a los incrédulos son altas responsabilidades, con certeza las más importantes del mundo por sus efectos eternos.

Esa es la razón por la que se toma en serio la práctica de pecados. ¿Qué impide que las iglesias alejadas de Dios reconozcan su realidad espiritual y que sean restauradas? El pecado. ¿Qué estorba al discipulado, obstaculiza el crecimiento de nuestra fe y nuestra santificación? El pecado. ¿Qué desalienta el consejo bíblico y nuestra perseverancia, y amenaza la unidad de la iglesia? El pecado.

¿Qué pasa cuando los miembros de la iglesia local no piensan como Jesucristo, sino que la carne y sus deseos se imponen? Si en lo individual eso hace mucho daño, en lo colectivo ocasiona un desastre, pues el pecado empieza por ser consentido, luego justificado y finalmente aceptado. Como diría Jesús, un poco de levadura leuda toda la masa. Un mal ejemplo es más fácilmente imitado que uno bueno porque el pecado esclaviza. Cuando son los ministros los que enseñan que Dios no tiene inconveniente con la práctica de pecados por parte de la congregación, por el simple hecho de haber hecho una oración en la que reconocieron sus pecados, ellos atraen juicio para sí mismos. Sin embargo, deben manifestarse los hijos de Dios, los miembros de la verdadera iglesia, para llamarla a restauración.

Como el pecado es la amenaza que enfrentan día a día los discípulos, en la iglesia útil la disciplina es un área fundamental de la cultura del discipulado. Lo hemos incluido en este apartado porque la disciplina fortalece la membresía al tener como objetivo la restauración del que ha tropezado por el pecado. Recordemos, somos un solo cuerpo, ¿dejaremos desangrar si el dedo más pequeño de un pie está herido? La disciplina echa mano del consejo bíblico para juzgar. Comparto una experiencia personal:

Durante una época difícil para nosotros, mi esposa Paola y yo nos reunimos con una mega-iglesia de la Ciudad de México. En ese tiempo, la mayoría de las vidas de los que conocimos eran un desastre, y las nuestras estaban en vías de dejar de serlo, pues nos encontrábamos en restauración. Lo doloroso era que los líderes estaban realmente satisfechos con su trabajo debido a los cursos, actividades y predicaciones mediante las cuales ministraban a los poco más de dos mil congregantes, según sus números en ese entonces. La relación que tenían con la gente era muy limitada y alejada. La gran mayoría de nuestros conocidos, que no eran pocos, mostraban marcados comportamientos pecaminosos que llevaron consigo de una iglesia a otra, y los llevarán a la que siga si no son restaurados. Uno de ellos me confesó que luchaba con el homosexualismo y el uso de drogas e incluso me preguntó si consideraba que estuvieran mal esas prácticas. La doctrina de la iglesia era bíblica, pero la falta de discipulado y disciplina sólo facilitaba que este hombre fuera de mal en peor. Era obvio: en esa iglesia la membresía es un tema inexistente. Por algo tienen más de dos mil miembros.

Por supuesto, la gente no es santificada a fuerza de predicaciones y cursos. Un pastor de una iglesia en el Estado de México donde enseñamos un tiempo sobre la iglesia útil nos confesó que en el Seminario Teológico donde estudió les hacen creer que sus sermones tendrán el "súper poder" de producir obediencia. A fuerza de desaciertos aprendió que la disciplina a través del discipulado puede lograrlo, aunque ahora descubrió que es algo muy impopular y que los efectos son contraproducentes si se disciplina sin discipular al creyente en rebeldía.

Recomendamos, antes de poner en práctica actos disciplinarios, asegurarse de establecer redes de discipulado promoviendo que los creyentes sean discipulados y discipulen en sus círculos íntimos, debido a que la Biblia enseña que usualmente la disciplina se ejerce informalmente y en lo privado, como lo explicaron el Señor y posteriormente Pablo.

"Hermanos, si alguien es sorprendido en pecado, ustedes que son espirituales deben restaurarlo con una actitud humilde. Pero cuídese cada uno, porque también puede ser tentado. Ayúdense unos a otros a llevar sus cargas, y así cumplirán la ley de Cristo. Si alguien cree ser algo, cuando en realidad no es nada, se engaña a sí mismo. Cada cual examine su propia conducta" (Gá 6:1-4.)

Por lo general, el discípulo ofensor es confrontado por el ofendido al hacerle ver su pecado, pero como una respuesta espiritual a la ofensa, no como una pecaminosa, y la disciplina es consumada en algo tan sencillo como instarle a cumplir la obligación de pedir perdón, y en su caso, a restituir, sea honra o algo material, por ejemplo. El asunto llega a ser público cuando la rebeldía, evidente e impenitente, persiste luego de ser amonestado dos o tres veces por hermanos espirituales.

La cultura del discipulado es una forma de garantizar que el creyente espiritual restaure con amor y humildad, dando por sentado que el Espíritu habita en él, que fundamenta su consejo en la Biblia y que ama al ofensor.

La disciplina debe ser ejercida como un método común para combatir la práctica de pecado, por lo tanto, no es sólo una medida extrema que se traduce en ex comunión. Este caso únicamente está reservado para los herejes y los apóstatas, considerados así por su negativa a humillarse y sujetarse al Señorío de Jesucristo, así como a la autoridad de la iglesia, haciéndose ellos mismos señores de sus vidas al entender que practicar deliberadamente pecados equivale a pisotear la sangre del Cordero y rechazar su gracia.

Finalmente, la comprensión y la práctica de las acciones expuestas en este apartado serán, con la guía del Espíritu, pasos firmes hacia la meta de ser una iglesia útil al Señor. Su constancia en ello mantendrá funcionando el ciclo "restaurar, discipular, aconsejar y volver a restaurar".

Caso ilustrativo 4:

Tuvimos un proceso de restauración muy exitoso en una iglesia que reconoció su pecado, lo confesó y se arrepintió de él. Sus miembros parecían tomar el rumbo correcto. Sin embargo, no establecieron una cultura de discipulado de cuidado mutuo, rendición de cuentas, relaciones de amistad y compañerismo. En un año salieron a la luz varios casos de prácticas de pecados cometidas por varios de sus miembros y la iglesia experimentó conflictos muy desagradables que no supieron manejar. Este es el peligro de entender el proceso de restauración como la meta, cuando es el punto de partida para crear las condiciones para que los integrantes de una iglesia se sostengan mientras perseveran en la fe, pero perdieron la oportunidad de hacerlo.

4.4 Asume su llamado

Cuando la iglesia es útil asume su llamado, es decir, sus miembros son dignos representantes de Dios en la comunidad, en el hogar, entre sus vecinos, en el empleo, en el colegio e incluso entre los congregantes. Calculan el costo del llamado y se comprometen con él al ser pequeños cristos en todas las áreas de sus vidas.

Bajo el mismo principio de que será muy difícil restaurar una congregación si sus integrantes no son restaurados, se entiende que una iglesia no será buena embajadora de Dios en el mundo si el reino de los cielos no se ha acercado a las vidas de sus integrantes.

Asumir su papel en la historia implica verse en el espejo del pasado y aprender la lección de quienes practicaron el legalismo y el libertinaje para no repetir su necedad. La iglesia lo hará si ama la Palabra de vida y se humilla ante su Señor. Así enseñará a los incrédulos la verdad y cómo vivir por ella, pues hace lo que cree y predica. Ese es el distintivo de la iglesia útil. Es el candelero de Dios colocado aquí o allá para alumbrar a los que andan en oscuridad. ¡Por eso ya no debemos seguir en tinieblas!

Si no adoramos a Dios, ¿cómo le conocerán? Si no hacemos justicia y el bien, ¿cómo reconocerán su corrupción? Si no somos renovados según el nuevo hombre guiado por lo espiritual, ¿cómo distinguirán la verdad de las mentiras? Si no tenemos temor de Dios, ¿quién le temerá? Si no amamos los mandamientos eternos del Padre, ¿cómo los enseñaremos y cómo los amarán?

Una de las victorias de la Reforma fue dar a los creyentes la libertad de acudir por ellos mismos a las Escrituras; sin embargo, los cristianos han dejado a sus pastores y maestros el privilegio de escudriñarlas y meditar en ellas. La iglesia útil no desprecia la sangre derramada por los profetas y los santos que dieron su vida para que llegara hasta nosotros la voluntad del Señor.

El engaño del pecado provoca que, como Ananías y Safira, ni nos consagramos totalmente ni vivimos para nosotros mismos, y mentimos al Espíritu Santo al no tomar en serio el discipulado que lleva su cruz y se niega a sí mismo. Como el joven rico, que queremos que Jesús aplauda cómo nuestra religiosidad nos satisface. Pero demos gracias a Dios que, en cambio, obtendremos amonestación para ver nuestras propias perversas intenciones, nuestra mente dividida e indecisa para responder afirmativamente al llamado a seguirle, a la santificación, a la obediencia. ¡Y la iglesia no responde con tristeza!

En nuestro blog de Restaura Ministerios[81] una de las publicaciones más leídas se titula *"Porqué honrar a los padres... incluso a los malos"*. Muchos creyentes nos escriben con frecuencia y se esmeran por esgrimir las razones por las que cultivan odio y resentimiento hacia sus progenitores, y por las que no pueden o no desean perdonarlos. Debo admitir que muchos tienen motivos hasta cierto punto "comprensibles" y que, de no ser cristiano, compartiría sus puntos de vista y su pecado. Bien, pues la actitud de esos cristianos es la misma que he tenido con respecto a muchas áreas en las que me he resistido a obedecer los mandamientos. Como el joven rico, he respondido a mi llamado con tristeza por no estar dispuesto a renunciar a la confianza en los trapos inmundos de mi propia justicia. Resistirnos a obedecer la voz del Señor cuando nos llama produce esa tristeza, y nos esforzamos en disimularla convenciéndonos de que hacemos lo que él nos ha pedido hacer.

La única manera de seguir a Jesús es que nuestra iglesia esté en el

---

mundo, pero que no se confunda con éste. Cuando no vemos la diferencia entre vivir en el mundo y vivir como el mundo debemos rogar por ser restaurados.

Para responder a la voz de Jesús diciendo "sígueme" hay que preguntarnos: ¿en qué invertimos nuestros recursos?, ¿qué preferimos?, ¿qué amamos? Las respuestas mostrarán nuestra realidad espiritual y nuestros frutos y siempre deben apuntar a lo que Jesús dedicó sus recursos, a lo que él prefirió y amó, no a aquello que nos satisface. Cuestionemos cada actividad programada en los calendarios de nuestras congregaciones. ¿Qué priorizan? ¿Qué incentivan? ¿Qué promueven? ¿Qué frutos dan?

Tabla 6: Perfil de la iglesia útil
(con base en Romanos 1:1-16)

1) Está constituida por siervos de Jesucristo apartados para anunciar el evangelio de Dios.
2) Cree en que Dios prometió la venida de Jesús por medio de los profetas en las Escrituras.
3) Confiesa que Jesús es el protagonista del evangelio de Dios.
4) Cree en la santidad de Jesús como Hijo de Dios y en el poder que lo levantó para resucitar de los muertos.
5) Vive de tal manera que hace a Jesucristo el Señor de su vida y está unida a él.
6) Persuade a todas las personas a obedecer a la fe.
7) Está llamada a ser santa para Dios.
8) Tiene una fe que es notoria al mundo.
9) Sus miembros se animan unos a otros en la fe que comparten.
10) Da fruto.
11) Está constituida por cultos o incultos, instruidos o ignorantes, pero son uno en el Señor y todos son iguales.
12) No se avergüenza del evangelio.
13) 13) Es justa y vive por la fe.

4.5 Es visible en el mundo

En la página de Facebook llamada *Diálogos sobre la iglesia* alguien preguntó: "¿De qué manera podemos servir a la comunidad sin caer en el activismo?" Me hizo pensar y concluí que la diferencia entre el activismo estéril y el servicio que da fruto es ser iglesias benignas, esto es, que hace el bien y hace bien a quienes pertenecen a ella y a quienes la rodean.

La iglesia útil, parafraseando el libro de los Hechos de los Apóstoles, tiene favor con la comunidad. No pasa desapercibida. Actúa ante las necesidades de su poblado, ciudad o país. Administra sus recursos para ministrar bien al desfavorecido. Su participación la ayuda a crecer su influencia, ganar almas y hacer discípulos. Esta iniciativa nace de un amor genuino hacia las personas, no a partir de consignas proselitistas.

Podemos ser visibles en el mundo, entonces hay que elegir cómo seremos reconocidos. ¿Cómo los hipócritas? ¿Los ruidosos? ¿Los que son tan "santos" que se apartan del mundo? ¿Los que explotan la superstición de la gente para obtener su dinero? ¿Los de la religión de las prohibiciones? ¿Los del club que no admite a los extraños? Es vital poner fin a esto y a las eternas pugnas entre sus miembros. Por cada día que la iglesia local desperdicia al no cumplir su llamado, la ira de Dios permanece en la comunidad donde fue puesta, la injusticia prevalece, los razonamientos vanos siguen convenciendo, los corazones necios continúan en oscuridad, llevando al mundo un paso más hacia la depravación y la muerte.

El evangelio de Jesucristo que impacta al mundo fuera de las cuatro paredes del templo es que la iglesia honra a sus padres y a sus ancianos, se somete a sus autoridades, cumple sus obligaciones con el gobierno y las leyes, se solidariza con las causas de los vulnerables (el pobre, la viuda, el huérfano, el extranjero), entre sus miembros se someten los unos a los otros y no hay nadie necesitado, el amor los identifica, los esposos aman como a sus mismos cuerpos a sus esposas y les son fieles, las casadas respetan a sus maridos y los honran, los hijos obedecen a sus padres y estos no los exasperan, los cuerpos de sus integrantes son cuidados y tratados como sagrados, usa su libertad para servir, sufre la injusticia, responde con bien al mal, llora con el que llora y se goza con el que se goza, comparten sus cargas, administra con responsabilidad sus recursos y los comparte con justicia y liberalidad, y demuestra de muchas formas más que su naturaleza es según este mundo.

Una iglesia así no esconde la lámpara debajo de la mesa, pero la congregación que sí lo hace provoca que la gente no pueda comparar la brillante luz del evangelio y le parezca tan digna de aprecio como cualquier rama del conocimiento o religión humana, como la superación personal[82] o el budismo.

La iglesia útil tampoco es templocéntrica, pues su vida no depende del edificio donde sus miembros se reúnen algunas veces a la semana. ¿Se invertirá sólo en grandes y funcionales templos para numerosas y estériles multitudes, en activismo sin fruto o preferentemente en las personas, por quienes dio su vida Jesucristo? Eso nos hace recordar que un buen amigo que fungía como líder de jóvenes regional en su denominación admitió que se gastaban muchos recursos en conciertos evangelísticos en los templos a los cuales acudían únicamente jóvenes cristianos a pasar un buen rato.

La iglesia visible usa su dinero estratégicamente y envía ministros donde no se predica el evangelio de Jesucristo, haciendo iglesia donde no la hay; se ocupa de que sus nuevas generaciones sean profesionistas que compartan el evangelio en sectores de la población donde usualmente no hay cristianos; impulsa emprendedores cuyos negocios generan empleos o financian proyectos que sean de bendición para sectores desfavorecidos; idea ministerios autosuficientes que sirven a no creyentes y creyentes por igual.

Creemos firmemente que extender el evangelio debe redundar en que más empresarios cristianos revolucionen el mundo de los negocios

---

82 El valor del negocio de cursos de superación personal en México tiene un valor de 500 millones de pesos anuales y se venden prácticamente sin publicidad, de acuerdo con el artículo: J. Jesús Rangel M. (2018). *El mercado de superación personal*. Enero 3, 2018 en Milenio Diario, sitio web: http://www.milenio.com/firmas/j-_jesus_rangel_m/superacion_personal-publicidad-secta_secreta-nxivm_emilio_salinas_occelli_18_1096870317.html

que propongan esquemas productivos más justos para sus empleados y una ética que desafíe los actuales parámetros de acumulación y distribución de la riqueza. ¡Eso sería una iglesia visible! Principalmente si otros empresarios con responsabilidad social, cristianos y no cristianos, lo imitaran.

¿De qué otras maneras la iglesia podría cumplir su propósito y vocación siendo influencia benigna en el mundo? Hay muchas cosas de este mundo por trastornar, y afirmar que hay otro rey que no es de este mundo, uno que se llama Jesús (Hch. 17:6-7).

4.6 Tiene lugar para todos

Estamos convocados a pertenecer a la iglesia de Jesucristo todo tipo de personas, pues murió por todos. A ella llegamos todo tipo de malhechores y cada uno acude a su llamado con su propio pecado o pecados. Eso es gracia.

No obstante, es la iglesia la que, hablando figuradamente, abre o cierra sus puertas, según el pecado, y mientras que tolera en su interior la práctica de algunos exige abandonar otros casi como requisito. Normalmente compartimos la buena noticia con la gente que conocemos, sin preguntarles qué cosas malas hacen, aunque en casos determinados sí lo sabemos. Fue haber observado su necesidad de Jesucristo y las consecuencias que su pecado trajo a su vida lo que nos empujó a ser más intencionales en hablarles del único capaz de cambiar su realidad y su futuro. Los animamos a buscar a Dios, los invitamos a nuestras reuniones, y pasamos tiempo con ellos para hablarles de forma más precisa sobre Jesucristo.

¿Qué pasa con el adicto, el indigente, la prostituta, el idólatra, el homosexual y toda clase de pervertido sexual, el asesino, el violador, el brujo o hechicero y el adúltero, por poner unos ejemplos? Casi antes de cualquier cosa tendemos a pedirles que, si van a buscar a Dios, deben abandonar su pecado y estilo de vida *ipso facto*. ¡En ocasiones esto llega a pasar hasta con las celebridades y los músicos! Sin embargo, no hacemos esto con el pecador "promedio", es decir, el mentiroso, el orgulloso, el que codicia, el chismoso, el ladrón, el fornicario, el maledicente, el avaro, el envidioso, el contencioso, el soberbio, el desobediente o el enojón. A estos últimos les ofrecemos la gracia barata y rara vez los llamamos al arrepentimiento.

Sabemos que en la práctica esto es así y es grave, porque no nada más hacemos diferencia entre un pecado y otro, sino que también hacemos diferencia entre un pecador y otro. Eso es hipocresía y podría indicar que el pecador promedio tiene la percepción de ser moralmente superior porque "hay quienes sí deben cambiar." Este engaño llevará irremediablemente al legalismo, por cuanto exigen que otros muestren la justicia que no están dispuestos a hacer; o al libertinaje, porque creyendo tener asegurada la salvación persistirán en sus pecados sin percatarse de su inminente condenación, pues por estas cosas viene la ira, el castigo de Dios.

Es importante detenernos a reflexionar en esto porque, ¿qué nos espera si Jesús convoca a él mismo a todo el que necesita médico y nosotros ni dejamos entrar al enfermo a urgencias ni entramos para ser sanados? Efectivamente, el evangelio nos invita a creer en la gracia que recibe a todos... los que se arrepientan de sus pecados.

La iglesia útil es la comunidad de todos, no porque sea de nuestra propiedad, porque uno es el Señor de todos, sino que en esta diversidad aprendemos a amar como Dios ama con la misma gracia con la que fuimos amados por él. La nueva naturaleza en Jesucristo desvanece cualquier separación entre los hombres, sea por nacionalidad, origen étnico, conocimiento, condición social, pues nos une en él.

Terminamos con un maravilloso texto que resume providencialmente el carácter de la iglesia útil expuesto a través del libro, hasta aquí: *"Por tanto, hagan morir todo lo que es propio de la naturaleza terrenal: inmoralidad sexual, impureza, bajas pasiones, malos deseos y avaricia, la cual es idolatría. Por estas cosas viene el castigo de Dios. Ustedes las practicaron en otro tiempo, cuando vivían en ellas. Pero ahora abandonen también todo esto: enojo, ira, malicia, calumnia y lenguaje obsceno. Dejen de mentirse unos a otros, ahora que se han quitado el ropaje de la vieja naturaleza con sus vicios, y se han puesto el de la nueva naturaleza, que se va renovando en conocimiento a imagen de su Creador. En esta nueva naturaleza no hay griego ni judío, circunciso ni incircunciso, culto ni inculto, esclavo ni libre, sino que Cristo es todo y está en todos. Por lo tanto, como escogidos de Dios, santos y amados, revístanse de afecto entrañable y de bondad, humildad, amabilidad y paciencia, de modo que se toleren unos a otros y se perdonen si alguno tiene queja contra otro. Así como el Señor los perdonó, perdonen también ustedes. Por encima de todo, vístanse de amor, que es el vínculo perfecto. Que gobierne en sus corazones la paz de Cristo, a la cual fueron llamados en un solo cuerpo. Y sean agradecidos. Que habite en ustedes la palabra de Cristo con toda su riqueza: instrúyanse y aconséjense unos a otros con toda sabiduría; canten salmos, himnos y canciones espirituales a Dios, con gratitud de corazón. Y todo lo que hagan, de palabra o de obra, háganlo en el nombre del Señor Jesús, dando gracias a Dios el Padre por medio de él" (Col. 3:5-17).*

Finalmente, una aclaración: aunque muchas cosas más se han de decir sobre estos temas, hemos querido compartir nuestra muy limitada experiencia con el humilde propósito de aportar un poco más a la reflexión sobre las implicaciones de *ser* y *hacer* iglesia, así como con el anhelo de animar y orientar a las comunidades de discípulos que temen al Señor y le aman a mantenerse perseverantes o a andar el camino de vuelta a él, si se alejaron.

Esta propuesta no pretende ser exhaustiva ni definitiva, y con la ayuda y la gracia de Dios, con el tiempo será mayormente probada, enriquecida y, en lo que sea susceptible de serlo, corregida para edificación de los santos.

Dada la profunda necesidad de profundizar más sobre el consejo bíblico para restauración como parte de nuestra tarea de ser y hacer discípulos con la verdad del evangelio como fundamento, el siguiente capítulo pretende concientizar sobre la urgencia de que la iglesia útil sea capacitada en su práctica, la cual es responsabilidad y privilegio de cada seguidor de Jesucristo. Asimismo, hemos elaborado recursos sencillos para que ministros y laicos aconsejen orientada y metodológicamente.

CAPÍTULO 5

TRANSFORMADOS PARA TRANSFORMAR: DISCIPULADO, CONSEJERÍA Y RESTAURACIÓN

Ser discípulos de Jesucristo tiene el efecto inevitable de trastornar al mundo, de transformar las estructuras y de traer cambios en favor del propósito de Dios. *"¡Estos que han trastornado el mundo entero han venido también acá, y Jasón los ha recibido en su casa! Todos ellos actúan en contra de los decretos del emperador, afirmando que hay otro rey, uno que se llama Jesús" (Hch.17:6).*

Cuando hay un discípulo en una familia de inconversos, los miembros que la componen atraviesan por una transformación que altera tanto el fundamento de valores como la dinámica familiar. Lo mismo sucede en el trabajo, las amistades y en todo el círculo social. Los frutos del cambio se hacen evidentes. Las respuestas suaves y amables sustituyen a los gritos e insultos; el perdón y la comprensión reemplazan el resentimiento y el odio; las acciones en favor del prójimo ocupan el lugar de la indiferencia y la venganza. Esto es, el evangelio no sólo cambia a quien lo cree, también sacude su entorno.

Quienes siguen el ejemplo de Abel ceden su voluntad a Dios y se dejan guiar por el Espíritu Santo para conocerlo y adorarle en espíritu y en verdad. El efecto de ello es, sin duda, **ser transformados para trans-** **formar, no por nosotros, sino por el poder y la gracia dados al que cree.** Esto se logra al nacer de nuevo y hacer morir las obras de la carne en nosotros (Col. 3; Gá. 5:19-21; Ro. 1:28-32), a fin de ser regenerados por el Espíritu y vivir según la naturaleza de Dios: *"..., el fruto del Espíritu es amor, alegría, paz, paciencia, amabilidad, bondad, fidelidad, humil- dad y dominio propio. No hay ley que condene estas cosas. Los que son de Cristo Jesús han crucificado la naturaleza pecaminosa, con sus pasiones y deseos. Si el Espíritu nos da vida, andemos guiados por el Espíritu" (Gá. 5:22-25).*

Lo anterior nos enseña a hacer morir las obras de la carne para lo- grar vivir en el Espíritu. Este pasar de muerte a vida implica una fe ver- dadera, pura y acompañada de abundante fruto. Tal es la forma como trastornamos al mundo, viviendo el evangelio y dando fruto del Espí- ritu. Y si hemos pecado, debemos restaurarnos unos a otros para evitar que la maldad eche raíces de nuevo y seamos nuevamente esclavos de nuestra carne.

Sin duda el ser humano no es infalible. Jesús dijo a sus discípulos que necesariamente vendrían los tropiezos. ¡Todos somos vulnerables y podemos caer! De ahí la importancia de restaurarnos unos a otros, comenzando por respondernos estas preguntas: ¿cómo nos presentare- mos ante la presencia de Dios quien, si bien ama al pecador, aborrece el pecado? ¿Cómo podremos ser instrumentos de justicia y ser testimonio de Jesucristo ante las personas que nos conocen? ¿Qué ejemplo imitarán aquellos que han creído? ¿Les seremos de tropiezo?

Y precisamente en esto consiste el discipulado: en cuidarnos y restaurarnos entre creyentes; en interceder unos por otros; en rendir cuentas unos a otros; en ayudarnos a madurar espiritualmente al usar correctamente la Palabra de Verdad para enseñarnos, animarnos, con- solarnos, corregirnos y exhortarnos. Así cumpliremos nuestra comisión de llevar el mensaje de vida. Por esta razón, **cada discípulo debe saber cómo aconsejar bíblicamente,** para su misma salud espiritual y para co- laborar en la restauración de su hermano, con el fin de ser perfecciona- dos y terminar la carrera cuya meta es nuestra salvación:

"Por tanto, también nosotros, que estamos rodeados de una multitud tan grande de testigos, despojémonos del lastre que nos estorba, en especial del pecado que nos asedia, y corramos con perseverancia la carrera que tenemos por delante" (He. 12:1).

5.1 Transformados para reconciliar

La vocación y ministerio de la iglesia útil es hacer discípulos. Lo primero que las personas necesitan saber es que Jesucristo vino para reconciliarlas con el Padre, por medio de su sacrificio en la cruz: *"y, por medio de él, reconciliar consigo todas las cosas, tanto las que están en la tierra como las que están en el cielo, haciendo la paz mediante la sangre que derramó en la cruz" (Col. 1:20).*[83]

Nuestra labor como discípulos de Jesucristo es llevar el ministerio de la reconciliación a toda persona; *"esto es, que en Cristo, Dios estaba reconciliando al mundo consigo mismo, no tomándole en cuenta sus pecados y encargándonos a nosotros el mensaje de la reconciliación (2 Co.5:18).* Pero, ¿cómo hacerlo sin estar reconciliados nosotros mismos con Dios? o bien, ¿qué embajadores seremos si nosotros mismos somos enemigos de nuestra patria celestial y de su Rey?

Al practicar nuestra fe hemos de hacerlo como Abel, con conciencia limpia, y no como Caín, que invocaba a Dios y arrastraba su pecado al no arrepentirse de él. Si no abandonamos nuestro pecado continuaremos siendo homicidas, porque quien aborrece a su hermano es homicida (1 Jn. 3:15). Y no hemos sido llamados a quitar la vida, sino a estimularnos unos a otros en la fe en Jesucristo, en el amor al prójimo y en las

---

83 El Diccionario Vine define **reconciliar** como: *"katalasso* (καταλλάσσω, G2644), denota propiamente cambiar, intercambiar (especialmente de dinero); de ahí, de personas, cambiar de enemistad a amistad, reconciliar. Con respecto a la relación entre Dios y el hombre, el uso de estos y otros términos relacionados muestra que primariamente la reconciliación es lo que Dios lleva a cabo, ejerciendo su gracia hacia el hombre pecador en base a la muerte de Cristo en sacrificio de propiciación bajo el juicio debido al pecado (2 Co. 5:19), donde se usan tanto el nombre como el verbo (Col. 1:21). En base a esto a los hombres, en su condición de pecado y alienados

buenas obras.

Por consiguiente, si no estamos muertos en nuestros delitos y pecados, ¿cómo podremos ser testigos del dador de la vida? Y, ¿cómo podremos hablar de la palabra de vida si aún no nos ha vivificado? Imposible. Por eso, **restauremos nuestra comunión con el Padre y seamos discípulos de su Hijo para reconciliar a muchos con él.** Quien está reconciliado con Dios, decía Pablo a los corintios, teme al Señor. Por esta razón, Dios trata de convencer a sus enemigos de hacer las paces, sabiendo que todos vamos a comparecer ante el tribunal de Jesucristo y que recibiremos, cada uno, lo que nos corresponde. Y si sabemos que a los enemigos les espera castigo no nos queda otra que evitar ser un obstáculo para que otros se reconcilien con Dios, y no sólo eso, sino debemos ayudarlos a hacerlo.

Ya no debemos creer que el ministerio de la reconciliación sea únicamente hablar del evangelio sin vivirlo. **Tratar de vivir como cristianos sin estar reconciliados con Dios es, además de una completa farsa, la razón de nuestra esterilidad espiritual.** No se debe a que el poder de Dios sea ineficiente o insuficiente, es nuestro pecado el obstáculo que nos separa a todos del Señor.

"La mano del Señor no es corta para salvar, ni es sordo su oído para oír. Son las iniquidades de ustedes las que los separan de su Dios. Son estos pecados los que lo llevan a ocultar su rostro para no escuchar" (Is.59:1-2).

El ministerio de la reconciliación es también un llamado a vivir en integridad. Cuando llevamos años de ser cristianos es común vivir a un ritmo acelerado, haciendo cosas para Dios mientras sacrificamos nuestra comunión con él. Casi nunca nos detenemos a meditar en nuestro pecado y postergamos el arrepentimiento. Eso sí, ¡vaya que señalamos

---

de Dios, se les invita a reconciliarse con él; esto es, a cambiar la actitud que tienen, y a aceptar la provisión que Dios ha dado, por la cual sus pecados pueden ser remitidos y ellos mismos quedar justificados ante él en Cristo." Cfr. W.E. Wine, *Diccionario Expositivo de Palabras del Antiguo y Nuevo Testamento Exhaustivo,* Grupo Nelson, Nashville, 2007. Por otra parte, la **regeneración** se da en un creyente cuando al arrepentirse es regenerado o nacido de nuevo; mientras que la **santificación** se refiere al proceso de apartarse de las obras de la carne y del mundo para consagrarse a Dios.

el pecado del otro! Es necesario llevar una vida de permanente estudio y meditación en la Biblia para evaluar constantemente nuestro cumplimiento de sus mandamientos. Por eso dice el salmista *"En mi corazón atesoro tus dichos para no pecar contra ti" (Sal. 119:11)*.

En otras palabras, el discípulo de Jesucristo vive reconciliándose con Dios y con los demás, para quitar cualquier obstáculo a su salvación. A su vez, vive reconciliando al mundo con Dios, para que experimenten el mismo gozo, vida y esperanza. ¿Cuántas veces no se nos acercan personas solicitando consejo en asuntos de matrimonio, noviazgo, relación de padres e hijos, toma de decisiones y cómo afrontar un problema por una elección equivocada? Ellos no saben lo que tú ahora sabes. Tú tienes vida, ellos no.

¿Qué impacto podría tener en tu familia, amistades, vecinos y conocidos ayudarles a conocer cuál es el origen de todos sus problemas? Al exhortarles a reconocer que es precisamente el pecado lo que los ha esclavizado y apartado de Dios, y que deben arrepentirse para ser libres, pavimentamos el camino hacia la reconciliación. No es suficiente con decirles que busquen a Dios. Hay que mostrarles el camino antes de que llegue el día de la justicia. La reconciliación es también para los creyentes que cedieron ante la tentación. Ambos necesitan el consejo bíblico para ayudarlos a identificar cómo es que ofendieron a Dios y saber cómo confiar en el perdón divino si abandonan su pecado para vivir según los mandamientos del Señor.

5.2 Transformados para discipular

"A este Cristo proclamamos, aconsejando y enseñando con toda sabiduría a todos los seres humanos, para presentarlos a todos perfectos en él" (Col. 1:28).

Para discipular hay que ser un discípulo, alguien regenerado por el Espíritu Santo para hacer la voluntad de Dios. Jesús instituyó el discipulado al poner él mismo en práctica sus enseñanzas, dando ejemplo de cada palabra. Así, los apóstoles discipularían a otros dando testimonio con sus propias vidas y conforme a los mandamientos del Señor. En la carta a los filipenses, Pablo les dice que no solamente les enseñó de palabra, sino que les dio un ejemplo digno a imitar.

"Pongan en práctica lo que de mí han aprendido, recibido y oído, y lo que han visto en mí, y el Dios de paz estará con ustedes" (Flp. 4:9).

Debemos ser cristianos de palabra y de hecho para tener la autoridad de discipular a alguien, y enseñar verdades en la teoría y en la práctica. No es lo mismo decir "sé paciente y espera en Dios," que demostrar paciencia en medio de alguna dificultad. Y tampoco es válido decir, "no discipulo porque tengo muchos defectos". Antes bien, consagrémonos a Dios para trabajar y demostrar que el evangelio transforma a quien lo vive.

¿Puedes decir a otros que tu vida es un modelo que puede ser imitado? En Filipenses 3:17, 1 Corintios 4:16 y 11:1, 1 Tesalonicenses 1:6, 2 Tesalonicenses 3:7 y en muchos otros pasajes más, Pablo exhorta a los creyentes a imitarle. ¡Esta es la esencia del discipulado!

No podemos ser débiles y dar la apariencia de ser fuertes. Al esconder las debilidades de mi carne pretendo continuar pecando en secreto, pero Dios lo sabe todo. Por ello, en vez de darnos vergüenza admitir nuestras debilidades al ser discipulados, hay que exponerlas para que el poder de Dios se perfeccione donde nosotros no podemos hacer nada más que rendir la voluntad propia. Destruir nuestros secretos pecaminosos descubriéndolos a nuestro discipulador es el principio para abandonar nuestra maldad radicalmente.

Al exponer nuestra debilidad y ser un testimonio vivo de su poder, manifestamos que Dios puede transformar al más vil pecador ¡para gloria y honra sólo de Dios! Reconocer y admitir nuestros deseos ilegítimos con otro discípulo nos ayuda a recordar nuestra condición y nuestra necesidad de comunión con Dios y con su iglesia.

La idea de ser ejemplo para que otros nos imiten la encontramos en otros pasajes más en el Nuevo Testamento: 1 Timoteo 4:12, Tito 2:7, Hebreos 13:7 y 3 Juan 1:11. Si podemos decirle a alguien "imítame como imito a Cristo," no es por nuestras fuerzas, sino por el poder de Dios que nos fortalece. Vencer la tentación y sobreponernos a la prueba es algo que nos perfecciona, a la vez que inspira a otros a perfeccionarse.

Todo discípulo debe discipular y ser discipulado, esto es la comunión de la iglesia. La obediencia al consejo bíblico los mantiene en amor y en sumisión los unos con los otros, en el amor del que todo lo puede y quien los transforma hasta su santificación completa.

Discipular implica mucho esfuerzo, tiempo y paciencia. ¿Quién puede y quiere dedicar tiempo de su vida a una persona? Llamar "discipulado" a cualquier curso que se imparta en la congregación es pretender que una persona sea transformada sólo por sentarla un par de horas a la semana a escuchar clases y que, además, se espere que apliquen esos conocimientos en sus vidas sin que haya un acompañamiento en su santificación. Esto es engañarnos a nosotros mismos. Al estar al frente de cursos de discipulado comprobamos que debemos animarnos, corregirnos, amarnos, consolarnos, disciplinarnos y aconsejarnos unos a otros en nuestro día a día, en medio de las circunstancias cotidianas.

Si el discipulado en nuestras iglesias consiste únicamente en cursos, debemos cambiar. Si vemos a otro pecar y nuestra indiferencia puede más, debemos cambiar. Si estamos pecando y guardamos silencio pretendiendo que todo está bien, debemos cambiar. Si ignoramos la Escritura y no tenemos con qué aconsejar, debemos cambiar. **Y si no hemos establecido relaciones de discipulado más allá de la reunión dominical o de actividades programadas, definitivamente, debemos cambiar.** Evitemos adaptarnos al mundo y a la religiosidad que nos aleja de nuestro primer amor.

5.3 Transformados para aconsejar

En un video difundido en redes sociales pudimos observar las reacciones de un grupo de niños frente a un teléfono de disco. Muchos nunca habían visto algo así, no tenían idea de cómo funcionaba y se sorprendían a medida que se les explicaba cómo operaba la telefonía antes de que existieran los teléfonos inalámbricos. La inmensa mayoría dijo no imaginarse cómo es que la gente podía usar algo tan horrible como un teléfono de disco y rechazaron cambiar sus teléfonos inteligentes de pantalla táctil conectados a internet por esos vejestorios.

Esos niños me hicieron pensar en los cristianos contemporáneos. Crecieron en ambientes congregacionales en los que las cosas funcionan conforme a "la visión de la casa", misma que en muchas ocasiones es muy pragmática. Cuando se les habla de hacer las cosas al estilo bíblico para ellos es impensable, complicado, requiere de mucho más trabajo, dedicación y fe. Prefieren no perder tiempo en indagar cómo se hacen las cosas conforme a la Palabra. Es más rápido hacerlas como aprendieron en la práctica –según los tiempos posmodernos lo exigen–, echando mano de cuanto recurso haga más fácil la tarea de evangelizar, discipular, enseñar, consolar, etcétera.

El consejo bíblico ocurre en la interacción entre los discípulos, mientras comparten los alimentos, en medio de una oración, de lágrimas de gozo, de pruebas, aún en tentaciones y en el servicio mismo. No es una más de nuestras actividades religiosas, sino que tiene lugar en medio de la rutina del creyente, cuando está tomando decisiones, cuando está sufriendo, cuando tiene crisis de fe, cuando se encuentra en medio de la tentación. Al exponerse a la Escritura en esas circunstancias es la forma como el Espíritu Santo da convicción de pecado, de justicia y de juicio.

La palabra de Dios es el alimento espiritual del discípulo, tenemos la confianza de que al vivir en ella y ayudando a otros a hacerlo somos capacitados y habilitados para enseñar y exhortar, así como para ser enseñados y exhortados, con sabiduría.

"A ti, hijo de hombre, te he puesto por centinela del pueblo de Israel. Por lo tanto, oirás la palabra de mi boca, y advertirás de mi parte al pueblo. Cuando yo le diga al malvado: ¡Vas a morir!', si tú no le adviertes que cambie su mala conducta, el malvado morirá por su pecado, pero a ti te pediré cuentas de su sangre. En cambio, si le adviertes al malvado que cambie su mala conducta, y no lo hace, él morirá por su pecado, pero tú habrás salvado tu vida" (Ez. 33:7-9).

De acuerdo con este pasaje citado, no podemos seguir diciendo: "¡allá fulano y su pecado, él dará cuentas a Dios!", porque Dios nos salvó para advertir a todos que él busca reconciliarse con el pecador. ¡No seamos duros de corazón! Por el amor que haya entre nosotros el mundo sabrá que somos discípulos de Jesucristo, él dio este mandamiento. Aconsejar según la verdad es un acto de amor a Dios y al prójimo –así como a uno mismo– debido a que ayudamos al pecador a reconocer su falta con el propósito de restaurar su comunión con Dios.

Es fácil distraerse y alejarse de la verdad. El apóstol Pablo no dudó en corregir a Pedro y Bernabé por dejarse arrastrar por la hipocresía de los judaizantes. Velar por la verdad y exhortar a la iglesia antes de que el error esté a la puerta y cuando hemos sido engañados por el pecado es responsabilidad de todos, sin importar quién podría salir ofendido, incluidos por supuesto, el pastor y otros ministros. **Defender la verdad es lo más importante. La forma en la que debemos hacerlo en nuestras congregaciones es con el consejo bíblico, descubriendo el pecado y restaurando al pecador.**

El llamado de Dios al profeta Ezequiel consistía en comunicar fielmente su mensaje al pueblo, sin tergiversar el contenido, y anunciarlo sin importar si lo escuchaban o no. El mensaje no era otro que anunciar al pecador su necesidad de arrepentirse y al justo caído que volviera al camino de Dios, para que no muriesen. En efecto, un justo puede caer en tentación, pero también puede ser restaurado al ayudarle a reconocer su pecado a la luz de la Palabra. La amistad y el amor entre los miembros de la iglesia facilitan dicha corrección.

5.4 Transformados para restaurar

Hasta aquí hemos explicado que al ser transformados para ayudar a restaurar a otros es un acto de amor a nuestro prójimo, porque al hacerle ver su falta puede reestablecer su comunión con Dios. De acuerdo con nuestra experiencia, podemos definir restauración como el proceso al que somos expuestos a la verdad de Dios mediante consejería bíblica con el fin de conocerle y comprender el concepto correcto sobre cada aspecto de la vida.

La restauración es necesaria cuando un discípulo fue vencido por la tentación, pero existen algunas condicionantes para hacerla posible: arrepentirse del pecado; morir a las obras de la carne y no volver a ellas; obedecer la Palabra de Dios; tener fe en el sacrificio expiatorio de Jesucristo para evitar practicar el pecado que provocó el derramamiento de tan preciosa sangre; y creer en que la resurrección de Jesucristo nos brinda nueva naturaleza a la semejanza de Dios, en santidad, pureza, amor y obediencia al Padre.

"Con respecto a la vida que antes llevaban, se les enseñó que debían quitarse el ropaje de la vieja naturaleza, la cual está corrompida por los deseos engañosos; ser renovados en la actitud de su mente; y ponerse el ropaje de la nueva naturaleza, creada a imagen de Dios, en verdadera justicia y santidad" (Ef. 4:22-24).

La restauración supone, por lo tanto, que exista un discipulado. Ahora mismo muchos creyentes carecen de orientación, discipulado y restauración al haber evitado nuestra responsabilidad, primeramente, de ser discípulos y, después, de discipular a otros.

La rebeldía a Dios trajo a nuestra vida odio, rencor, pleitos, enemistades, infidelidades, deshonestidad, mentira, egoísmo, amor al dinero, violencia, idolatría, vicios, muerte y perversidades sexuales, entre muchas otras cosas más. Pero la restauración por la obediencia entrañable y convencida de los mandamientos de Dios trae vida y esperanza.

Por eso, el objetivo de la consejería es la reconciliación con Dios. **Cuando la verdad restaura nuestra vida podemos volver a empezar. La restauración es, más que una condición, un camino.** Inicia desde que se toma la decisión de que Dios renueve nuestra mente y vida, no sin que él haya puesto fe en nosotros, y continúa con esa elección diaria hasta la muerte, no sin que Dios ayude a esa fe a perseverar. La restauración es necesaria en tanto estemos expuestos a pecar.

"En otro tiempo ustedes, por su actitud y sus malas acciones, estaban alejados de Dios y eran sus enemigos. Pero ahora Dios, a fin de presentarlos santos, intachables e irreprochables delante de él, los ha reconciliado en el cuerpo mortal de Cristo mediante su muerte" (Col. 1:21-22). Según este pasaje el propósito de la reconciliación es acercarnos sin pecado al

Padre. Luego entonces, la restauración es necesaria, porque sin santidad, nadie verá al Señor. El restaurado puede reconciliarse con el Padre al presentarse santo y sin mancha en los méritos de Jesucristo si se permanece perseverante en la fe.

El consejo bíblico en boca de cada discípulo de Jesús ayuda a mantener a la iglesia firme en el evangelio, mientras que la obediencia nos da identidad de hijos de Dios y es fruto de nuestra fe para salvación, para que nuestras buenas obras testifiquen al mundo, y pueda conocer a Dios y a Jesucristo.

La respuesta bíblica siempre es determinante, como cuando Dios manda *"huyan de la inmoralidad sexual"* (1 Co. 6:18), por poner un ejemplo. La solución a nuestros problemas es llevar a cabo una acción radical. No hay una prescripción del estilo "durante un año intenten dejar de tener relaciones sexuales con cualquier persona y asistan a la iglesia para ir purificando sus mentes". ¡No! El mandamiento es directo y simple, el pecador que practica su sexualidad ilegítimamente necesita parar y sujetarse al Señor.

De tal manera que el conocimiento de la verdad nos da siempre dos opciones: o seguir en rebeldía al mandamiento o decidir obedecerlo. El aconsejado elige. El consejero declara la verdad y el Espíritu ayuda a lograrlo permanentemente.

En Proverbios 1:23 se nos ilustra la conexión entre el arrepentimiento y la capacidad de conocer a Dios: *"Respondan a mis represiones, y yo les abriré mi corazón; les daré a conocer mis pensamientos."* Él nos comunica sus planes, deseos, alegrías y hasta disgustos en la Biblia, pero es un hecho que al principio entendemos poco. Entonces, ¿cómo podemos llegar conocerle? En la medida en la que obedecemos recibimos mayor revelación y entendimiento. La restauración hace posible conocer más y más la voluntad de Dios en tanto ordenemos nuestra vida para alinearla al designio divino.

Finalmente, la restauración tampoco debe ser usada como pretexto para juzgar a otros de formas no bíblicas. Como Jesús indicó, si deseo reconciliar a otro con Dios o con su prójimo, primero debo considerarme a mí mismo y, si he pasado la prueba, podré corregir e instruir al otro en amor, tal como me gustaría ser tratado, considerando que también podría caer.

5.5 La Biblia es la medicina; el arrepentimiento, la terapia

Antes de avanzar, una aclaración. En este libro se da por sentado que la terapia psicológica no es una opción para orientar a creyentes en su restauración, por tratarse de un sistema de teorías que excluyen tanto la Palabra de Dios como al Espíritu Santo.

Desde el surgimiento del psicoanálisis en el siglo XIX, se ha intentado sustituir la Biblia, como única fuente de sanidad mental y emocional, con postulados freudianos que en la actualidad son considerados pseudociencia por grupos académicos reconocidos, tanto de Psicología como de Filosofía de la Ciencia.[84]

A pesar de tal reconocimiento académico, la sociedad ha buscado sustituir conceptos espirituales para que, en vez de llamar pecado al pecado, se hable de traumas, fijaciones, obsesiones, inclinaciones o enfermedades. De esta manera se le quita la responsabilidad al pecador para transferirla a algo externo, como a los padres, al cónyuge, a los hijos, al jefe, a las circunstancias de la niñez, a la economía o a la salud.

En su obra *Tótem y Tabú*, Freud deja claro que las herramientas y teorías de la terapia psicoanalítica no contemplan el actuar de Dios en las personas por tratarse, lo segundo, de un pensamiento mitológico que contamina al paciente del que debe ser liberado.[85]

Librar de la culpa al pecador no era la intención del evangelio de Jesús. Al contrario, él buscó ponerla al descubierto para abrir la posibilidad del perdón y así librarlo de su condenación. De manera que al exculpar al pecador somos cómplices y culpables junto con él.

Según nuestra experiencia en los rubros de Restauración Personal, Relaciones e Iglesias, hemos observado que muchos ministros y pastores se declaran incompetentes para lidiar con las llamadas "enfermedades

---

84 Cfr. Margret Schaefer, *The wizardry of Freud*, The Skeptics Society, Altadena, CA, 2017, Fecha de consulta: 14.12.2107 https://www.skeptic.com/reading_room/wizardry-of-sigmund-freud/

85 Cfr. Néstor A. Bráunstein, Betty B. Fucks y Carina Basualdo (Coord.), *Freud: a cien años de Tótem y Tabú*, Siglo XXI Editores, Ciudad de México, 2013, págs. 35-37.

de la mente" y pasan el problema a un psicólogo o psiquiatra por ser, a decir de ellos, los expertos. Consideran la Biblia por sí sola insuficiente para cambiar el comportamiento humano o para abordar todos los problemas de la vida, especialmente los más complicados. ¿Qué pasó con los discípulos de Jesús antes de la existencia de la psicología y de la psiquiatría? Absolutamente nada malo. ¿Qué pasará con los creyentes si reciben consejo desde una perspectiva que, desde su origen, pretende anular a Dios? Nada bueno.

La psicología busca dar un servicio desde un punto de vista que favorece la neutralidad, es decir, el paciente no está ni bien ni mal, sino que debe hacer lo mejor para él, aunque no sea necesariamente lo correcto. Conforme a la corriente de este mundo, afirman que la verdad también existe fuera de Dios, dentro de cada individuo. Para muchos, esto es fanatismo, no obstante, es pura congruencia. Si creemos que la Escritura no es la verdad, ¿por qué perder el tiempo jugando a la iglesia y a creer en Jesucristo? Como se preguntaba C. S. Lewis, o ¿creemos que Jesús es quien dijo ser al afirmar ser el Hijo de Dios? y, ¿tendremos que pensar que fue un mentiroso o un lunático?[86]

Los mismos psicólogos saben que los postulados de este conjunto de teorías del comportamiento consideran que la naturaleza del ser humano es buena en su esencia y que las respuestas a sus problemas están en él mismo. Por supuesto, la Biblia dice lo contrario en ambos casos. Sabemos que hay psicólogos cristianos bien intencionados y conocemos personalmente a muchos, pero a ellos y a quienes lean este libro les hacemos la invitación de integrarse al trabajo de la consejería bíblica, a fin de con sus dones y talentos ayuden a las personas a conocer la verdad de la Palabra de Dios.

Lo anterior nos conduce a otro punto importante. **El consejero bíblico es un evangelista.** La tarea que realiza es mostrar la verdad para que el pecador corrija el camino. El psicólogo no está interesado en el crecimiento espiritual de su paciente, únicamente desea orientarlo para

---

86 Cfr. C. S. Lewis, *op. cit.*, pág. 62

que encuentre, en él mismo, las respuestas a los problemas que tiene. Tampoco está interesado en su salvación ni en su reconciliación con Dios, cuando fue precisamente éste el propósito de la mediación de Jesucristo. Si el psicólogo no ayuda en estos temas cruciales, ¿de qué sirve su orientación para el creyente? Alguien que nació del Espíritu no puede ser atendido mediante terapias nacidas de la carne.

El problema de todo hombre es el pecado que esclaviza la voluntad y el alma y, como el psicólogo no reconoce la realidad espiritual del cliente, lo que haría por las personas es algo así como darles analgésicos para un dolor de muelas provocado por una infección. El evangelio la extirpa, aunque duela, y limpia el alma de la infección del pecado.

Para el evangelio no es importante si la persona fue herida, en qué etapa de la vida le ocurrió, quién fue el responsable, ni cómo eso le marcó y alteró su vida. En el evangelio somos conscientes y responsables de nuestra maldad para abandonarla, hallando libertad del pasado para restaurar el presente y cambiar el futuro.[87]

La psicología pretende liberar al ser humano de lo que le impida "ser", y la fe en Cristo es considerada un obstáculo para que el cliente sea fiel a sí mismo. La psicología es como un falso evangelio que predica una libertad engañosa y perversa que finalmente esclaviza. *"Les prometen libertad, cuando ellos mismos son esclavos de la corrupción, ya que cada uno es esclavo de aquello que lo ha dominado" (2 Pe. 2:19).*

En los siguientes párrafos exponemos algunas de las premisas y suposiciones de la psicología que, según nuestro personal punto de vista, se oponen a la Palabra de Dios:

---

87 Aun en caso de padecimientos que dañan la salud, para la consejería bíblica lo recomendable siempre será pedir al aconsejado un estudio completo para descartar que el sufrimiento se deba a problemas médicos, y proceder a tratar los espirituales.

- Según la teoría del psicoanálisis, el superego, o la conciencia, reprime el id, que son los instintos humanos. El papel del terapeuta es, más que ser mediador, tomar partido por el id para que los instintos se liberen, pues reprimirlos es la causa primordial de los problemas del paciente. Son los "sentimientos de culpabilidad" los que tienen enferma a la persona, y para sanar deberá desechar ataduras mentales, morales y religiosas.

- Que los clientes son pacientes o enfermos, víctimas de los estímulos de su entorno, y las figuras de autoridad ejercen influencias negativas en el paciente que dañan su autoestima. Así, se menoscaba la esencia de la disciplina y la autoridad (en su definición más básica), para impulsar una autodeterminación mal entendida en pro de una engañosa libertad, que supuestamente refuerza la identidad y la personalidad, aunque prepara el terreno para sembrar en las mentes la ilusión de la verdad propia o autodeterminación, en sustitución de la verdad absoluta. Supuestamente, cada intento por ejercer disciplina o autoridad sobre él contribuirá a generarle traumas, y a minar su seguridad al reprimirle, ocasionando trastornos como la neurosis o la baja autoestima, por ejemplo. Pero sabemos que una autoridad ejercida desde la misericordia, la compasión, el amor y la sujeción, y no desde la opresión y la superioridad jerárquica, forma el buen carácter en la persona.

- La ausencia de las nociones de verdad, disciplina y autoridad desembocan en actitudes individualistas, predominantemente movidas por la búsqueda egoísta del placer y del bienestar. La premisa de la psicología es "haz lo que afirme tu identidad", lo que abre la puerta a una permisividad total que rompe con todo sentido de comunidad, respeto, amor por el otro y por uno mismo.

Expuesto lo anterior, es irónico que una de los problemas del alma más comunes de hoy día sea la baja autoestima, puesto que los pecados son motivados por un excesivo amor propio, provocados por tener un concepto más elevado de uno mismo o por creer que el mundo gira alrededor de nosotros mismos.

Pero la psicología y la psiquiatría tienden a destruir a la persona, primero, etiquetándola con alguna "enfermedad" que la estigmatiza el resto de su vida, para luego convencerla de que es impotente ante su padecimiento al tener un origen externo, fuera de su alcance, razón por la cual requiere terapias y pastillas altamente adictivas y dañinas para el cerebro.

De esta manera, algunos han dado por sentado que la Biblia funciona para cosas sin trascendencia y que Dios no previó en su palabra solución a todos los problemas del ser humano, pero que la psiquiatría y la psicología sí las tienen. ¿Requerirá más fe creer en Dios que el considerar verdaderos los postulados de la terapia, sus premisas y diagnósticos?

La objeción tanto de incrédulos como quizá de ministros profesionales podría ser que la consejería bíblica quede en manos de inexpertos ignorantes. Sin embargo, el consejero bíblico tiene el conocimiento de la verdad provisto por el Espíritu Santo quien es en primera instancia el que examina las conciencias. El consejero sin duda tiene la responsabilidad de prepararse no sólo en la Palabra de Dios, sino en ramas del conocimiento humano útiles al servicio de la consejería. Eso sí, el consejero no confía en su criterio intelectual, sino en la verdad y en el poder de Dios para restaurar a las personas, pues la Biblia es el medicamento y el arrepentimiento la terapia. Más adelante explicaremos el papel sanador que desempeña el arrepentimiento en la consejería bíblica.

5.6 El Espíritu Santo en la consejería

En el ejercicio de la consejería, la labor del Espíritu Santo es determinante, aunque las metodologías son útiles. El consejero debe prepararse y no pensar que el Espíritu improvisará algo durante la sesión. El discípulo ha sido equipado con dones espirituales. Si lo pensamos por un momento, el Espíritu no daría a los hombres dones que no usaría en ellos. Los otorga para que demos fruto, pero esto es el resultado de conocer y guardar las palabras que el Señor nos da. El Espíritu nunca aconsejará de forma independiente a las Escrituras, sino mediante ellas y conforme a la voluntad de Dios.

"Pero, cuando venga el Espíritu de la verdad, él los guiará a toda la verdad, porque no hablará por su propia cuenta, sino que dirá solo lo que oiga y les anunciará las cosas por venir" (Jn. 16:13).

¿Cómo saber que el Espíritu nos guía al guiar a otros? Pablo dijo a los gálatas que los que viven por el Espíritu han crucificado la naturaleza del hombre pecador junto con sus pasiones y malos deseos. A los romanos les dijo lo mismo. Esto significa que, para aconsejar bíblicamente, habiendo muerto a toda obra de la carne, nuestra vida debe ser regida por los mandamientos divinos. Entonces, al ser guiados por el Espíritu Santo en nuestra propia vida podremos aconsejar espiritualmente, conforme a la verdad.

La orientación que excluye la Biblia como fuente de consejo será sólo sabiduría humana que elude la influencia transformadora del Espíritu. Las terapias tienen un efecto limitadísimo en las personas, empezando porque asigna etiquetas basadas en teorías humanas. Eso marca, esclaviza y condiciona al individuo a vivir de acuerdo con un comportamiento definido de antemano. Es como un niño al que le dicen constantemente que es un bueno para nada y, aunque no lo sea, crece creyéndolo así. Los mismos psicólogos reconocen esta realidad y, sin embargo, aplican el mismo método a sus pacientes.

Se dice que los creyentes son etiquetados en las iglesias por sus pecados. Quienes lo hacen se equivocan. La iglesia predica que en Jesucristo las cosas viejas pasaron y en él todas son hechas nuevas. Si Dios pasa por alto las ofensas pasadas cuando nos arrepentimos de ellas y no le importa lo que fuimos, a la iglesia tampoco debe importarle. No hay etiquetas.

Quienes atacan la fe dicen que se etiqueta a la gente como "pecadores". Hay que darles la razón, aunque parcialmente. La Biblia expone la verdad sobre la condición del ser humano: somos pecadores, todos, sin excepción, incluidos los pastores y consejeros. El comienzo de la nueva vida en libertad es reconocer el pecado para abandonarlo al arrepentirnos de él y, por los méritos de Jesucristo, acceder a un nuevo inicio, libre de la influencia del pecado que nos esclaviza para ahora dominarlo nosotros a él. **El evangelio, no la terapia, tiene el poder de renovarlo todo.**

Ahora bien, el arrepentimiento, como es sabido, es el resultado del actuar del Espíritu Santo que convence de pecado, justicia y juicio (Jn. 16:8). Sin él no podríamos comprender nuestra maldad y necesidad de ser liberados de nuestra naturaleza corrompida. El problema no es intelectual, es espiritual. Por esa razón entender razones no es suficiente, aunque es el principio. El arrepentimiento es producido por el Espíritu para darnos la capacidad de decidir perseverar en la fe y morir cada día a nosotros mismos. Sin el Espíritu experimentamos únicamente remordimiento por la culpa que generan nuestras injusticias. El remordimiento esclaviza si no hay arrepentimiento al generar culpabilidad de la que muchos no logran salir para rehacer sus vidas.

El Espíritu Santo actúa en la conciencia del discípulo a través de la consejería bíblica. Quita el velo de los ojos de lo que el aconsejado no podía comprender con claridad al exponer la verdad sobre Dios y nosotros. Porque la verdad conduce a toda persona hacia Dios. Nos convence de nuestra responsabilidad, de nuestra culpabilidad, pero también nos da esperanza al revelarnos la salida. Si la vida es restaurada, siempre será posible comenzar de nuevo, aunque con la pérdida provocada por el pecado.

Si Freud hubiera tenido razón, luego de hacer lo que nos venga en gana todos deberíamos gozar de una excelente salud mental y emocional. No obstante, la gente acude a terapia por las cosas que hicieron, no por las que no hicieron. En la Biblia encontramos que la libertad no consiste en decir sí a todo. Al arrepentirnos de nuestro pecado por la fe en Jesucristo obtenemos la libertad necesaria para elegir lo bueno y lo justo, pues el esclavo de sus malos deseos no puede elegir otra cosa que satisfacer sus instintos y necesidades egoístas.

Por consiguiente, las respuestas no están en nuestra naturaleza carnal, porque la Biblia dice que nadie hace el bien. Nuestra realidad personal y social afirma además que, por más leyes que existan y aunque nuestras conciencias nos acusen, nuestros instintos y necesidades terminan por someternos a ellas mismas.

"Dice el necio en su corazón: 'No hay Dios'. Están corrompidos, sus obras son detestables; ¡no hay uno solo que haga lo bueno! Desde el cielo Dios contempla a los mortales, para ver si hay alguien que sea sensato y busque a Dios. Pero todos se han descarriado, a una se han corrompido. No hay nadie que haga lo bueno; ¡no hay uno solo!" (Sal. 53:1-3).

Finalmente, por el Espíritu Santo podemos decir: ¡Dios existe! Y gracias a que Él nos abre el entendimiento podemos aceptar su verdad. En definitiva, tanto el consejero como el aconsejado dependen de Él para abrazar y practicar la verdad. El Espíritu revela, convence y libera, pues el pecador es ciego, necio y está esclavizado a su maldad.

5.7 Reflexiones y advertencias sobre la consejería bíblica

Hasta aquí, tenemos los elementos para definir consejería bíblica de la manera siguiente:

Aconsejar bíblicamente es **confrontar** las acciones de una persona con lo que Dios espera de ella mediante la exposición fiel de la voluntad divina expresada en la Biblia. El propósito es **reconciliar** a todos con su Creador. **Restaurar** la comunión de todo hombre y mujer con Dios es el resultado de contrastar las acciones pecaminosas específicas del ser humano con los mandamientos del Señor, a través de un proceso de **discipulado** o de orientación específico, dirigido por un creyente lleno del Espíritu Santo.

La consejería bíblica emplea únicamente la verdad expuesta en la Palabra de Dios para ayudar a las personas a reconocer su realidad espiritual. Ocultar u omitir alguna falta implica ignorar las causas de los problemas. Al no ser discipulados y ocultar nuestras transgresiones corremos el riesgo de incurrir en rebeldía y en un proceso degenerativo de nuestra mente. En cambio, conocer la verdad y nuestra situación espiritual mediante discipulado nos conduce hacia una plena restauración y a un nuevo comienzo para vivir según el propósito de Dios.

Tabla 7: Principios de Consejería Bíblica
La dirección del Espíritu Santo es indispensable porque nos recuerda cuál es la voluntad de Dios.
Quien aconseja se arrepiente de su pecado, obedece a la verdad y tiene al Espíritu; de tal forma que su testimonio anima a otros a hacer lo mismo mediante el consejo bíblico.
La Biblia es la fuente de todo consejo, con una correcta contextualización y la interpretación es fiel si no contradice a la propia Escritura.
El consejero evita dar opiniones o apreciaciones personales.
Es el Espíritu, y no el consejero, quien produce fe y convence de pecado a toda persona.
El Espíritu da vida y libertad al pecador mediante la verdad. La palabra limpia (Jn. 15:3), mientras que la terapia es sabiduría humana que no reconoce a Dios (1 Co. 1:21).
La verdad juzga las obras y los pensamientos, distingue la mentira del pecado y nos ayuda a conocer las intenciones del corazón para arrepentimiento (He. 4:12).
La consejería es útil en el proceso de restaurar la comunión con Dios para comenzar de nuevo (2 Co. 5:16-17).

El consejo bíblico juzga todas las cosas, no según nuestros parámetros, sino acorde con los de Dios. Entre discípulos lo usamos para disuadirnos mutuamente de caer en error, pues en nuestro interior luchan el viejo hombre y sus deseos, contra el hombre formado por Dios en nosotros para hacer justicia y vivir en santidad.

La respuesta a la pregunta "¿quién puede aconsejar?" es, por lo tanto, personas que tengan las características de un discípulo de Jesucristo. Es decir,[88]

- que estén llenos de bondad, llenos de todo conocimiento, de tal manera que puedan amonestarse los unos a los otros (Ro. 15:14).
- que exhorten con amor (1 Ti. 5:1-2).
- que habite en ellos abundantemente la palabra de Cristo (Col. 3:16).

88 Para este punto, revisar Características de madurez espiritual, capítulo 1.

- que no se dejen llevar por prejuicios ni favoritismos.
- que eviten las discusiones profanas e inútiles, y los argumentos de la falsamente llamada ciencia (1 Ti. 6:20).
- que retengan la sana doctrina en la fe y en el amor en Jesucristo y, con el poder del Espíritu, la lleven a la práctica (2 Ti.1:13-14).
- que busquen el arrepentimiento de los que se oponen a la verdad, mediante la corrección (2 Ti. 2:25-26).
- que prediquen siempre la palabra para corregir, reprender y animar con paciencia y enseñanza (2 Ti. 4:2).

Ahora bien, veamos algunos aspectos circunstanciales. La consejería no debe limitarse a un espacio físico y temporal en el que se reúnan el consejero y el aconsejado. La consejería como el discipulado son procesos que duran toda la vida y ocurren en cualquier momento y lugar; pero, ¿por qué no es común la consejería bíblica entre discípulos de Jesús en la tantas congregaciones? Quizá sea porque ello implica que todos renunciemos al pecado de una vez por todas para que Jesucristo crezca en nosotros, y podamos entonces ayudar a otras personas a ser restauradas. Los hechos demuestran, sin embargo, que es más fácil tolerar el pecado de nuestros hermanos a fin de que toleren los nuestros.

La consejería entre discípulos facilita la continua rendición de cuentas. Pese a esto, los ministros profesionales tienden a no informar nada de sus vidas, así como los creyentes rehuimos a ser confrontados con la verdad. Que cada discípulo sea un consejero bíblico, incluidos los ministros, evitaría que entren el pecado y las falsas enseñanzas a la iglesia y, si llegare a ocurrir esto, estaríamos preparados para hacerles frente.

Existen casos en los que el ministro profesional carece del tiempo necesario para atender a todos los creyentes de su congregación –generalmente cuando se trata de una congregación numerosa–, lo que facilita que los creyentes, encubiertos por el anonimato, vivan como quieran sin ser corregidos, disciplinados, consolados, aconsejados o instruidos.

En nuestra experiencia hemos observado a muchos creyentes abstenerse de solicitar consejería al pastor "para no distraerle con cuestiones que temen sean superficiales." A veces, a los congregantes se les permite solicitar cita "siempre y cuando se trate de algo importante". Otros, viven problemas de urgente atención, pero para no ser corregidos evitan el consejo. Tales escenarios son un semillero de problemas al interior de la congregación y, a su vez, lamentables testimonios de indiferencia y desamor. La necesidad de consejo nunca debe ser minimizada, sobre todo, si conocemos las consecuencias.

Los ministros profesionales generalmente llevan la presión a cuestas de presentarse como seres perfectos en infalibles ante la congregación. Piensan que al menor error todo por lo que han trabajado podría venirse abajo. Esta situación lleva a muchos a la parálisis y a la pasividad. Cuando el pecado se disemina en la iglesia, algunos suelen esperar a que los problemas se resuelvan solos, porque creen que si intervienen con determinación serán cuestionados por sus propias faltas, como ocurre cuando se deciden a hacerlo.

Los pastores y ancianos, como los siervos más maduros de la iglesia, podrían fungir como consejeros de los discípulos y ministros no profesionales. Podrían capacitarlos para que ellos a su vez ejerzan la consejería bíblica con el resto de la congregación. En iglesias donde no hay ancianos es deseable que haya más de un guía o pastor –conforme a lo establecido en Tito 1:5-9– para el mutuo cuidado y rendición de cuentas, porque cuando un solo hombre acapara el consejo, se disemina el pecado.

En el caso de que una congregación tenga más simpatizantes que discípulos, los creyentes más madurez espiritual pueden en un primer momento brindar la consejería. Ellos deben discipularse entre sí para discipular a los creyentes más comprometidos. Luego de cierto tiempo, éstos a su vez discipularán a los demás. Así la congregación crecerá en conocimiento de Dios, unidad y amor, hará discípulos llenos del Espíritu Santo.

Ciertamente es más cómodo para muchos congregantes buscar respuestas en un pastor y pedirle que ore por sus necesidades, que el escudriñar la Escritura y dedicar un tiempo a la oración por sí mismos. Muchos experimentan la angustia del pecado, la amargura de haber cedido una vez más a la tentación, la confusión de hacer lo que no quieren, la frustración de ir perdiendo día a día la batalla de la fe, mientras crece la desesperación de no entender qué es lo que Dios está haciendo en sus vidas.

¿Quién se ocupa de la mayoría de los creyentes que se resisten a sujetarse a Cristo? Ni siquiera sabemos cómo está realmente al que saludamos en la entrada todos los domingos. ¿Sabemos quién está pasando en silencio por una gran necesidad, prueba o tentación? ¿Alguien le dedica tiempo para oírle? Pocos lo harán, pero ¿conocen la verdad fielmente para aconsejar?

En el proceso de escribir este libro todo esto fue corroborado. Cada conversación con un consiervo reconocía esta realidad. Pertenecer a una iglesia es agradable mientras logres socializar con otros y hacer lazos de amistad, pero muchos son ignorados, rechazados y menospreciados. Los sentenciamos a vivir su fe de forma solitaria, apartados de los demás. ¿Recuerdas la ilustración del pastor que se disfrazó de mendigo? Si logramos integrarnos, hay que admitirlo, tampoco nos apoyamos en otros, no compartimos la carga ni confesamos nuestro pecado. Cuando nos preguntan cómo estamos, mentimos con un "bien, ¿y tú?", aunque la angustia ocupe nuestras mentes. Elegimos lidiar solos con ello por la vergüenza de admitir que caímos y de reconocer frente a otro nuestra debilidad. Tememos ser juzgados.

El ministro también padece de estas situaciones. Al escribir este libro hemos atestiguado que comparten la carga de no tener a quién acudir por intercesión, consejo, desahogo, escucha o alguna otra clase de ayuda espiritual. Reconocen su necesidad de apoyo, de hablar abiertamente de sus cargas y de rendir cuentas a un consiervo, aunque no confían en alguien de su congregación como para hacerlo, y en ocasiones fuera de ella tampoco.

Todo creyente debe formar parte de un ambiente de rendición de cuentas donde se fomente la perseverancia en la verdad y se reflexione sobre el ejercicio de su espiritualidad personal para contrastarla con su fe práctica. Cualquiera tiene un pecado que confesar en algún área de la vida; un problema que requiera ser confrontado, así como victorias sobre la tentación. El discipulado busca que el aconsejado detenga su rutina para meditar en su vida y confrontar sus acciones con la verdad, así verá si éstas se conforman a ella o a los valores del mundo.

La consejería no se termina con el consejo. El discípulo consejero se responsabiliza para que, en adelante, el creyente persevere en su fe. Se trata de acompañarle y animarle a obedecer los mandamientos divinos. Todo debe hacerse con diligencia. Evitemos seguir el ejemplo del sacerdote Elí, quien no reprendió a sus hijos aun sabiendo que pecaban contra Dios, sino hasta que fue demasiado tarde (1 Sa. 2:22-3:13). El consejero debe estorbar el pecado del aconsejado, apelar a su conciencia y hacer lo posible para que se arrepienta de su pecado y goce de la comunión con Dios y con los creyentes.

Una experiencia personal ilustra lo anterior. En una casa donde viví con mi esposa Paola cuidé un pequeño jardín. Si dejaba de atenderlo por unos días, la maleza crecía rápidamente. Impresiona la persistencia de las malas hierbas y su diversidad. Unas tienen raíces superficiales, mientras que otras son profundas. Entre más tardaba en atender el jardín, más tiempo debía dedicarle en arrancar la maleza. Pero también había alcatraces plantados. Cuando nos mudamos ahí estaban a punto de morir y pasaron algunos meses antes de que mostraran señales de recuperación. La buena semilla requiere cuidados y constancia, pero la cizaña crece donde no fue plantada, sin esfuerzo. El consejo bíblico equivaldría a cuidar la germinación de la buena semilla y ayudarla a su crecimiento. Así se previene la degradación moral que provoca el pecado y no debe postergarse, con el ánimo de impedir que el corazón rebelde se endurezca tanto que termine rechazando a Dios.

¿Cuántas veces nos hemos preguntado cuán diferente hubiera sido nuestra vida si alguien se hubiese preocupado y ocupado de nosotros? Nos habríamos ahorrado mucho sufrimiento. Claro, vivimos en una época en la que se dice que hay que hacer lo que uno desee y no arrepentirse de nada, en nombre del desarrollo personal y de alcanzar la felicidad. Sin embargo, sabemos que esto es ilusorio. Hacer siempre lo que deseamos nos conduce por un camino de frustración, soledad y vanidad del que no es posible salir fácilmente.

La consejería bíblica, ciertamente, no pretende ahorrarle al creyente el trabajo de madurar como persona y crecer en la fe al mismo tiempo, por el contrario, debe ser la voz de Dios que señala el camino y alienta a abandonar el pecado, en medio del ruido del mundo que anima a la esclavitud.

5.8 Sobre el consejero

Los siguientes pasajes bíblicos ilustran las características de un consejero:

- Amonestar y enseñar con sabiduría a otros para presentar a otros perfectos en Cristo Jesús (Col. 1:28).
- Procurar animar y edificar a otros, así como amonestar a los ociosos, alentar a los de poco ánimo, sostener a los débiles y ser pacientes con todos (1 Tes. 5:11; 14).
- Reprender públicamente a los que persisten en pecar para que los demás hagan conciencia (1 Ti. 5:20).
- Predicar la palabra, instar a tiempo y fuera de tiempo, redargüir, reprender y exhortar con toda paciencia y doctrina, para evitar que otro se aparte de la verdad (2 Ti. 4:1-4).
- No andar peleando, sino ser amables con todos; enseñar y no irritarnos fácilmente; corregir humildemente a los adversarios para que se arrepientan (2 Ti. 2:24-25).
- Comportarnos como el más humilde entre nuestros hermanos (Mt. 18:1-4).

Hasta aquí hemos sugerido que las personas aptas para dar consejería son los ministros profesionales, los consejeros profesionales y los discípulos que conforman la congregación.[89] No obstante, tendemos a pensar que es mejor capacitar a un ministro profesional para dar conseje-

---

89 Ministros profesionales son aquellos que tienen un nombramiento de pastor en las congregaciones; consejeros profesionales son quienes proporcionan consejo bíblico de tiempo completo.

ría, que a un creyente sin estudios teológicos o seculares. Sin embargo, debemos confiar en la sabiduría que procede de la Biblia así como en la dirección del Espíritu Santo quien es propiamente el Maestro del creyente. Al no tratarse de una labor intelectual sino espiritual, los frutos del creyente comunican más que los títulos si el consejero está capacitado por el Espíritu.

El consejero debe conocer y usar la Escritura para la toma de decisiones en su vida diaria. Como todo creyente, tiene el compromiso de vivir lo que predica. Debe ser una persona regenerada por el Espíritu, y sus frutos de arrepentimiento y obediencia a Dios deben ser evidentes. A eso se refería Pablo cuando dijo a los colosenses cómo debían enseñar y amonestar a los demás. Si la Escritura determina lo que el discípulo piensa, actuará conforme a ella y, entonces, tendrá la sabiduría para guiar a alguien más.

"Que habite en ustedes la palabra de Cristo con toda su riqueza: instrúyanse y aconséjense unos a otros con toda sabiduría; canten salmos, himnos y canciones espirituales a Dios con gratitud de corazón" (Col. 3:16).

Si la Biblia rige la vida del consejero, tendrá la humildad de recibir consejo de otro discípulo cuando lo requiera. Cuando un creyente confía únicamente en lo adquirido en cursos y en títulos académicos se considerará a sí mismo superior a los demás y dificultará ser discipulado. Quien se alimenta de la Biblia en su vida ayudará a otros a hacerlo también.

Esta es la justicia a la que el Señor se refería cuando dijo que la nuestra debía ser mayor que la de los escribas y fariseos, quienes decían y no hacían. **La autoridad del discípulo consejero estriba en su ejemplo, en el testimonio de que imita a Jesucristo.** Al vivir en integridad, su consejo es algo más que palabras, es eficaz. Dirán a otro, "sé restaurado, como yo lo fui", y perseverarán juntos en la fe.

El testimonio del apóstol Pablo es trascendente en ambos sentidos porque, por una parte, se reconoció como blasfemo, perseguidor e injuriador cuando rechazaba creer el evangelio pero, por otra parte, fue restaurado por la gracia y misericordia de Jesucristo al obedecerle y seguirle. Así el apóstol se convirtió en un ejemplo para los demás y restauró a muchos.

En virtud de tal ejemplo, podemos afirmar que en una relación de discipulado la autoridad del discipulador proviene de su testimonio y evidencia de una vida transformada, además tanto el discipulo como el discipulador son propicios a la mutua sujeción porque ambos se sujetan a Jesucristo y, en consecuencia, no abusan de la autoridad que les ha sido dada, y tratan con humildad a los demás considerándolos como superiores a sí mismos porque Jesucristo también murió por ellos (Flp. 2:3).

El consejero recuerda que él también fue restaurado luego de haber caído en tentación en el pasado. El que juzga con soberbia, orgullo e indiferencia, como el fariseo que se comparó con el publicano pecador, no ha rendido cuentas de su vida, está ciego y no puede ver su realidad espiritual, pero el discípulo consejero recuerda la gracia y la misericordia que hubo para con él. Por eso restaura con humildad, como enseñó Pablo.

"Hermanos, si alguien es sorprendido en pecado, ustedes que son espirituales deben restaurarlo con una actitud humilde. Pero cuídese cada uno, porque también puede ser tentado" (Gá. 6:1).

Todo discípulo, ministro y consejero profesional, ha de ceñirse al modelo de nuestro Señor detallado en el salmo 23:

• llevará a descansar a las ovejas en pastos delicados y a aguas de reposo para reconfortarlas.
• las guiará obrando con justicia, no por sus méritos, sino por amor al nombre de Dios.
• no las abandona en el valle de sombra de muerte, sino que las acompaña.
• lleva una vara y un cayado, la primera para protegerlas de las amenazas, y el segundo para prevenir que se desvíen o caigan en un hoyo o barranco.

Este tipo de vínculo es el que se establece entre pastor y oveja, discipulador y discipulado, consejero y aconsejado. A final de cuentas, el pastor, el discipulador y el consejero profesional son todos discípulos del mismo Señor a quien imitan.

De acuerdo con el texto bíblico, el que pastorea o guía mantiene una relación con la "oveja" al hacerse cargo de ella. No reposan juntos ya en los pastos delicados ni en aguas tranquilas, ¡se dirigen hacia allá! El pastor no les dice cómo llegar, ¡va con las ovejas! Mientras llegamos a nuestro reposo, que es la eternidad con Dios, hay que lidiar con los problemas del camino, no solitariamente, sino juntos, pues todos somos pastores los unos de los otros. Pero tengamos presente que el Señor no nos libra del valle de sombra de muerte, sino que nos acompaña al atravesarlo para recordar nuestra necesidad de su guía y protección; así nosotros nos comprometemos con nuestros hermanos a hacerlo en sus peores circunstancias.

Amor y dedicación son algunas de las características más sobresalientes de quien aconseja. Si el Pastor de todos conoce el nombre de sus ovejas, nosotros también debemos conocer a quienes pastoreamos y discipulamos. Hoy en día eso es un reto para muchos ministros.

Al discipular y aconsejar es necesario un compañerismo amable, constante y de servicio entre iguales; no se trata de una relación jefe-subordinado en la que no se cuestiona al que "sabe". La práctica de la consejería fortalece los lazos de la amistad y del conocimiento mutuo para identificar dones y debilidades, así como para restaurar y edificar.

En nuestra opinión, es mejor un modelo de iglesia en el que existan ancianos (los creyentes más maduros en Jesucristo) entre los cuales haya varios pastores. Los ancianos son obispos, discípulos en comunión con Dios, con conocimiento de la congregación y discernimiento suficientes que los capacitan para dirigir, predicar y enseñar, así como discipular a los ministros de la iglesia. Estos últimos a su vez velan por las necesidades materiales, espirituales y familiares de los miembros identificando oportunamente problemas y malos caminos, como el de alejarnos del Señor y de las personas por servir afanadamente en la obra.

La idea es que los más maduros en la fe, que por lo común son los menos, se comprometan con un círculo más amplio, el de los ministros, y estos con uno más amplio, los miembros de la congregación, y así estos a su vez discipulen a sus familias, colegas, compañeros de estudios, vecinos, etcétera, es decir, sean la punta de lanza del evangelismo de la iglesia. El pastor sería un anciano más en el grupo de ancianos y no el único, como ocurre por lo general. Los ancianos se rinden cuentas entre sí y a la congregación, de esta manera el pastor también rendiría cuentas a otros, no solo a sí mismo.

¿Por qué es necesario que el pastor rinda cuentas de su vida a otros en la iglesia local? En un contexto de discipulado el pastor y los ancianos deben discipular y ser discipulados. Los pastores tienen muchas responsabilidades administrativas y atienden diversos tipos de asuntos, pero deberían ocuparse no de ser administradores, sino en desempeñar funciones pastorales, en otras palabras, predicar y enseñar la Palabra a la congregación en su conjunto, y principalmente exponerla a sus miembros en lo individual mediante el consejo bíblico.

Cuando el pastor es pastoreado por otros ancianos, o por lo menos alguno de ellos, se identifica mejor con las ovejas, pues recuerda que él mismo es una de ellas. El pastor que discipula y es discipulado cumple verdaderamente con su ministerio al mantener contacto con la realidad de la iglesia. Por el contrario, cuando el pastor no prioriza ser aconsejado y aconsejar a otros en su labor cotidiana, corre el riesgo de hacer de la exposición de las Escrituras algo con lo que los creyentes se identifiquen poco o nada.

Los ancianos (incluido el pastor) podrían fungir en la congregación como consejeros de consejeros, perfeccionando a los ministros al sobrellevar las cargas los unos de los otros; podrían compartir su experiencia en el discipulado y la consejería con otros. Así formarían parte activa de las redes de discipulado, evitando las jerarquías y el abuso de la autoridad jerárquica.

Los consejeros profesionales, por su parte, podrían ser muy útiles fuera de la iglesia, ofreciendo consejo bíblico a los incrédulos en un local, oficina o consultorio, por ejemplo, y a quienes crean en el evangelio los presentarían a la congregación. Trabajar fuera del templo no significa hacerlo de forma independiente a ella, es más bien el brazo extendido de Dios y una de sus extensiones en el mundo, donde pesca hombres en angustia, pecado y necesidad. Justo aquellos a quienes el evangelio ofrece consuelo. El consultorio de consejería bíblica es una puerta de entrada a la iglesia, donde el que está sin Dios puede conocerle al ser evangelizado por el consejero, y luego ser discipulado por la congregación.

En Restaura Ministerios no sólo queremos capacitar a la gente para proporcionar consejería bíblica a cualquiera, sino que tenemos el objetivo de abrir consultorios donde consejeros profesionales reciban a inconversos para hablarles de la voluntad de Dios para sus vidas. La gente busca a Dios, pero no sabe dónde encontrarlo. Bueno, si ve en la calle un consultorio de consejería bíblica es probable que sea visto como un lugar donde se puede recibir ayuda que oriente sobre cómo lidiar con problemas matrimoniales, familiares, de vicios o de conciencia, entre muchos otros.

Como sea, llevar al conocimiento de Dios y de Jesucristo para que todos sean salvos es la encomienda más importante de todo discípulo consejero, porque todos somos evangelistas. Tal comisión lleva ineludiblemente al amor. No hay otra forma de obedecer y de servir si no es por amor. Y todo consejo está fundamentado en el amor.

5.9 Trabajo con el aconsejado: hacia la restauración

El discípulo consejero debe ayudar tanto al creyente como al no creyente a restaurar su comunión con Dios, procurando que comprenda su realidad espiritual. Su misión no consiste en animar a otros a ser mejores personas, en resolverles problemas, en procurarles una vida religiosa o en ofrecer consuelo citando bellas frases de la Biblia fuera de contexto. **La labor del consejero consiste en ayudar a las personas a restaurar su comunión con Dios disuelta por el pecado.**

Según la Biblia, el trabajo con el aconsejado se fundamenta en cuatro áreas:

1) Creer en el evangelio por fe
2) Reconocer y confesar el pecado
3) Arrepentirse del pecado
4) Perseverar en la fe (discipulado y restauración)

Esta secuencia puede apreciarse mejor en lo que llamamos el Círculo Virtuoso de la Restauración (que explicamos en los siguientes párrafos). De esta manera, la renuncia de la persona a la servidumbre al pecado para someterse al Señorío de Jesucristo, perseverando en ello cada día marca el camino de la salvación, pues fe que persevera es fe que salva.

Círculo Virtuoso de la Restauración

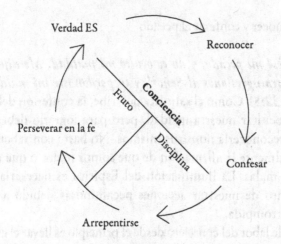

Figura 4

1) Creer en el evangelio por fe

En el capítulo 2 hemos recordado en qué consiste el evangelio, el cual deja en claro que el pecado es rebelión en contra de Dios y la raíz de los problemas de toda persona porque esclaviza la voluntad, afectando su vida racional, emocional, espiritual, y muchas veces, su salud. Se necesita fe para creer que somos malos y reconocer nuestra esclavitud hacia el pecado. Estar expuesto a la verdad de Dios al leer las Escrituras es la manera más efectiva para que el Espíritu Santo dé fe al pecador y así pueda darse cuenta de la espantosa realidad de haber vivido sometiendo su voluntad al pecado. Conocer a Dios y su voluntad provocará que podamos mirarnos como muertos en nuestros delitos, rebeldes.

En la Biblia, el aconsejado encuentra cuáles son los límites de lo justo y lo injusto que Dios ha trazado, así como de lo que es verdad y mentira, de lo que es la voluntad de Dios y el pecado. Creer equivale a llamar pecado a lo que Dios llama pecado y tener pesar por haberle ofendido nos moverá a confesar el mal hecho, buscando reconciliarnos con él y con el prójimo. A esto se refieren los Proverbios cuando dicen que el principio de la sabiduría es el temor de Jehová. Por eso el consejero debe conocer bien la Palabra de verdad y vivir en ella.

2) Reconocer y confesar el pecado

"Pero te confesé mi pecado, y no te oculté mi maldad. Me dije: 'Voy a confesar mis transgresiones al Señor', y tú perdonaste mi maldad y mi pecado" (Sal. 32:5). Como el salmista describe, la confesión del pecado significa no ocultar nuestra maldad, pero para lograrlo debemos comenzar por reconocerla nosotros mismos. No basta con saber o asentir intelectualmente la afirmación de que somos malos o que nuestras acciones son malas. La iluminación del Espíritu es necesaria para el reconocimiento de nuestras acciones pecaminosas debido a nuestra condición corrompida.

Por ello, la labor del consejero desde el principio es llevar el evangelio al aconsejado: recorrerlo, explicarlo y orar por que reciba la fe necesaria para creerlo y, todo lo demás, será consecuencia de esto. Si a pesar de los esfuerzos no hay evidencia de fe nada más puede conseguirse. En otras palabras, el consejero deberá dar por terminado el proceso de restauración. En ese sentido, se debe advertir al aconsejado de que esto podría ocurrir. Si se trata de un creyente la iglesia debe ser informada con el fin de tomar una decisión al respecto.

Por ejemplo, es un buen comienzo que, luego de ser expuesto al evangelio, el aconsejado llegue por sí mismo a la aceptación de ser un mentiroso; no obstante, el reconocimiento del pecado por medio de la fe es la convicción de que la práctica de la mentira le ha acarreado condenación perpetua, consecuencias indeseables en su vida y separación de Dios si persiste en ella, pero vida eterna si cree que Jesús murió por ese pecado en lugar del pecador para presentarlo como justo ante el Padre, lo cual significa que si ser mentiroso le condenaba, decir la verdad es el comportamiento del creyente dispuesto a honrar el sacrificio de su Salvador. Creer lleva al pecador arrepentido a tener la disposición de cambiar su conducta y sus intenciones, y Dios hará el resto.

Como no es posible para el consejero validar el cumplimiento del primer inciso, al reconocer y confesar su pecado el aconsejado le permitirá hacerlo. Muchas veces el aconsejado dice creer el evangelio y su vida testifica en contra de esa fe, la niega. El consejero debe hacerle ver esa incongruencia y estimularlo a dar evidencia de esa fe.

En suma, el deber del consejero presentar el fundamento bíblico necesario para que el aconsejado llegue a estas conclusiones a través de la acción del Espíritu en su conciencia. El consejero podrá decirle una y mil veces que es un mentiroso sin haber efecto alguno, pero el Espíritu produce convicción de pecado. Esto es enteramente un proceso espiritual en el creyente y el consejero no puede producir la contrición necesaria para que el aconsejado reconozca y confiese su pecado. La confesión sigue al reconocimiento debido a la necesidad de perdón.

La palabra confesión en el Nuevo Testamento se traduce literalmente como decir la misma cosa. Por eso, si alguien confiesa su pecado, cree al conocer y reconocer la verdad de Dios; la mentira es desechada para unirse a su verdad y así decir la misma cosa que él, no sin antes haber reflexionado por sí mismo sobre su débil y corrupta condición y su necesidad de ser regenerado. La confesión del pecado se hace ante Dios y es opcional hacerlo ante el discipulador o consejero, pero en nuestra experiencia quien se esfuerza en mantener en secreto su falta tiene una probabilidad mayor de volver a repetirla. Enunciarla libera al pecador y facilita el trabajo del consejero.

La confesión demuestra convencimiento, la búsqueda del perdón de Dios y el anhelo de un nuevo comienzo. Adicionalmente, tanto la realidad como la Escritura dan evidencias de que el pecado a veces está relacionado con males mentales o físicos, y que la confesión y el perdón de pecados trae, a su vez, sanidad.

En el Salmo 32 y en el 38, el rey David describe que sintió malestares físicos como consecuencia del mal que había hecho y de omitir decírselo a Dios. En el Salmo 51, nuevamente David pide a Dios perdonar su pecado para ser lleno de alegría y gozo, así como para recuperar la salud (v. 8). El pecado lo puso triste y enfermo. Aunque los ejemplos no enseñan que siempre la enfermedad es signo de pecados, los pecados no reconocidos ni confesos generan malestares físicos, emocionales y mentales. Jesús mismo sanó enfermedades para demostrar que podía perdonar pecados. Y al contrario, se halla alivio, paz y felicidad exponiendo la falta.

"Por eso, confiésense unos a otros sus pecados, y oren unos por otros, para que sean sanados. La oración del justo es poderosa y eficaz" (Stg. 5:16).

Lo anterior indica que la consejería bíblica bien llevada ayuda, incluso, a encontrar la sanidad de ciertos sufrimientos. El consejero Jay E. Adams ha documentado numerosos casos de aflicciones emocionales y mentales cuya recuperación fue posible gracias al consejo bíblico.[90] Aunque reconocer el pecado y confesarlo tiene beneficios, no basta. Se requiere arrepentimiento.

3) Arrepentimiento del pecado

No todo es admitir nuestros errores y ofensas, todo se quedará en remordimiento si no hay un cambio de mente y naturaleza para no repetir la ofensa. Es decir, hablar de mi pecado no basta, debo aborrecerlo al comprender que me separa de Dios. Reconocer mi transgresión y repetirla una y otra vez me hace un cínico simplemente.

El apóstol Juan dice que al confesar nuestro pecado Dios es fiel y justo para darnos perdón y limpiarnos de toda maldad. ¿Para que nos limpia? No es para volver al mismo pecado. El perdón de Dios al arre-

---

90 Cfr. Jay E. Adams, *Capacitado para orientar*, Editorial Portavoz, Miami, FL, 1981, págs. 53-68

pentido es la confianza sobre la cual podemos edificar una nueva vida para alcanzar la salvación.

Como leemos en Hebreos 10:16, el Señor ha puesto sus mandamientos en los corazones y mentes de sus hijos, y cuando dice que nunca más se acordará de sus pecados da por sentado que tales personas no andarán conforme a la carne, sino guardando esos mandamientos escritos en ellos mismos. Estos son los que pueden entrar al Lugar Santísimo, los que se acercan con corazón sincero al que escudriña los corazones, los que tienen plena certidumbre de fe, los que se purifican de mala conciencia, los que se mantienen limpios, los que mantienen firme su esperanza y los que no practican el pecado voluntaria, deliberada e intencionalmente habiendo conocido la verdad.

El consejero echa mano de la verdad para que el aconsejado aprenda a aborrecer sus maldades porque Dios las aborrece. Así le indica cómo perseverar como nos animan los apóstoles.

Cuando Jesús contó la parábola del hijo pródigo y relató que el hijo rebelde que malgastó la herencia de su padre se arrepintió de haberse ido de su casa, pensando en regresar a ella dijo que tenía en mente pedir perdón, confesar su pecado y pedir trabajo como empleado. Finalmente, fue restituido como hijo. El consejo bíblico del discipulado siempre debe tener el objetivo de llevar al aconsejado al arrepentimiento ayudándole a reconocer su maldad y confesarla. No es fe si se queda únicamente en culpabilidad o remordimiento. Si no hay reconocimiento del pecado, mucho menos podrán abandonarlo.

El ejercicio continuo del reconocimiento, la confesión y el arrepentimiento nos ayuda a perseverar en la fe al conformar la mente de Jesucristo en nosotros a cada instante. Por lo tanto, si el consejero encuentra evidencia de que el aconsejado ha abandonado su maldad, podrá atestiguar el comienzo de su restauración.

El consejero notará que, si no hay avance en la solución de los problemas ocasionados por los pecados, significa que no hay arrepentimiento. Cuando el aconsejado cambie su manera de pensar, se apartará de su maldad, buscará a Dios, hablará diferente y relacionará con otros en amor. Estamos ante el misterio del nuevo nacimiento.

4) Perseverar en la fe

La consejería bíblica no da de alta a un pecador arrepentido y lo etiqueta como persona restaurada, el tal debe mantenerse en esa condición. Alguien restaurado persevera en su fe, esa es su meta. Quien espera completamente en la promesa de su salvación vivirá conforme a lo que cree y caminará en santificación. La apostasía es una forma de referirse a aquellos que en un día dijeron creer pero no perseveraron en su esperanza.

En este paso los discípulos consejeros, y no los consejeros profesionales, desempeñan un papel fundamental en el acompañamiento del nuevo creyente –o de aquel menos maduro en la fe– al cultivar relaciones profundas y comprometidas entre ellos derivadas de la comprensión de pertenecer al mismo cuerpo y de ser miembros los unos de los otros, teniendo como cabeza a Jesucristo.

5.10 Conciencia y disciplina

El consejo bíblico se dirige a la conciencia del creyente con el fin de que reconozca las consecuencias de hacer lo malo y desechar lo bueno, y viceversa. Le recuerda lo que es justo, puro, santo y agradable a Dios, así como lo que aborrece. Al ser libertados por la Palabra de Dios, la verdad, podemos vivir en el Espíritu y someter nuestra carne. Esto es dominio propio, el cual se logra al ejercitar la buena conciencia.

Para lograrlo la disciplina es necesaria. Disciplinamos nuestra mente y nuestro cuerpo para hacer lo que es bueno, porque si invocamos a Dios pero hacemos lo malo ocasionamos que se insensibilice nuestra conciencia por el pecado y que se contriste el Espíritu, demostrando con ello que la verdad no mora en nosotros. Cuando somos gobernados por nuestras necesidades e instintos no podemos controlarnos y hacemos lo que queremos transgrediendo la voluntad de Dios. Viviendo así, caemos en rebeldía y, a pesar de saber que todo nos es lícito pero que no todo nos conviene, seguimos bajo la seducción de aquello que nos mantiene esclavizados, el pecado.

Cuando encontramos que la conciencia de la persona es insensible a su pecado recurrimos a la disciplina, en principio para generar el hábito de la oración, la meditación en la Biblia, reunirse con otros creyentes y servirles. Debido a que resistimos buscar a Dios y someternos a su voluntad, las disciplinas espirituales tienen como objetivo forjar el carácter del creyente para favorecer el cambio de mente necesario.

Así la conciencia endurecida por el pecado es ablandada por el Espíritu. En un principio, el creyente no desea orar en ocasiones y por ello la disciplina formará el hábito hasta que la comunión con Dios sea tal que lo anhele. Más tarde, cuando sea maduro en su fe, cuando tropiece se apelará a su conciencia reprendiéndole, previniéndole y advirtiéndole con base en la Biblia. En todos los casos se hace con la intención de que el creyente se haga responsable de sus acciones y de que viva de acuerdo con la verdad, no según sus costumbres viciadas.

Pablo explicó a los tesalonicenses cómo se debe disciplinar. Se amonesta con el fin de corregir lo que está mal y de sensibilizar nuevamente a la conciencia. La meta es enderezar lo torcido, no destrozarlo. Se apela a la conciencia, en un principio, con cuidado y cariño, pero con firmeza y decisión. Si persiste en pecar, se procura advertir a otros para que el transgresor se percate de su conducta. Son distintos niveles de disciplina.

«Si alguno no obedece las instrucciones que les damos en esta carta, denúncienlo públicamente y no se relacionen con él, para que se avergüence. Sin embargo, no lo tengan por enemigo, sino amonéstenlo como a hermano" (2 Ts. 3:14-15).

Una medida extrema, según el contexto de la segunda carta a los teslonicenses, se ejecuta cuando se ha persistido en pecar, aun cuando ha sido llamado al arrepentimiento, enseña Pablo. Consiste en "no relacionarse" con el rebelde o "no juntarse con" el que practica el pecado. Al pedirles que no lo traten como enemigo, les recuerda que no es un apóstata y que es un caso que requiere paciencia.

"Por carta ya les he dicho que no se relacionen con personas inmorales. Por supuesto, no me refería a la gente inmoral de este mundo, ni a los avaros, estafadores o idólatras. En tal caso, tendrían ustedes que salirse de este

mundo. Pero en esta carta quiero aclararles que no deben relacionarse con nadie que, llamándose hermano, sea inmoral o avaro, idólatra, calumniador, borracho o estafador. Con tal persona ni siquiera deben juntarse para comer. ¿Acaso me toca a mí juzgar a los de afuera? ¿No son ustedes los que deben juzgar a los de adentro? Dios juzgará a los de afuera. 'Expulsen al malvado de entre ustedes'" (1 Co. 5:9-13).

Hay dos cosas a destacar de este pasaje: habla de quienes, llamándose "hermanos" practican el pecado, es decir, cuando se vive una doble vida, por un lado de espiritualidad aparente y, por otro, de práctica deliberada de lo que Dios aborrece. Tal y como Caín procedía, invocan a Dios pero, al mismo tiempo, siguen sus impulsos carnales, lo cual es inaceptable e intolerable en la iglesia del Señor. Por otro lado, Pablo afirma que, para no ser juzgados por Dios como incrédulos, los creyentes deben juzgar "a los que están dentro", es decir, en un acto de amor la iglesia juzga el pecado del creyente al identificarlo y pedir arrepentimiento para salvarlo de la justa ira del Señor, tomando en cuenta que de tolerarse otros creyentes imitarían el mal ejemplo.

Un cristiano amonestado se entrena para identificar mejor el bien y apartarse del mal. Se le enfoca en su pecado para ayudarle a tener conciencia de él y evitar que empeore su situación pecaminosa. La corrección moldea el corazón y el carácter del transgresor. Si la falta es ignorada, vendrán males peores, cada vez más difíciles de controlar. Por lo tanto, el pecado debe salir a la luz para que la restauración sea posible.

La disciplina no es un castigo, es una amonestación a quien habiendo confesado a Jesucristo practica algún pecado. Todos los discípulos deben estar capacitados para amonestar a quien ha pecado contra ellos a fin de que en presencia de dos o tres testigos haya una segunda amonestación si se negare a arrepentirse, y en presencia de la iglesia si el pecador continúa en su rebeldía a la verdad.

Eludir la disciplina y tolerar el pecado son hechos altamente perjudiciales para la comunidad. A veces se evita la disciplina al argumentar que es problema entre el creyente y Dios. Como se lee en el anterior pasaje de Corintios, los creyentes debemos juzgar los asuntos que impliquen conductas que se oponen a la verdad dentro de la congregación. Así se impide que la maldad se multiplique y otros sean corrompidos. Un poco de levadura leuda toda la masa, enseñó Jesucristo, y posteriormente Pablo.

Sin embargo, algunos han usado este pasaje para levantar tremendas inquisiciones que dejan fuera la amonestación en amor y misericordia. Por eso, la palabra "juzgar" tiene tan mala fama, especialmente en las iglesias evangélicas. Hay quienes usan erróneamente aquello de sacar la viga del ojo propio si se quiere sacar la paja del ojo ajeno. Jesús no dijo que no ayudemos al prójimo a ver, sino que necesitamos ocuparnos de nuestro pecado antes de reprender al otro por el suyo. La finalidad es que ambos se salven de la condenación. Restaurar es un ministerio de amor y reconciliación, no de condenación y destrucción.

Finalmente, quien persiste en pecar y no quiere arrepentirse debe ser desarraigado de la congregación luego de múltiples llamados de atención. No puede ser tratado como hijo de Dios quien se rehúsa a ser su hijo.

"Al que cause divisiones, amonéstalo dos veces, y después evítalo. Puedes estar seguro de que tal individuo se condena a sí mismo por ser un perverso pecador" (Ti. 3:10-11).

El esfuerzo de recordar la verdad y vivir por ella siempre dará ánimo para vivir en santidad para que la iglesia se mantenga sin mancha, unida a la cabeza. Cuando el creyente diga «no puedo», el consejero dirá «tú no puedes, pero por la gracia y el poder de Dios podrás».

5.11 Cómo aconsejar

La orientación para aconsejados cristianos y no cristianos es en esencia la misma, aunque varía un poco el método. Cuando tratamos con personas que no están familiarizadas con el evangelio y con el concepto de pecado es necesario tomarnos un tiempo para exponerles exactamente la verdad con el fin de llevarlos por los cuatro pasos enumerados en párrafos anteriores. Recordemos que la consejería bíblica es también obra de evangelista puesto que emplea la Biblia para hablar de las bendiciones de la obediencia a Dios y las consecuencias de la desobediencia, así como para llamar al arrepentimiento de pecados y animar a las personas a seguir a Jesucristo.

Cuando aconsejamos debemos ayudar al aconsejado a que él mismo identifique sus pecados, así como las consecuencias de éstos en el pasado, presente y futuro. Esto es necesario, pues el arrepentimiento y la restauración al perseverar en la fe ocurren cuando el creyente está decidido debido a su compromiso con Dios.

Muy importante es nunca perder de vista que solucionar problemas no es el objetivo de la consejería. Los problemas son el medio que Dios usa para atraer a sí mismo al pecador. La consejería no soluciona problemas, va al fondo de ellos con el fin de identificar el pecado y abandonarlo para salvación, por medio de la fe en Jesucristo. Es cierto que en el proceso el aconsejado resuelve diversas situaciones como consecuencia de obrar de manera justa y agradable a Dios. Podría tratarse de evitar un divorcio, obtener reconciliación con miembros de la familia o salvar un empleo. No obstante, habrá casos en los que, con todo y arrepentimiento de por medio, el aconsejado afrontará las consecuencias de su pecado, como hacerse responsable de un hijo no planeado, pagar una deuda, cumplir una sentencia de un tribunal o ser despedido del trabajo, por ejemplo.

La consejería bíblica concientiza y sensibiliza para asumir la responsabilidad personal de ellos. La consejería es parte del discipulado para formar la mente de Jesucristo en los creyentes, no para librarlos de las consecuencias terrenales del pecado, sino de las eternas. En todo caso, cambiaría la forma de afrontarlas. El evangelio descubre el punto de vista de Dios sobre el pecador y sus pecados, sobre la vida, la muerte, lo injusto y lo justo. Al conocer la verdad, el aconsejado recibe convicción de su pecado, pero también recibe consuelo, esperanza y salvación si abandona su vida de injusticia

Es necesario hacer entender al aconsejado que su obediencia a la verdad no implica que las circunstancias cambien, no porque Dios no escuche o sea indiferente, sino como consecuencia de su pecado. Tener fe en medio de circunstancias adversas forja en nosotros el carácter de Jesucristo al ser probados en nuestra paciencia, amor, obediencia, fe y, muy especialmente, en nuestra sujeción a su soberana voluntad. Así es como nos purificarnos de nuestro pecado. Como dice la Escritura, Dios convierte nuestra tristeza en gozo, no necesariamente por quitar aquello que provoca nuestro dolor, sino al transformar nuestra mente.

Mientras el consejero no enfoque así su trabajo y el aconsejado no crea en el evangelio y deje su pecado, todo lo demás será infructuoso y habrá reincidencias. Estas reglas deben estar claras desde un inicio. Ambas partes no solamente ahorrarán tiempo, sino desgaste emocional y físico innecesario.

La consejería orienta sobre cómo podemos vivir según la verdad, la cual no ha sido definida por la sabiduría humana, sino por la sabiduría de Dios. Ya será decisión del aconsejado abrazarla o rechazarla. El consejero debe ser muy cuidadoso de no dar sus puntos de vista personales; el aconsejado no los necesita y sí requiere conocer la verdad y practicarla. Nunca debe perder de vista que su tarea no es convencer a nadie. Sólo el Espíritu convence de pecado y vivifica un alma muerta.

Para aconsejar de forma más compasiva, recuerde cuando era no creyente. ¿Qué buscaba de Dios? ¿Un milagro? ¿Que lo sanara de un padecimiento? ¿Qué le ayudará a conseguir algo? Eso es lo que hacemos cuando buscamos a Dios. En la mayoría de los encuentros que Jesús tuvo con las personas era porque éstas tenían necesidad de algo, pero al encontrarse con él cara a cara comprendieron que su necesidad real era la de conocer al Padre.

Difícilmente las personas llegan preguntando cómo tener comunión con Dios y, en cambio, piden consejo con respecto a algún problema. En la desesperación, muchos buscamos a Dios pero al resolverse el problema nos olvidamos de él. El consejero debe procurar que sigan acudiendo a Dios. Por eso les expondrá el evangelio, para animarles a perseverar en su fe.

La consejería es bíblica es la única manera de estar apercibidos de nuestra realidad espiritual, es decir, de nuestra posición ante Dios. Lo que quiero decir es que las Escrituras describen cuál es nuestro problema raíz: en parte es el pecado y en parte somos nosotros, quienes estamos esclavizados al pecado.

En cambio, las filosofías orientales, los libros sobre superación personal y los supuestos de la terapia psicológica fallan al producir en el ser humano autosuficiencia, no suficiencia en Jesucristo. El error de fondo es ubicar el origen de los problemas en lo externo al individuo y su propia solución en su interior, cuando el evangelio hace lo contrario al ubicar el origen de los problemas del individuo en su interior y su solución en lo exterior, que en este caso es la verdad de Dios. El conocimiento humanista no contribuye al cambio de la mente corrompida por la regenerada, según la voluntad de Dios, por lo que las personas incurren en los mismos errores, y de no obtener ayuda solamente habrá mayor depravación.

Al reconocer la verdad, cambiamos nuestra manera de pensar y en consecuencia nuestra manera de vivir. No se trata de acumular más información, pues esto no ayuda a que abandonemos la naturaleza pecaminosa. El evangelio no nos transforma si lo memorizamos ni tiene como objetivo cambiar o producir acciones aisladas, pues es poder de Dios para renovar el ser y, como consecuencia, la mente concebirá pensamientos e intenciones conformes a la naturaleza y el carácter Dios manifiestos en una voluntad que hace la de su Señor. Si bien las decisiones pasadas que afectaron nuestra vida las tomamos según ideas y deseos engañosos; en lo sucesivo, la verdad nos cambia al tomar decisiones con la mente de Cristo.

Por ello, cuando sea impartido el consejo bíblico, el consejero no puede ser neutral. Él ya ha tomado partido por la verdad y la obediencia a Jesucristo. Las respuestas al aconsejado estarán por tanto dirigidas a que lleve una vida reconciliada con el Señor en todos los aspectos de su vida. La neutralidad, si acaso, tendrá que ver con evitar prejuicios y favoritismos. A veces, los aconsejados buscan hacerse las víctimas de las circunstancias cuando no lo son y se corre el riesgo de favorecerlos o perjudicarlos. El consejo bíblico se inclinará siempre a que el aconsejado asuma las consecuencias de sus acciones, como la Biblia enseña, para restaurar, restituir y reconciliar.

Finalmente, el consejero no pretende que el aconsejado se desahogue de sus problemas, sino que reciba la instrucción necesaria para ser un hijo de Dios cuya vida le glorifique. Es probable que, enfocado en aliviar la circunstancia urgente, el aconsejado evite profundizar en otros aspectos de su vida.

El consejero no debe caer en esta prisa porque excluirá los pecados arraigados de tiempo atrás que provocan los problemas más importantes. El consejero debe estar consciente de que uno de sus peores enemigos es la conclusión rápida. Deberá escuchar atentamente las respuestas que el aconsejado dé a sus preguntas. De pregunta en pregunta, el consejero obtendrá la información que le lleve al meollo del asunto. Se insiste en que lo importante es encontrar la causa o causas de los problemas del aconsejado para identificar qué pecados deben ser reconocidos y confesados, y así procurar el arrepentimiento. Algunos pecados pueden ser el origen de otros, por lo que llegar al fondo de los problemas ayudará al aconsejado a arrepentirse de sus transgresiones y a estar alerta en el futuro. En ese sentido, la consejería es permanente, como parte del discipulado.

La experiencia de Carlos ilustra lo anterior. Él era un creyente que vivía confundido porque mientras más buscaba agradar a Dios y superarse profesionalmente, su vida se tornaba cada vez caótica. Él se comprometía con cosas buenas y no perdía el tiempo con vicios o mirando televisión en su tiempo libre. El problema real, aparentemente, eran sus finanzas, pues había gastado su sueldo de una forma que él consideraba irresponsable, por lo que las deudas habían crecido con intereses. El consejo pudo haberse enfocado en confirmar que la palabra dice que no hay que deber nada a nadie, y en ayudar a elaborar un plan para eliminar las deudas. Sin embargo, al ahondar en otros aspectos de la vida del aconsejado, se descubrió que la mala administración del dinero era apenas un aspecto del problema real. En la charla se hizo evidente que su problema se extendía al plano sentimental, espiritual, profesional, y a más aspectos de su vida. Carlos tenía una mala mayordomía en prácticamente todas las áreas de su vida y debía tomar decisiones para enfocarse en su comunión con Dios y en ordenar prioridades.

Otro error muy común, que a decir por nuestra experiencia es el peor de los errores, es que el consejero tenga simpatía con el pecado del aconsejado y trate además de justificarlo. Si ama lo suficiente al aconsejado (porque estamos llamados a amar a nuestro prójimo como a nosotros mismos) se hará todo lo posible para que no continúe pecando; de lo contrario, se le dejará hacer lo que desee. Hacer sentir cómodo con su pecado al aconsejado, justificarlo y no acompañarlo para abandonar su maldad (como sucede con las terapias psicológicas) es hacerle daño, como señala la Palabra en el Libro de Proverbios 25:20: *"Dedicarle canciones al corazón afligido es como echarle vinagre[a] a una herida o como andar desabrigado en un día de frío"* (Pr. 25:20).

Pablo enseñó a los corintios que se debe orientar y aconsejar como a hijos amados, esto es, sin avergonzar al aconsejado. El Espíritu Santo es quien amonesta nuestra conciencia, al revelarnos nuestra transgresión a la luz de la Palabra. La aflicción que sentimos por nuestras faltas nos conduce a cambiar, con la ayuda de Dios. *"No les escribo esto para avergonzarlos, sino para amonestarlos, como a hijos míos amados"* (1 Co. 4:14).

La confrontación del discípulo consejero no debe destruir el ánimo del discípulo aconsejado. El amor es nuestro signo y, cuando de amonestar se trata, debemos hacerlo como a un hermano, un padre, una madre o a un hijo. Se nos ha enseñado que juzgar es destruir o linchar, pero esto es mentira. La verdad juzga los pensamientos y las intenciones, y aconsejar bíblicamente trae la verdad a la vida como se trae una lámpara a la habitación oscura para que la luz descubra todas las cosas.

El sentido bíblico de juzgar es discernir entre lo malo y lo bueno. El consejero debe distinguir cuál es la ofensa del aconsejado según los mandamientos de Dios y ayudarle a pedir perdón para no repetirla. La acción es aconsejar, mientras que el procedimiento para procurar la restauración varía al disciplinar, amonestar, corregir o instruir, según sea el caso. Pablo no separó nada de eso del amor, porque amar al prójimo es hacerle ver su pecado y procurar su arrepentimiento, con el fin de que alcance perdón y se salve.

El que pecó no ha de ser tratado como incrédulo, pues no es enemigo de la iglesia. La reprensión bíblica nunca se aleja del amor y del afecto fraternal, aun cuando el desobediente persistente sea apartado temporalmente de la comunión con los demás creyentes a fin de hacerlo reflexionar sobre sus acciones. La restauración vendrá al darle oportunidad de arrepentirse y ser reintegrado a la comunión.

"Ustedes, hermanos, no se cansen de hacer el bien. Si alguno no obedece las instrucciones que les damos en esta carta, denúncienlo públicamente y no se relacionen con él, para que se avergüence. Sin embargo, no lo tengan por enemigo, sino amonéstenlo como a hermano" (2 Ts. 3:13-15).

Cuando lidiamos con el pecado del otro, debemos responder a la pregunta de "¿qué?", y no de "¿por qué? El aconsejado necesita saber **qué** maldad vive, y no **por qué** la vive. Reconocer la maldad propia es más útil para asumir responsabilidad, que pensar en las circunstancias que nos llevaron a cometer transgresiones, pues estas se convierten normalmente en una muleta para enlistar pretextos y justificaciones al pecado. Podemos argumentar que cierta situación nos empujó a cometer una ofensa, pero las razones no importan cuando el pecado fue nuestra elección, cuando podemos decidir no ser dominado por él.

Finalmente, la consejería procura la obediencia al mandamiento como una elección voluntaria del discípulo, motivada por la obra del Espíritu Santo en él.

5.12 El proceso de la consejería bíblica personal

Todo problema tiene su origen en el pecado, de ahí que la restauración del aconsejado derive de la predicación del evangelio a través de un acompañamiento dividido en las cuatro etapas del Círculo Virtuoso de la Restauración: conocimiento de Dios y aceptación de su verdad por medio de la fe; reconocimiento y confesión del pecado, arrepentimiento; perseverancia, discipulado y restauración.

No importa de quién se trate, qué haya hecho, su edad ni sus circunstancias, la Biblia enseña que ver su pecado para reconciliarse con Dios es lo que toda persona necesita. Restaura Ministerios aborda la restauración personal con el libro devocional 40 días en el desierto, el primer módulo del Programa Restaura. Este material está específicamente diseñado para cubrir las tres primeras etapas del proceso de consejería personal. Pasar por ellas no implica que se ha sido restaurado, solamente que se trabaja en ello. La perseverancia, la cuarta etapa, es decisiva para hacer realidad la restauración. Incluye el ejercicio del discipulado al imitar a Jesús cada día de la mano de otros discípulos, quienes se animan, enseñan y disciplinan usando el consejo divino.

Como ya hemos visto, al perseverar el discípulo mantiene su comunión con el Señor cumpliendo el propósito para el cual ha sido creado: vivir en adoración permanente a Dios. La perseverancia en la fe es necesaria debido a nuestra naturaleza. En Romanos capítulos 1 y 2, el apóstol Pablo explica que al practicar la maldad, entiéndase los actos que violan los mandamientos de Dios, el ser humano hace cada vez cosas peores. La corrupción lleva a la depravación. Podemos imaginar que la corrupción es el inicio de una espiral descendente. Entre más pecado, mayor depravación. La consejería bíblica ayuda a detener ese proceso mediante la verdad.

Para los discípulos que esperan encontrar en este libro una metodología sencilla para abordar de manera ordenada las cuatro etapas de la consejería se propone la siguiente (los formatos y ejemplos pueden ser consultados en el Apéndice):

1) **Recopilación de datos.** Inicie la conversación. En esta etapa hay que ver y escuchar para reunir datos útiles sobre los comportamientos pecaminosos del aconsejado. Comience utilizando el *Formulario de Restaura Ministerios para recopilación de datos y seguimiento del aconsejado en un proceso de consejería bíblica personal o matrimonial.* El objetivo es diferenciar los pecados que provocan otros pecados para identificar los causantes de la situación actual. Al identificar los pecados causantes de otros es más sencillo obtener mejores resultados en menos tiempo.

2) **Catálogo.** Ponga orden en todas esas notas. Al identificar los pecados causantes de otros pecados y diferenciar entre aquello

que esclaviza al aconsejado y sus consecuencias pecaminosas podremos definir un plan de trabajo para cada caso. Aquí también podremos identificar el daño mental, emocional y físico que el pecado pudiera estar ocasionando. El consejero pedirá al aconsejado hacer un listado de pecados, el cual no necesita conocer. El aconsejado los ordenará en un Catálogo de pecados de dos columnas en el cual una contenga los *causantes* o *raíz* y la otra los que son *consecuencia*. Como cuando un hombre dice "he faltado al pacto matrimonial", tal condición es pecado, pero es una consecuencia de otros pecados. Se debe profundizar con preguntas, como "¿qué ha hecho o dejado de hacer como esposo?", es posible hallar pecados como falta de perdón y ofensas. Dichos pecados podrían ser la raíz o ser provocados por otra conducta pecaminosa. Continúe haciendo preguntas y ore para que Dios le dé discernimiento y no sea confundido por las palabras ni engañado por las apariencias.

Que el aconsejado enliste todos los pecados específicos y anime a reflexionar sobre otros de los cuales no hay conciencia aún, pero que son evidentes. Podría obtener pronto los datos necesarios para pasar al consejo bíblico, no obstante, siempre es mejor ser prudente y abstenerse de hacer juicios o de citar la Biblia hasta estar cierto de tener toda la información importante, y haber identificado causas y consecuencias. Tenga o no muy clara la relación entre los pecados raíz y los que son consecuencia, siempre será útil hacer el Catálogo con las dos columnas *Causa* y *Consecuencias* con el fin de meditar en la relación entre los pecados raíz y los pecados resultantes. La gran utilidad de ello es evitar dar consejos superficiales para trabajar en el origen del error, pues ni unos ni otros pecados son más o menos importantes. Conforme se requiera, se dará atención urgente a unos, aunque todo pecado debe ser abandonado. Algunas consecuencias del pecado requieren más tiempo para resolverse, como ocurre con las deudas, aunque comenzar a pagar es una prueba del arrepentimiento. A veces, los pecados raíz requieren más trabajo. Al Catálogo se añadirá una tercera columna llamada *Frutos de Arrepentimiento,* donde se especificarán las acciones de obediencia del aconsejado en cada caso, sean pequeñas o grandes, pero el llenado de dicha columna se llevará a cabo en el siguiente paso de la consejería, luego de proporcionar las respuestas bíblicas necesarias.

3) **Inventario del pasado.** Esta herramienta es utilizada por el consejero para indagar sobre pecados repetidos generación tras generación, o aquellos recurrentes en la vida del aconsejado. Mediante esta herramienta es posible encontrar asuntos culturales, como el relacionado con el rol del hombre o de la mujer; costumbres denominacionales que, por más increíble que parezca, vayan en contra de los mandamientos de Dios; así como patrones de comportamiento impuestos por el mundo que los cristianos asumen como propios, como quebrantar los mandamientos de Dios por el éxito profesional, obtener ingresos económicos o relaciones ilegítimas, por ejemplo. Es necesario identificar aquellos pecados aprendidos e imitados de los abuelos, los padres, familiares, profesores, amistades y de aquellas relaciones originadas en la infancia o la adolescencia; los pecados arraigados desde hace mucho tiempo. La mentira o la ira, por decir algo, muchas veces son cometidos sin que haya una clara conciencia de que se está ofendiendo a Dios y al prójimo. Este proceso facilita encontrar los vínculos entre los pecados, la historia personal y las relaciones interpersonales para ayudar al aconsejado a comprender su realidad espiritual y sus circunstancias actuales con el fin de tomar decisiones fundamentadas en la verdad.

4) **Restauración espiritual.** Guíe a la persona a reconciliarse con Dios y después, si es el caso, con sus relaciones.

A) Aceptación de la verdad.

Exponga el evangelio y confronte la vida del aconsejado con la verdad para que su conciencia sea juzgada por los parámetros de Dios, según la Biblia. Al aceptar que las Escrituras son la verdad y al creer el evangelio es posible llamar pecado a lo que Dios llama pecado, de lo contrario, no hay restauración posible. Esta etapa define si se prosigue, se llama a la disciplina o se abandona el proceso de restauración mediante la consejería bíblica.

B) Reconocimiento del pecado y confesión.

La finalidad del catálogo de pecados es preparar al aconsejado para que el Espíritu Santo le revele cómo está ofendiendo a Dios y a su prójimo, y así toque su conciencia con el objetivo de producir arrepentimiento. Reconocer la maldad propia genera la disposición de hacer lo posible para cambiar. Para ello, el consejero echa mano de la verdad, para que sea ella la que señale el pecado, no el consejero, quien se limita a explicar la relación entre los pecados causantes de otros y a ofrecer las respuestas bíblicas necesarias para que el aconsejado sepa por qué es un pecador, así como las consecuencias de ello para su vida. Sin embargo, si el consejero lidia con un corazón endurecido y rebelde a Dios deberá señalar el pecado verbalmente, según la palabra de verdad, para exhortar al pecador a corregir su camino y obedecer a Dios para salvación de su alma.

C) Arrepentimiento.

Con base en lo anterior, se procura que el Espíritu produzca arrepentimiento en el aconsejado, pero el consejero contribuye en que persevere en ello usando lo que hemos llamado *Inventario del presente*.

Inventario del presente: enliste cuáles son las decisiones que el arrepentimiento produjo, esto es, qué acciones concretas llevará a cabo para alejarse del pecado, quizá paso por paso si fuere necesario. El consejero no las definirá, orientará al aconsejado para llegar a las conclusiones necesarias. Será cuando finalice el proceso de restauración cuando el consejero tome un papel más activo en el seguimiento, con la intención de animar al aconsejado a ser constante y levantarlo si tropieza. En una columna pueden ser enlistadas las decisiones y en otras acciones y plazos para ejecutarlas. El consejero únicamente debe preguntar por los avances y utilizar la Biblia para exhortar, animar, consolar o corregir en áreas débiles. Conforme haya resultados el consejero retomará el Catálogo de pecados para llenar la columna *Frutos de arrepentimiento* los logros obtenidos.

D) Discipulado y perseverancia.

El discipulado es el acompañamiento entre creyentes en el cual juntos abandonan los hábitos pecaminosos para, en su lugar, practicar los de la justicia. La persona en proceso de restauración debe formar parte de la comunión con la iglesia para ser discipulado por otro creyente más maduro y, para cuando esté listo, pueda discipular a alguien más, y así sucesivamente con el fin de mantenerse perseverante en la fe. Si la iglesia no ejerce el discipulado y la consejería bíblica, quizá sea el momento de ser intervenida para su restauración. El discipulado no es un fin en sí mismo, es el medio para mantenernos constantes en la doctrina de Jesucristo y su práctica.

5.13 Consideraciones especiales para la consejería bíblica matrimonial y la restauración de relaciones

Cuando los problemas involucren a dos o más personas es necesaria la restauración de cada una de las partes. A la vez que se trabaja con cada persona se llevan a cabo sesiones donde participan todos y se abordan principios bíblicos útiles para vivir, no según sus opiniones, sino de acuerdo con los mandamientos de Dios. Aunque cada pareja tiene necesidades diferentes y vive circunstancias diversas, nunca son únicas por cuanto todos somos humanos. La consejería está basada en principios y los mismos aplican a todos los matrimonios y casi todos a las relaciones familiares o de amistad, lo cual hace innecesario elaborar una metodología de trabajo para cada caso. Al estar fundamentada en la Biblia, es posible ir de lo general a lo particular al enseñar un mandamiento y aplicarlo en situaciones específicas.

Para la consejería matrimonial y la restauración de relaciones utilizamos el libro **Amar como a mí mismo**, el tercer módulo del Programa Restaura. Llevamos a cabo el proceso en ocho sesiones y elaboramos un temario a partir del libro. Los consejeros lo podrían ampliar para contemplar aspectos que consideren de importancia.

Sesión 1: La verdad

Se expone el evangelio con el fin de que los aconsejados comprendan su realidad espiritual, las consecuencias de su pecado y las de creer en Jesús. Es la primera sesión porque, si deciden no aceptar la verdad, el proceso de restauración será imposible. Con claridad se les expone que el pecado es la causa real de sus problemas, pues la ausencia de comunión con Dios impacta no sólo en sus relaciones, sino en todos los aspectos de sus vidas terrenales y en la eterna. Por lo tanto, aceptar y creer la verdad es el principio para la reconciliación. Según el caso se valorará restaurar la comunión con Dios de cada uno con el libro 40 días en el desierto antes de estas sesiones o después.

Sesión 2: El amor

Aquí se explica mediante versículos de la Biblia cómo es el amor de Dios y se contrasta con los conceptos del mundo sobre el amor. El objetivo es que tengan una idea clara de las diferencias para decidir amar al otro como Dios ama y dejar de hacerlo egoístamente.

Sesión 3: La familia

A través de versículos relativos al plan de Dios para la familia, presentamos el propósito para los esposos-padres, las esposas-madres y los hijos. Asimismo, se revisa cuál es el mandamiento en temas como el matrimonio, la autoridad, la disciplina, el divorcio, el adulterio y el perdón.

Sesión 4: Mayordomía

Revisamos las claves bíblicas para ser buenos administradores de lo que Dios nos ha dado, como el tiempo, el dinero, las posesiones, nuestras emociones, sentimientos, hijos y esposos, así como los dones espirituales, si es el caso.

Sesión 5: Los conflictos

Leemos en la Biblia cómo lidiar con pecados como orgullo, ira, resentimiento, mentira, codicia, soberbia, un exacerbado amor propio y otros, que van minando las relaciones lentamente. Así aprendemos qué es necesario hacer para mantener una convivencia plena y feliz en obediencia a la ley de Dios.

Sesión 6: Disciplinas espirituales

Enseñamos cómo mantener la comunión con Dios de forma sincera y perseverante, a través de diversas disciplinas espirituales.

Sesión 7: Evaluación

Revisamos los avances, los conflictos persistentes y reforzamos aquellos puntos débiles con consejo bíblico. También reconocemos los cambios destacables.

Sesión 8: Cierre

Hacemos con ellos una dinámica que los ayude a recordar lo aprendido y a atesorar este proceso a lo largo del tiempo. El objetivo se cumple si han comprendido que el pecado los aleja de Dios tanto como los aleja uno del otro.

5.14 Consideraciones para la restauración de iglesias

Este tipo de procesos son difíciles de llevar a cabo por la cantidad de variables que hay en juego. Para ejecutar una intervención en una iglesia los miembros, pastores y ancianos deben estar de acuerdo. Si el pastor o ancianos prefieren bloquear este esfuerzo, a pesar de ser evidente la necesidad de restauración, será prácticamente imposible llevarlo a cabo. Esto se debe a que por lo general este grupo toma las decisiones en las congregaciones. Si ellos entienden que la restauración implica disminuir su dominio e influencia es muy probable que lo impidan sin consultar.

Si los miembros se llegaran a imponer en favor de la restauración, es preferible buscar el apoyo del pastor y de los ancianos, pues todos deben tomar parte en la restauración. No hay que perder de vista que hacer una intervención para restaurar la comunión de una iglesia con Dios nunca será iniciativa humana. En Restaura Ministerios evitamos tratar de convencer a grupos de influencia para lograr ejecutar el proceso en una congregación dada. Cuando el Señor es el interesado en restaurar, él nos pone en contacto y hace que todo prospere. Estamos seguros de que él es quien hace y hará lo necesario para llevarnos ahí y ser de utilidad. Y lo ha hecho. Procuramos limitarnos a agendar una reunión con los ministros que toman las decisiones y, posteriormente, con los miembros de la iglesia para explicar por qué es importante y necesario. Les pedimos orar para decidir, nos despedimos y solicitamos nos llamen para comunicarnos el resultado final. En nuestra experiencia, el Espíritu Santo actúa de forma contundente.

Eso nos da certeza para trabajar con libertad, además de confianza en cuanto a que continuará guiando el camino en el proceso. Sabemos que Dios podría enviarnos a una congregación que desea amonestar, a pesar de que finalmente se niegue a volver al Señor.

El objetivo de la intervención es que los miembros confiesen su pecado, se arrepientan de él y construyan una comunidad de santos, sin mancha, en la que todos ejerzan la restauración de manera permanente mediante el discipulado y la consejería bíblica.

Restaura Ministerios cuenta con materiales de estudio que refuerzan el enfoque de **La Iglesia Útil** en el discipulado académico, específicamente en temas como el estudio de la Biblia, evangelismo y discipulado, restauración de relaciones, la enseñanza de doctrina y disciplinas espirituales.

La intervención se inicia promoviendo la restauración personal con el libro **40 días en el desierto.** Para ello, tomamos mes y medio contemplando el arranque, los 40 días y el cierre. Luego, durante otro mes y medio, realizamos talleres basados en **La Iglesia Útil** para proseguir con la restauración de la congregación. Después, en tres meses como mínimo capacitamos a creyentes comprometidos con Dios y con su iglesia para discipular y aconsejar bíblicamente.

Esta última etapa es clave, pues se deja en la iglesia a creyentes listos para replicar el proceso de discipulado, consejería bíblica y restauración de manera permanente. A partir de este momento hacemos visitas periódicas para confirmar el trabajo. Cerramos con el *Día de Restauración* para que en cada iglesia que decida restaurar su comunión con Dios se reconozcan abiertamente los pecados que como congregación hayan cometido en contra de Dios y de ellos mismos. Ese día invitamos a las congregaciones a reunirse a hacer una oración de arrepentimiento en un día solemne en el que acudan todos, humillados ante la presencia de Dios, para confesar el pecado, pedir perdón, y hacer compromisos de fidelidad y obediencia.

Al inicio de todo el proceso se diagnostica a la congregación animando a los miembros a responder de manera verbal y espontánea preguntas como las siguientes:

El taller basado en **La Iglesia Útil** consiste en seis sesiones y aquí se esbozan algunas ideas bajo las cuales los desarrollamos:

Tabla 8: Diagnóstico para procesos de restauración de iglesias locales
1)   ¿Cuál es el propósito de la iglesia?
2)   ¿Cómo es el compañerismo en la iglesia?
3)   ¿Cómo se lleva a cabo el evangelismo y cuál es su objetivo?
4)   ¿A quién se le considera un nuevo creyente o miembro?
5)   ¿A partir de qué momento participa el nuevo creyente en el servicio?
6)   ¿Cómo se da seguimiento al nuevo creyente?
7)   ¿Cómo se discipula en su iglesia?
8)   ¿Quiénes pueden participar en el servicio a Dios y a la iglesia?
9)   ¿Qué ocurre cuando un creyente peca?
10)   ¿Qué ocurre cuando un ministro peca?
11)   ¿Qué ocurre cuando el pastor peca?
12)   ¿Qué ocurre cuando un anciano peca?
13)   ¿Cómo se ejerce la disciplina?
14)   ¿Cómo rinden cuentas los pastores/ancianos/ministros/creyentes?
15)   ¿Cómo se toman y comunican las decisiones que afectan a la iglesia?
16)   ¿Cómo se transparenta el manejo del dinero?
17)   ¿Cómo se ejerce la autoridad?
18)   ¿Qué papel juegan los ancianos (si es el caso)?
19)   ¿En qué consiste el servicio de los ministros profesionales?
20)   ¿Quién se puede bautizar?
21)   ¿Quiénes pueden participar de la Cena del Señor?

Tabla 9: Taller de la iglesia útil	
Sesión	**Temática**
1. Dos formas de entender el mundo	• El evangelio y el humanismo
2. Dos formas de buscar a Dios	• Caín o Abel
3. El conocimiento de Dios y el evangelismo	• El propósito de la iglesia es conocer a Dios, adorarle y darlo a conocer
4. Instaurar la cultura del discipulado	• Llevar al evangelio a toda persona • Tener fe como punto de partida • Vincular el evangelio con el discipulado • Discipular: lo que hacemos los unos a los otros • Hacer del consejo bíblico la materia prima • Juzgar como una sagrada labor • Conocer a los congregantes • Identificar a los falsos maestros, herejes y apóstatas • Observar que las obras reflejen lo que somos • Perseverar para salvación
5. La iglesia útil	• Identifica su realidad espiritual • Aprende de su pasado • Restaura, discipula, aconseja y vuelve a restaurar • Asume su llamado • Es visible en el mundo • Tiene lugar para todos
6. Sesión de cierre	• Establecimiento de compromisos • Planeación del Día de Restauración

5.15 Reflexión para el Día de la Restauración

Meditemos en 2 Crónicas 15:1-12, Daniel 9:1-19, Esdras 9 y 10, Nehemías 8, 9 y 10. Estos pasajes relatan cómo es que el pueblo de Israel restauró su comunión con Dios al reconocer su pecado de desobedecer sus mandamientos. Cuando Daniel lee la Escritura y se da cuenta de que la profecía sobre la deportación de Israel a su tierra está a punto de cumplirse, ora para pedir perdón por su pecado y el pecado del pueblo. *El Día de la Restauración* tiene esta misma finalidad.

Imitemos la disposición sincera de aquellos hombres santos de ponerse a cuentas con Dios. Como lo hicieron ellos, es hora de confesar nuestro pecado como iglesia y pedir perdón por nuestra rebeldía. Así como hubo en sus corazones arrepentimiento luego de haber escuchado la ley de Dios, y con lágrimas, reconocieron su desobediencia y apreciaron la misericordia con la que Dios los trató a pesar de la dureza de sus corazones, humillados acudamos a quien cumple sus promesas.

Aborrezcamos nuestro pecado que nos alejó del Señor y procuremos la santidad, para la cual Dios nos ha apartado. Reconozcamos que hemos ofendido al Señor al tentarle, al serle infiel con los ídolos del mundo y aquellos que levantamos en nuestros templos, al dejar nuestro primer amor, al no amar a nuestro hermano y al hacer nuestra voluntad, no la suya.

Desechemos toda avaricia, vanagloria e idolatría para ser, nosotros mismos, la ofrenda viva que presentemos a nuestro Dios cada día. Que nuestra fe sea genuina, acompañando las obras de justicia con las palabras, siendo íntegros en todo.

5.15 Oración de la iglesia restaurada

Esta oración de confesión del pecado es sugerida para la iglesia restaurada y está basada en Esdras 9 y Daniel 9. Un representante de la congregación puede hacerla en voz alta:

Con vergüenza levantamos nuestra voz y nuestro rostro hacia ti, Dios nuestro, porque nuestras maldades son muchas y, a pesar de ellas, has sido paciente y misericordioso para con nosotros. Tú eres Dios justo, que pagas a todo hombre conforme a sus obras y cumples tus promesas. Testimonio tenemos en Israel de esto, pero también te hemos invocado sin alejarnos de nuestra idolatría ni abandonar nuestras injusticias. Tú amas a los que guardan tus mandamientos, pero nosotros hemos sido rebeldes, pues no hemos hecho tu voluntad. No te hemos amado, como nuestros labios habían dicho. Tú eres justo y estamos avergonzados por nuestra infidelidad. Pero tú perdonas al arrepentido y tienes compasión del pecador que reconoce sus faltas.

Has encontrado mentira en nuestra boca, hemos persistido en nuestras ofensas y no hemos procurado entender tu verdad. Hicimos lo malo ante tus ojos y hemos puesto nuestra luz debajo de la mesa. La gente no te conoce por nuestra tibieza y no glorifica tu nombre por nuestra causa. ¡Perdónanos Señor! Escucha las súplicas de tus siervos y purifícanos de nuestras maldades. Te lo pedimos no porque lo merezcamos, sino porque sabemos que tienes una gran compasión. No nos tomes en cuenta nuestro pecado, no queremos menospreciar la cruz de Jesucristo, sino que por la dureza de nuestro corazón no hemos querido crucificar nuestra carne. Hemos vivido por nuestras pasiones y deseos, y no por el Espíritu que da vida.

Aumenta nuestra fe para imitar los pasos de tu Hijo y ser agradables a ti como él lo fue. Usa a tu iglesia para dar a conocer tu nombre y danos denuedo para anunciar el evangelio de la reconciliación y la salvación mediante la sangre que Jesucristo derramó en la cruz, a quien has sujetado todo por haberte obedecido en todo.

Amén.

5.17 Manifiesto de la iglesia restaurada

1) Amamos al Padre y a su Hijo, nuestro Señor Jesucristo, de palabra y acción, ambas cosas evidencia de nuestra fe.

2) El propósito de nuestra vida es adorar al Señor de forma permanente y se manifiesta en la obediencia incondicional a sus mandamientos.

3) Amamos a nuestro prójimo con nuestra intercesión y sacrificio, así como con nuestros recursos y vidas para que el mundo vea a Jesucristo en nosotros y crea en él.

4) Las Escrituras son la autoridad única y máxima para el conocimiento de Dios y el ejercicio de nuestra fe.

5) La vida congregacional no está centrada en sus miembros ni en un edificio, sino que se desenvuelve en torno a Jesucristo para reconocerle como Señor y Rey e impactar al mundo viviendo como él vivió.

6) Vivimos en santidad y actuamos con justicia para dar consuelo, esperanza y amor a toda persona desconsolada, sin esperanza ni amor, para que conozcan a Jesucristo y al Padre que le envió.

7) Llevamos el evangelio a donde se encuentre el que está perdido sin Jesucristo.

8) Renunciamos a nuestra pretensión de llevar a las personas a un edificio, en vez de llevarlos a los pies del Salvador.

9) Permitimos que el Espíritu Santo guíe a la congregación y evitamos entregarla a los hombres, para impedir que su avaricia, vanagloria y deseo de usurpar a Jesucristo como cabeza de la iglesia corrompa a los creyentes.

10) Predicaremos siempre sobre el arrepentimiento de pecados para reconciliarnos con Dios mediante la sangre derramada por Jesús en la cruz.

11) Evitaremos promover el arrepentimiento como una declaración, sino que todo creyente será conocido por sus frutos y, si son evidencia de una nueva vida, será tratado como un discípulo de Jesucristo, o será amonestado y disciplinado por su pecado.

12) Desechamos todo intento de predicar una salvación que se obtenga mediante la repetición de una oración.

13) Anunciamos que la salvación de la condenación se obtiene por la perseverancia en la fe.

14) Creemos que la fe se expresa viviendo en santidad, habiendo

abandonado la práctica del pecado y al llevar a cabo obras de justicia, imitando a Jesucristo en todo.

15) Todo creyente es un discípulo que ama la palabra de Dios y vive por ella, enseñando a otros con ella y con su ejemplo, para hacer más discípulos.

16) Todos los discípulos de Jesucristo están sujetos a autoridad unos a otros y nadie reclama autoridad para sí mismo, sino que la usa para servir, como lo hizo nuestro Señor.

17) El templo de Dios somos nosotros mismos, nuestros cuerpos, nuestras mentes y nuestros espíritus, por lo que como iglesia cuidamos unos a los otros de nuestra salud espiritual con el fin de mantenernos perseverantes en la fe hasta que Jesucristo regrese por ella.

18) Cada discípulo persevera en santidad cada día, hasta su perfeccionamiento total cuando se presente irreprensible ante el Señor.

19) Aguardamos la realización plena de nuestra salvación hasta rendir cuentas ante el trono del Rey.

5.18 Llamado a la restauración de la iglesia actual

"Alabado sea Dios, Padre de nuestro Señor Jesucristo, que nos ha bendecido en las regiones celestiales con toda bendición espiritual en Cristo. Dios nos escogió en él antes de la creación del mundo, para que seamos santos y sin mancha delante de él" (Ef. 1:3-4).

Dios nos escogió para ser santos y sin mancha con el fin de relacionarnos con él. Por ello, cada creyente debe elegir entre ser como Abel o Caín, entre ser como Jesucristo o como el diablo. **La iglesia útil es la que resplandece en un mundo en tinieblas**, es el reino de los cielos que se ha acercado, es santa en un mundo corrupto y depravado, y persevera para su salvación. No está hecha a imagen del mundo, sino que ha sido fundada por el Señor con valores opuestos a los del mundo.

Como señala Jay Adams, "la santificación no es nada más un *separado de*, sino un *separado para*. Hay un propósito en que seamos apartados o

escogidos y es adorar a Dios, imitando a Jesucristo, participando de su naturaleza espiritual, que es la del Padre, una vez que la carnal ha muerto."[91]

No fuimos llamados por Dios sólo para ser "personas buenas" o para
"vivir mejor", sino para vivir para él y estar delante de él como adorado-
res. Somos embajadores, cartas abiertas a los que viven sin Dios, así puede
conocerle el mundo que nunca le ha visto, pero que nos ve. Imitamos a Jesucristo, la imagen visible del Dios invisible. Nuestra santidad es la mejor
evidencia de que el Señor vive.

Sin embargo, las iglesias recurren a métodos y fórmulas, no al Espíritu Santo; a llenar templos, no a ocuparse de quienes acuden a ellos; a
construir edificios, no a construir iglesia; a seguir a hombres que se predican a sí mismos, no a seguir a Jesús predicando el evangelio; a entretener
al mundo, no a impactarlo; a hablar del mensaje, no a vivirlo; a pretender
que Jesús sea su Salvador, sin hacerlo su Señor.

La cultura del "entretenimiento cristiano" compite con el mundo por
la atención de la gente, haciendo de la cruz un espectáculo que apela a los
sentimientos y emociones, pero no al arrepentimiento. Son tiempos en
los que pocos saben mucho y muchos son los ignorantes, seducidos por la
novedad del momento.

**Es momento de quitar a los hombres el control de las iglesias y
devolverlo al Espíritu Santo.** La Biblia enseña que la iglesia está conformada por discípulos que evangelizan, hacen misiones, enseñan,
aconsejan y sirven. Hoy, se dice que sólo "los que saben" pueden servir
en la obra, y se priva a los creyentes del conocimiento. Los condenan
a vivir de la leche espiritual o, por otro lado, se les engorda de conocimiento, haciéndolos estériles y soberbios. Les han hecho creer que el
entendimiento y la revelación son para unos cuantos, cuando son para
toda la iglesia.

*"No he dejado de dar gracias por ustedes al recordarlos en mis oracio-
nes. Pido que el Dios de nuestro Señor Jesucristo, el Padre glorioso, les dé
el Espíritu de sabiduría y de revelación, para que lo conozcan mejor" (Ef.
1:16-17).*

---

91 Jay Adams, *op. Cit.*, pág. 183

Tales cosas escribió Pablo a la iglesia, no a un puñado de privilegiados. Jesucristo sigue reclutando discípulos y el Espíritu Santo hace su obra en ellos sin importar sus capacidades o estudios. Dios sigue llamando a los Pedros, pero también a los Pablos para mostrar en ambos su poder y ser instrumentos santos de justicia, como ha dispuesto desde la fundación del mundo.

La iglesia contemporánea no requiere adoptar estrategias de moda, necesita obedecer los mandamientos. Sumergirse en la lectura y meditación de las Escrituras evitará que sus miembros confíen en las habilidades y virtudes que exalta el liderazgo, y no en el poder de Dios que se perfecciona en nuestras debilidades puestas al servicio de los demás. Como su maravillosa creación testifica de su grandeza y sabiduría, así nuestras vidas deben dar a conocer su gloria al permanecer en santidad.

El Señor se lo dijo a Saúl, a través de Samuel, que es mejor la obediencia que el sacrificio. Jesucristo le dijo esto mismo a los religiosos de su época cuando les recordó: *"obediencia quiero y no sacrificio"*. Hoy, la iglesia lo escucha de nuevo. Dios prefiere una pequeña congregación fiel que un estadio lleno de hipócritas; prefiere que tenga comunión con él y no solo que haga cosas en su nombre.

En el mensaje a las siete iglesias referidas en el libro de Apocalipsis, Jesucristo reconoce las obras y el duro trabajo de la iglesia de Éfeso, la cual, no obstante, abandonó su primer amor. Dedicarse a la obra del Señor no es lo mismo que amar al Señor de la obra. Servir en la obra del Señor no es lo mismo que servir al Señor de la obra. Estar ocupado en la obra del Señor no es lo mismo que ocuparse del Señor de la obra. Así como tener una preparación especial, desempeñar un ministerio o ejercer cargos, sin comunión con Dios, nos lleva a codiciar ser como él y a suplantar su autoridad en nuestro corazón.

La iglesia útil es el brazo extendido de Dios prodigando amor, misericordia y justicia al mundo. Sus miembros cubren al desnudo, alimentan al hambriento, dan consuelo al triste, acompañan al solitario, dan techo al vagabundo, dan esperanza al marginado, aman al pobre más que a sus templos y procuran que todos se salven.

Seamos conocidos por nuestro amor al prójimo y por ser como el Señor, no por nuestro orgullo denominacional o nuestras obras muertas de religiosidad. Amemos la palabra de Dios y obedezcamos los mandamientos. Desechemos las ordenanzas de hombres y las tradiciones que pretenden usurpar a la verdad. La iglesia de Jesucristo es la que conoce al Padre y hace obras de justicia, evitando amar más este mundo y las cosas que pertenecen a esta vida. Recordemos que el destino de Jesús y sus discípulos es el mismo que el de los profetas de Dios: el mundo los aborreció.

La Biblia nos insta a examinarnos para considerar nuestros caminos, no sea que seamos hallados reprobados. Y si somos reprobados, restauremos la comunión de la iglesia con Dios.

No andemos detrás de avivamientos espirituales. Dios llama a la iglesia a ponerse a cuentas con él para cumplir con la gran comisión que hemos convertido en la gran omisión. Fundamentados en la Biblia denunciemos la mentira, amándonos y aconsejándonos al responsabilizarnos los unos de los otros, ayudándonos a mantenernos fieles y perseverantes hasta que Jesucristo venga.

¡Iglesia, busca la salvación, no las riquezas; enseña el conocimiento de Dios, no mandamientos de hombres; administra la gracia, no los cargos; que tu influencia en el mundo sea mayor que la del mundo en ti! La palabra misma te exhorta y amonesta:

"Ustedes, en cambio, hermanos, no están en la oscuridad para que ese día los sorprenda como un ladrón. Todos ustedes son hijos de la luz y del día. No somos de la noche ni de la oscuridad. No debemos, pues, dormirnos como los demás, sino mantenernos alerta y en nuestro sano juicio. Los que duermen, de noche duermen, y los que se emborrachan, de noche se emborrachan. Nosotros que somos del día, por el contrario, estemos siempre en nuestro sano juicio, protegidos por la coraza de la fe y del amor, y por el casco de la esperanza de salvación; pues Dios no nos destinó a sufrir el castigo, sino a recibir la salvación por medio de nuestro Señor Jesucristo. Él murió por nosotros para que, en la vida o en la muerte, vivamos junto con él. Por eso, anímense y edifíquense unos a otros, tal como lo vienen haciendo." (1Ts. 5:4-11).

CONSIDERACIONES FINALES

Es nuestra oración que la iglesia de Jesucristo se despoje de la auto-complacencia producida por el pecado y la religiosidad. Que entienda que conocer a Dios es realmente el principio y el propósito de todo, y que conociéndolo a Él podemos conocernos y evaluarnos a nosotros mismos mediante su Palabra. Que evangelice llamando al arrepentimiento de pecados y discipule a sus hermanos acompañándolos en el camino hacia la madurez de su fe y el conocimiento de Dios. Que se atreva a ser esa iglesia útil que extiende sus brazos hacia el necesitado y que ame lo que Dios ama, las almas. Que no espere a que otros sean la iglesia útil, en este tiempo y lugar en el que Dios nos ha plantado, sino que responda al llamado del Señor a serlo y le diga: "heme aquí Señor, envíame a mí.".

Sentirnos satisfechos con nuestros logros como iglesia –por nuestro activismo, templos costosamente equipados, predicadores, revelaciones y doctrinas, grupos de alabanza, etc. – podría llevarnos a la esterilidad porque a Dios no lo podemos impresionar. Es su poder el que nos empodera, su sabiduría la que nos capacita y su Espíritu el que nos transforma y guía. La iglesia útil depende únicamente de Dios.

Cuando nos humillemos ante la suficiencia de la plenitud de Jesucristo y la gloria de quien le envió, comenzaremos a ser restaurados y andaremos en la verdad, en oración y alimentándonos de lo que él ha dicho única y exclusivamente en su Palabra. Entonces podremos poner al servicio del Todopoderoso los dones y talentos que Él ya nos dio.

¡Cuántas veces los reyes y ejércitos de Israel y de Judá pensaron que obtendrían la victoria en la batalla sin el consejo y la intervención prodigiosa del Señor! Como el Salmo 100 exhorta, debemos reconocer que él nos hizo, y no nosotros a nosotros mismos. Esa actitud que se nos demanda.

Por eso, a lo largo de estas páginas hemos procurado orientar a las iglesias hacia un proceso integral de restauración a la luz de la Biblia, de la historia y de la realidad actual. El problema ha sido, precisamente, intentar dar fruto ignorando las Escrituras, nuestro pasado y nuestro presente.

Asimismo, nuestro objetivo ha sido dejar en claro que no será posible confrontar la mentira del mundo con la verdad si primeramente las iglesias no somos confrontadas con ella. No será posible compartir el evangelio si no vamos al evangelio, y no podremos hacer discípulos de Jesús si nada de lo anterior ocurre. Así que, la restauración personal de nuestra comunión con Dios debe ser el punto de partida de la restauración de la iglesia local. Sólo así trastornará el mundo en el poder del Espíritu.

Ser embajadores del reino de los cielos para reconciliar a las personas con Dios es nuestra más alta y noble responsabilidad, al interior y al exterior de nuestras congregaciones. La importancia de hacerlo es tan urgente y vital como la de perseverar cada día, cada momento en ello.

No podemos ni debemos ser obstáculo a los planes de Dios, ni tropiezo a quienes lo buscan. Urge que las iglesias que no cumplen con su propósito y vocación restauren su relación con su Señor y le honren como tal, y que quienes lo hacen se mantengan firmes hasta el día en el que Él regrese por su iglesia. Ser cristiano implica ser constantes en el amor, el perdón, la obediencia, la santidad, la gracia, la oración, la meditación en las Escrituras, la amistad, la entrega, la compasión.

Éstas son las exhortaciones y propuestas que como Restaura Ministerios ofrecemos. El objetivo de nuestra existencia como ministerio externo se justifica por la necesidad de apoyo que tienen muchas iglesias locales de promover el discipulado, la consejería bíblica y la restauración. Por ello, esperamos que pronto las personas no tengan que acudir por consejo a alguien externo a su iglesia local, pues es en su seno donde todo creyente debe ser restaurado, discipulado, aconsejado y animado a perseverar en la fe por otros creyentes.

Por esa razón es nuestro propósito contribuir a edificar la iglesia con las sencillas herramientas expuestas en este libro para que cualquier discípulo pueda aconsejar bíblicamente. Es la Palabra de Dios la que nos une como un solo cuerpo y, al ponerla por obra, ligamentos, podemos funcionar sin fricciones y saludablemente. Al crecer la conciencia de corresponsabilidad entre los miembros del cuerpo también funcionaremos mejor, más coordinados y sin miembros atrofiados.

Si nuestras congregaciones producen simpatizantes en serie, cambiemos el rumbo para hacer discípulos de Jesús en serio. Ya no abaratemos la gracia. Prediquemos la verdad. Llamemos al pecador al arrepentimiento para perdón y vida nueva. Caminemos firmes en la esperanza. Dejemos que el Sanador toque nuestras iglesias, entonces dejaremos de ser cuerpos lisiados e inútiles, y seremos útiles al Señor, benignos al mundo. Es nuestro anhelo, que la iglesia irradie de tal manera la gloria de Jesucristo, que acudan a él de toda lengua, tribu pueblo y nación, y que podamos dar testimonio de Él, como nuestro tesoro y única fuente inagotable.

APÉNDICE

1. RECOPILACIÓN DE DATOS

Formulario de Restaura Ministerios para recopilación de datos y seguimiento del aconsejado en un proceso de consejería bíblica personal o matrimonial

Instrucciones: llene el formulario con los datos que el aconsejado proporcione e infórmele que este será su expediente espiritual, el cual podrá consultar cuando desee. En el caso de consejería matrimonial, cada cónyuge deberá tener un formulario y ambos formarán parte del mismo expediente. Cuando se trate de un menor de edad, los padres proporcionarán los datos y estarán presentes en todo momento, a menos que los padres y el consejero convengan lo contrario en ciertos momentos de las sesiones.

Este formulario es para uso exclusivo del consejero bíblico y una vez llenado no debe ser difundido ni compartido para cuidar la privacidad del aconsejado. Esta afirmación deberá ser consignada por el consejero en una carta compromiso firmada por él que entregará al aconsejado luego de obtener la información requerida.

DATOS PERSONALES
Nombre:
Dirección:
Teléfonos:
Correo electrónico:
Edad:
Estado civil:
Nacionalidad:

DATOS DEL ESTADO DE LA SALUD
El aconsejado se ha sentido en las últimas semanas... (Marque con una X) Muy bien ( ) Bien ( ) Regular ( ) Mal ( )
¿Qué padecimientos le han sido diagnosticados?
¿Qué dolores le han afligido últimamente?
¿Cuándo le practicaron el último examen médico?
¿Cuáles fueron sus resultados?
¿Qué medicinas toma como parte de un tratamiento?
¿Consume alcohol, drogas u otros enervantes? Sí ( ) No ( ) ¿Cuáles?
¿Ha acudido a psicólogos o psiquiatras? Sí ( ) No ( )
Si respondió sí, ¿bajo qué diagnóstico fue tratado?

DATOS RELIGIOSOS
¿Se considera creyente en Dios? Sí ( ) ¿Por qué?
No ( ) ¿Por qué?
Si no cree en Dios, ¿por qué acudió a consejería bíblica?
Si cree en Dios, ¿con qué denominación se identifica?
¿Está bautizado? Sí ( ) ¿Por qué? No ( ) ¿Por qué?
¿Se reúne con la iglesia? Sí ( ) ¿Con cuál?
¿Con qué frecuencia?
No ( ) ¿Por qué?
¿Practica la oración? Sí ( ) ¿Con qué frecuencia?
No ( ) ¿Por qué?
Si muriera hoy usted cree que... iría al cielo ( ) iría al infierno ( )

¿Qué considera que es necesario para ser salvo?

Defina en qué consiste el evangelio:

¿Está practicando pecados teniendo conocimiento de las consecuencias de ello?

¿Ha guardado silencio sobre dichos pecados o ha compartido con alguien esta situación?

¿Es víctima de ofensas, maltratos y abuso en la congregación a la que asiste?
Sí ( ) No ( )

DATOS DE SU ESTADO SENTIMENTAL Y DE LA FAMILIA

¿Está usted casado? Sí ( ) No ( ) ¿Vive usted en unión libre? Sí ( ) No ( )

Si están casados es una... Unión Civil ( ) Unión Religiosa ( ) Ambas ( )

¿Desde hace cuánto tiempo se conocen?

¿Desde hace cuánto tiempo viven juntos?

Si actualmente vive con su pareja, ¿desde hace cuánto tiempo?

¿Ha vivido con otras parejas o tenido otros matrimonios antes? Sí ( )
¿Cuántas? ( ) No ( )

¿Cómo fueron los disueltos matrimonios previos?

¿Por qué dejó de vivir con sus parejas previas?

¿Su cónyuge o pareja actual practica la misma fe? Sí ( ) No ( ) ¿Cuál?

¿Hay separación actualmente? Sí ( ) No ( ) ¿La ha habido anteriormente?
Sí ( ) No ( )

¿Por cuánto tiempo?

¿Es o era víctima de ofensas, maltratos o abuso en su hogar? Sí ( ) No ( ) ¿De qué tipo?

Físico ( ) Emocional ( ) Verbal ( )

¿Está su cónyuge o pareja dispuesta a acudir a consejería? Sí ( ) No ( )
¿Por qué cree?

¿Tiene hijos menores de edad? Sí ( ) No ( )

INFORMACIÓN SOBRE LOS HIJOS

¿Cuántos son? ( ) ¿Qué edad tienen?

¿Son de matrimonios o uniones anteriores? Sí ( ) No ( )

¿Fue criado por sus padres? Sí ( ) No ( ) ¿Por quién?

Describa cómo es o cómo fue la relación que tuvo con sus padres o con quien fue criado: Excelente ( ) Buena ( ) Mala ( ) Muy Mala ( )
¿Sus padres están juntos o separados?   ¿Desde hace cuánto?
¿Sus padres o tutores practicaban alguna religión? No ( ) Sí ( ) ¿Cuál?
¿La practica usted o la practicó alguna etapa de su vida? Sí ( ) No ( )
¿Siguen vivos sus padres o tutores? No ( ) Sí ( )
¿Los ve? Con frecuencia ( ) A veces ( ) Rara vez ( ) Nunca ( )
DATOS DE ENTRADA SOBRE EL PUNTO DE VISTA DEL ACONSEJADO SOBRE SU PROBLEMA
Defina cuál cree que es el problema que lo ha traído a consejería.
¿Qué piensa que puede hacer para resolverlo?
¿Cómo considera que la consejería bíblica puede ayudarle?
¿Qué información no ha sido proporcionada que podría ser de ayuda y debiéramos conocer?

2. CATÁLOGO

Ejemplo de Catálogo de pecados

Instrucciones: pida al aconsejado hacer un listado de pecados en una hoja, durante una semana. Para la siguiente semana encargue en otra hoja hacer tres columnas con los títulos "Raíz", "Consecuencia" y "Frutos de arrepentimiento". Durante las sesiones se usará el listado de pecados para llenar las primeras dos columnas, según el consejero juzgue luego de haber entrevistado al aconsejado y meditado para decidir cuáles corresponden a las columnas "Raíz" y cuáles a "Consecuencia". Al concluir todo el proceso de la consejería bíblica el consejero le ayudará a escribir en la columna "Frutos de arrepentimiento" con los logros obtenidos por el aconsejado como parte del seguimiento en su discipulado.

PECADO		
Raíz	Consecuencia	Frutos de arrepentimiento
Codicia	Mala mayordomía	30% de deudas pagadas
	Mentira	100 días hablando verdad
	Adulterio	Número telefónico borrado
		Relación terminada
		100 días siendo fiel
		Mejor relación con su cónyuge con palabras, detalles y consideraciones
	Robo	Bienes restituidos

3. INVENTARIO DEL PASADO

Guía para elaborar un inventario del pasado.

Instrucciones: esta guía puede ser útil para recopilar información que ayude a conocer mejor al aconsejado con el fin de hacerle ver su pecado y facilitar su reconciliación con Dios para ser restaurado. Su uso es recomendado cuando el aconsejado se resiste a identificar su pecado o no puede ver el origen de sus problemas. Los datos pueden ser obtenidos en una conversación casual o estructurada en la que el consejero realice preguntas sobre cada área de la vida del aconsejado. Esto facilita al consejero trazar el origen de las formas de pensar del aconsejado, las cuales se manifiestan en comportamientos concretos que ofenden a Dios.

Prácticas pecaminosas aprendidas o imitadas de...

Los ancestros (padres, abuelos, bisabuelos, tatarabuelos, etc.):

_____

La cultura:

_____

La religión o creencia con la que se identifica:

_____

La familia:

_____

Compañeros de trabajo:

_____

Las amistades:

_____

Las parejas anteriores o de la actual:

_____

Prácticas personales pecaminosas que cree correctas:

4. RESTAURACIÓN ESPIRITUAL

Guía para la realización de la consejería bíblica.

A) *Aceptación de la verdad.*

Exponga el evangelio como es y confronte la vida del aconsejado con la verdad para que su conciencia sea juzgada por los parámetros de Dios, según la Biblia. Para ello, se debe aceptar completamente que las Escrituras son la verdad. Sólo así es posible llamar pecado a lo que Dios llama pecado. **No hay restauración posible ni habrá salvación si el evangelio no se acepta como es.**

¿El aconsejado cree de todo corazón en el evangelio? Sí ( ) Continúe el proceso de consejería.

No ( ) Indique entonces que la consejería no podrá continuar.

¿Cuáles son las objeciones?

¿Hay oportunidad para abordar las objeciones? Sí ( ) No ( ) ¿Por qué? En caso de respuesta positiva pida profundizar las dudas que se tengan y, de negarse, dé por terminada la consejería de forma amable explicando claramente los motivos.

B) *Reconocimiento del pecado y confesión.*

Utilice los datos obtenidos del Catálogo de pecados y del Inventario del pasado (si es el caso) para dar una respuesta bíblica al aconsejado con respecto a su realidad espiritual. Al presentar la Escritura pertinente explique cómo acciones específicas ofenden a Dios y al prójimo, así como sus consecuencias en su vida terrenal y en su futuro eterno.

Preguntas de validación del proceso para el consejero:

¿Ha dado a conocer claramente cuáles son los pecados que originan los problemas del aconsejado y que lo han mantenido lejos de la comunión con Dios?

- ¿Ha citado los versículos de la Biblia que hablan sobre los pecados del aconsejado y le ha expuesto cuáles han sido las consecuencias en su vida?
- ¿El aconsejado ha reconocido sus pecados? Sí ( ) No ( ) ¿Por qué?
- ¿Ha animado al aconsejado a confesar al Señor sus pecados con el propósito de pedir perdón y comprometerse a cambiar sus acciones pecaminosas por comportamientos de amor y justicia que le agraden?

C) *Arrepentimiento.*

Hasta ahora, el aconsejado ha sentido remordimiento por su pecado. Se procura que el arrepentimiento se mantenga mediante un plan que le ayude a abandonar sus pecados y a obrar en justicia en adelante. Esta parte del proceso ayuda a enlistar cuáles son las decisiones que el arrepentimiento produjo, esto es, qué acciones concretas llevará a cabo para alejarse del pecado. El consejero no las define, sino que orienta para llegar a ellas. Con ayuda del aconsejado, redacte con esa información el inventario del presente, el cual debe estar escrito en primera persona y firmado por el aconsejado para animarlo a mantenerse en sus decisiones:

Ejemplo de inventario del presente:

- Soy pecador. Siempre que vuelva a pecar, acudiré a Dios en oración reconociendo mi falta, pidiendo perdón y arrepintiéndome de ella.
- Era iracundo pero Dios me ha perdonado y me transforma para ser una nueva persona en Cristo, que practica el amor. Cuando sea tentado para ser iracundo, confiaré en que no hay tentación que no sea humana y, por lo tanto, que no pueda soportar. Haré una pausa para pensar en mi debilidad y mis ganas de ofender a otros, y responderé con amor y gracia, tal como Dios lo hace conmigo cuando le ofendo. Comprenderé que no hay razón para estallar en ira y que nada vale la pena para hacerlo porque ahora sé que eso me aleja de Dios y que Cristo fue paciente con todos porque los amó.
- Si me ofenden, soportaré todo como Cristo lo hizo al no responder mal por mal.
- Perdonaré al que me ofende, como Dios me perdona por haberle ofendido si acudo a él arrepentido.
- Era mentiroso. Cuando sea tentado de mi propia carne o por otro para ser mentiroso responderé amorosamente que la verdad, y no la mentira, agrada a Dios.
- Asumiré las consecuencias de mis errores y no mentiré para evitarlas o atenuarlas.

- Nombre (escrito a mano por el aconsejado): _____
  fecha: _____

D) *Discipulado.*

La persona en proceso de restauración debe formar parte de la comunión con la iglesia para ser discipulado por un creyente maduro. En el caso del consejero profesional, al llegar a esta parte del proceso deberá canalizar al aconsejado a una iglesia útil, sana. Si quien aconseja bíblicamente es un discípulo, él mismo deberá continuar a cargo del aconsejado con el propósito de acompañarle en su caminar con Cristo. Como sea, el discipulado requiere que ambas partes pasen nuevamente por todos los pasos anteriores cuantas veces sea necesario, pues ese acompañamiento los ayudará a mantenerse perseverantes en la fe. De cualquier manera, hay preguntas que el consejero debe formularse procurando verificar una y otra vez que el discipulado cumpla con su objetivo.

Preguntas de validación del proceso para el consejero:

- ¿El aconsejado está comprometido con su santificación?
- ¿Hay disposición para colaborar en la identificación de pecados?
- ¿Se ha creado un ambiente de apoyo, amor, confianza y gracia, o quizá una relación de amistad cuando el consejero y aconsejado trabajan juntos?
- ¿Se cede ante las mismas tentaciones con tal frecuencia que se ponga en duda que exista arrepentimiento del pecado confesado?
- ¿Hay frutos de su arrepentimiento?
- ¿Se mantiene comunicación constante entre ambas partes o se ha hecho más esporádica?
- ¿Pueden hablar con apertura o identifica temor o vergüenza al abordar ciertos temas?
- ¿El aconsejado es discipulado?
- ¿Cuándo el aconsejado requiere tiempo, el discípulo-consejero siente pesar más que gozo?

5. SOBRE LOS FUNDADORES DE RESTAURA MINISTERIOS

Efraín Ocampo ha servido durante más de 20 años en diversos ministerios de evangelismo, música, enseñanza y plantación de iglesias. Escribió numerosos materiales para el discipulado de nuevos y antiguos creyentes, tanto para niños, adolescentes y jóvenes, como adultos y ancianos, algunos de los cuales aún utiliza para el ministerio. Junto con su esposa Paola Rojo fundaron en 2012 el ministerio de restauración personal, de iglesias y de relaciones, tomando como eje el discipulado y la consejería bíblica de todos los creyentes. Ambos radican en la Ciudad de México y son periodistas de profesión que han trabajado por más de 15 años para algunos de los medios de comunicación más importantes del país en radiodifusión, revistas, prensa escrita, televisión e internet.

El trabajo que llevan a cabo en Restaura Ministerios está plasmado en los tres libros que forman parte del Programa Restaura. Ofrecen consejería, capacitación en consejería bíblica y fungen como facilitadores en procesos de restauración de iglesias lastimadas por el pecado, divisiones y por las falsas doctrinas.

Sueñan con abrir consultorios de consejería bíblica gratuita con el fin de que el evangelio llegue a los confundidos, desesperanzados y asediados por el poder esclavizante del pecado. Si desea invitarnos a promover el discipulado personal, la consejería bíblica y la restauración o está interesado en solicitar capacitación para personas, grupos e iglesias escríbanos a contacto@restauraministerios.org. Todos nuestros servicios son gratuitos.

Restaura Ministerios es una organización sin fines de lucro que se sostiene por donativos. Para obtener más información sobre nosotros, el Programa Restaura o para hacer donaciones visite www.restauraministerios.org

FUENTES CONSULTADAS

1. Abbagnano, *Nicolás. Historia de la Filosofía*, Vol. 3, Editorial Hora (4ta Ed.), Barcelona, 1994.
2. Adams, Jay. *Capacitados para orientar*, Editorial Portavoz, Grand Rapids, MI, 1981.
3. Adams, Jay. *Capacitados para restaurar*, Editorial CLIE, Barcelona, 1986.
4. Barth, Karl. *Carta a los Romanos*, Biblioteca de Autores Cristianos, Madrid, 2002.
5. Bonhoeffer, Dietrich. *The cost of discipleship*, Simon & Schuster Press, New York, NY, 1995.
6. Branden, Nathaniel. *Los seis pilares de la autoestima*, Ediciones Paidós Ibérica, Barcelona, 1995.
7. Braunstein, N., Fucks, B., Basualdo, C. (Coord.), *Freud: a cien años de Tótem y Tabú*, Siglo XXI Editores, Ciudad de México, 2013.
8. Coleman, Robert E. *El plan maestro de la evangelización*, Unilit, Miami, FL, 1998.
9. Conner, Walter Thomas Conner. *Doctrina Cristiana*, Casa Bautista de Publicaciones, (7ª Ed.), El Paso, TX, 1988.
10. Crabb, Larry Jr. *El arte de aconsejar bíblicamente*, Logoi Inc. (3ra Ed.), Miami, FL, 2012.
11. Daniel, Jean. "Bajo el régimen de comunidad", *El Correo de la UNESCO*, Paris, Año XLVII, Diciembre, 1994.
12. Darwin Charles, *El origen de las especies por medio de la selección*

natural, Trad. De Antonio Zalueta, Biblioteca Virtual Miguel de Cervantes, Alicante, 1999, Fecha de consulta: 14.12.2017, http://www.cervantesvirtual.com/nd/ark:/59851/bmcd21v0

13. *Diccionario Bíblico Ilustrado Holman,* B&H Publishing Group, Nashville, TN, 2008.

14. *Diccionario de la Lengua Española,* Real Academia Española (22 Ed.), Edit. Espasa, Madrid, 2001.

15. Dostoievski, M. Fedor. *Los hermanos Karamazov,* Editorial Porrúa (14 Ed.), Ciudad de México, 2008.

16. Edersheim, Alfred. *Comentario Bíblico Histórico,* Editorial CLIE, Barcelona, 2009.

17. Fee, Gordon D. *Pablo, el Espíritu y el pueblo de Dios,* Editorial Vida, Miami, FL, 2007.

18. Grudem, Wayne A. *Doctrina Bíblica,* Editorial Vida, Miami, FL, 2005.

19. Lewis, C. S. *Cristianismo... ¡y nada más!* Editorial Caribe, Nashville, TN, 1977.

20. MacArthur, John (Ed.). *La consejería: cómo aconsejar bíblicamente,* Grupo Nelson, Nashville, TN, 2009.

21. MacArthur, John. *Verdad en guerra,* Grupo Nelson, Nashville, TN, 2007.

22. Marx, Karl. *Escritos selectos y manuscritos de París* (Trad.: J. Muñoz, J. Pérez, J.M. Ripalda, M. Sacristán y L. Mames), Editorial Gredos, Madrid, 2012.

23. Paz, Octavio. *La llama doble,* Seix Barral, Madrid, 1993.

24. Pfeiffer, Charles F. *Comentario Bíblico Moody del Antiguo Testamento* (4ta Ed.), Casa Bautista de Publicaciones, El Paso, TX, 2003.

25. Piper, John. *Dios es el evangelio,* Editorial Portavoz, Grand Rapids, MI, 2007.

26. Platt, David. *Radical,* Editorial Unilit, Miami, FL, 2011.

27. Przybylski, A. y Weinsten, N. *Can you connect with me now? How the presence of mobile communication technology influences face-to-face conversation quality.* Journal of Social and Personal Relationships, 2012, Consulta: 22 de abril de 2017. URL: http://journals.sagepub.com/doi/pdf/10.1177/0265407512453827

28. Ropero, Alfonso (Ed.). *Gran Diccionario Enciclopédico de la Biblia,* Editorial CLIE, Barcelona, 2013.

29. Ropero, Alfonso. *Historia general del cristianismo*, Editorial CLIE, Barcelona, 2008.

30. Rorty R. *Objectivity, relativism and truth: philosophical papers*, Cambridge University Papers, New York, NY, 1991.

31. Rorty R. *Una ética para laicos*, Katz Editores, Buenos Aires, 2011.

32. Rorty R., Vattimo G. *The future of religion*, Columbia University Press, New York, NY, 2005.

33. Ryle, Juan Carlos. *El secreto de la vida cristiana*, El Estandarte de la Verdad, Barcelona, 1991.

34. Scazzero, Peter. *Espiritualidad emocionalmente sana*, Editorial Vida, Miami FL, 2008.

35. Schaefer, Margret. *The wizardry of Freud*, The Skeptics Society, Altadena CA, , 2017, Fecha de consulta: 14.12.2107 https://www.skeptic.com/reading_room/wizardry-of-sigmund-freud/

36. Sproul, R. C. *Las grandes doctrinas de la Biblia*, LOGOI/Unilit, Miami, FL, 1996.

37. Stott, John. *Cristianismo básico*, Ediciones Certeza (3ª Ed.), Quito, 1997.

38. Strong, James. *Nueva Concordancia STRONG Exhaustiva*, Grupo Nelson, Nashville, TN, 2002.

39. Tozer, Aiden W. *Fe auténtica*. Editorial Portavoz, Grand Rapids, MI, 2009.

40. Tozer, Aiden W. *The Pursuit of God*, Moody Bible Institute of Chicago, Chicago, ILL, 1993.

41. Welch, Edward T. *Addictions: a banquet in the grave. Finding hope in the power of the gospel*, P&R Publishing, Philipsburg, 2001.

42. White, Heath. *El posmodernismo*, Editorial Mundo Hispano, El Paso, TX, 2009.

43. Wine, W.E. *Diccionario Expositivo de Palabras del Antiguo y Nuevo Testamento Exhaustivo*, Grupo Nelson, Nashville, TN, 2007.

Versiones de la Biblia:
Nueva Versión Internacional
Reina Valera 1960
Reina Valera Revisada 1995
Nueva Traducción Viviente
Dios Habla Hoy